创业历程

How I Built This
The Unexpected Paths to Success from the World's Most Inspiring Entrepreneurs

他们怎么犯错 又是如何成功

［美］盖伊·拉斯（Guy Raz） 著
尼尔斯·帕克（Nils Parker）

诸葛雯 译

中国人民大学出版社
·北京·

引言

2018年夏日一个原本平淡无奇的周一，我的妻子汉娜（Hannah）与往常一样跑完步回到家。我正在加州伯克利家中的厨房里为儿子们准备早餐。她流着泪走进厨房，摘下耳机，一边深呼吸一边说道，"为什么……没有告诉我……你制作了这期节目？"

那天早上，我于2016年9月创建并主持的商业播客"我的创业历程"（How I Built This）更新了最新一期节目，讲述了史黛西·布朗（Stacy Brown）及其公司"鸡肉沙拉小鸡"（Chicken Salad Chick）的创业故事。我早就忘了这一集会在那天播出，因为我们通常要在采访结束几个月后才能推出相关的节目。不过，我没有忘记的是，史黛西·布朗在那次采访中情绪波动很大。从汉娜的反应来看，这个故事显然极具影响力。故事的梗概是这样的：

史黛西生活在亚拉巴马州奥本市。丈夫抛弃了她和三个不到六岁的孩子，为了维持生计，她开始在家里做鸡肉沙拉。她为自己设定的目标是每月挣够500美元来支付账单。

最初几个月，她挨家挨户推销鸡肉沙拉。然而，生意刚刚有点起色，就有人去卫生部门举报了她。（严格来说，在没有取得营业执照的情况下，自制食品并摆在汽车后备箱里出售是不合法的。）她的家庭作坊被卫生部门取缔了。

于是她请一位很有商业头脑的朋友凯文·布朗（Kevin Brown）帮忙。凯文劝她不要放弃，要加倍努力。在凯文的帮助下，她租下一间月租金800美元、占地800平方英尺的小屋开了一家餐馆，开业第一天，鸡肉沙拉在下午两点前就销售一空。

工作中的密切接触与合作关系进一步拉近了史黛西和凯文之间的关系。最终，两人坠入爱河，共结连理。他们既是人生伴侣，又是生意伙伴，两人携手稳步发展"鸡肉沙拉小鸡"，并利用自有资金在奥本新开了两家分店，因为没有一家银行理睬他们，更不用说发放小企业贷款了。

经过四五年的发展，他们利用最少的资源实现了企业的可持续发展。他们意识到，是时候借助外力转向特许经营模式了。在这种模式下，他们将有机会真正实现盈利并且赚得一些现金。

不幸的是，他们选中的合作伙伴是一对人品欠佳的夫妇。他们将公司51%的股份卖给了这对夫妇，现在看来，这种做法愚蠢透顶。仅仅几个月后，两对夫妇对"鸡肉沙拉小鸡"的愿景就产生了分歧，这对夫妇甚至威胁要将史黛西和凯文踢出他们一手创办的企业。

史黛西和凯文不愿放弃自己打拼下来的一切，于是与合伙人协商了一个收购方案，然而合伙人要求他们在30天内支付相当于其初始投资三倍的回报，也就是130万美元。否则，合伙人就要接管公司，将史黛西和凯文扫地出门。

引言

不用说，史黛西和凯文拿不出这 130 万美元，因此他们走遍了亚拉巴马州，向任何愿意给予他们机会的人推销自己的公司，拼命筹集资金。然而，他们一无所获，直到最后一天，也就是协议商定的 30 天期限的第 30 天，一个名叫厄伦·麦克沃特（Earlon McWhorter）的人——他也是劳氏家装（Lowe's Home Improvement）的建造商——在奥本商会（Auburn Chamber of Commerce）听了他们的推介之后，当即与他们联系，他说相信他们也喜欢他们的鸡肉沙拉，愿意提供他们所需的所有资金。

厄伦的投资不仅帮助史黛西和凯文拿回了公司的所有权，还推动他们开启了特许经营模式。该模式一经推出便火了，他们的加盟店逐渐遍布整个美国南部。一切都进展得非常顺利。然而，就在企业扩张的过程中，凯文被诊断出 T4 期结肠癌，癌细胞已经转移到肝脏。他立即采取了积极的化疗方案，令人震惊的是，即便如此，他也从未请过一天假。

另一场战斗开始了。不幸的是，这一次他们没能取得胜利。但这并不能阻止他们前进的脚步。他们不仅继续发展壮大公司，还创立了"鸡肉沙拉小鸡"基金会，以支持结肠癌研究。作为筹款活动的一部分，凯文打算在奥本大学的乔丹·黑尔体育场举办一场大型慈善音乐会，并邀请肯尼·切斯尼（Kenny Chesney，当时乡村音乐界最大牌的明星）参加。这是个疯狂的想法，但是当年创办一家只供应鸡肉沙拉的餐馆的举动又何尝不是如此。既然他能够帮助史黛西将门店开起来，为什么这次不试一试呢？

最终，他们请到了肯尼·切斯尼，卖了五万张票。4 月的那个晚上，乔丹·黑尔体育场的看台上坐满了观众，凯文却无法亲临现场。六个月前，也就是 2015 年 11 月 21 日，他在家人的陪伴下与世长辞。

凯文的离世给史黛西带去了难以想象的痛苦。在此之前，不论是个人生活，还是职业生活，史黛西都经历了近十年难以置信的高潮与低谷。然而，与凯文一样，她选择了继续战斗。她不屈不挠地坚持了下来。不仅是为了她自己与孩子，也是为了纪念凯文对她以及他们共同创立的事业所做的一切。那年晚些时候，他们所有的努力都得到了回报：作为美国发展最快的餐馆品牌之一，"鸡肉沙拉小鸡"入选美国 5 000 强企业。① 如今，企业的价值已达 1 亿美元。

从许多方面来说，这个曲折、励志的故事是一个典型的创业故事，也是一段经典的英雄之旅。如果你读过希腊神话或是看过电影《星球大战》，就会对"英雄之旅"有所了解。这个由作家、哲学家约瑟夫·坎贝尔（Joseph Campbell）提出的概念指的是，大多数伟大的史诗故事都遵循类似的叙事弧：英雄萌生出一个疯狂的想法；人们对她心生怀疑；她离开村庄去追寻自己的梦想，在遭遇无数障碍之后坠入深渊，九死一生；但她还是找到了自己一直在寻找的东西，逃离深渊，继续旅程，最终凯旋。

这显然过度简化了英雄旅程，却是经典之作的基本要素，也是许多伟大的商业故事的关键要素，史黛西·布朗的故事也不例外。这是 2008 年我以尼曼研究员的身份在哈佛商学院上课时偶然发现的。正是在那堂课上，我第一次接触案例研究法，接触通过故事了

---

① 它在美国所有私营公司中排名第 37。

引言

解商业的理念。我一次又一次地发现这些案例研究中所蕴含的英雄之旅,其中有对冒险的呼唤,有反复尝试,有一切尽失的时刻,也有最终的成功:这一切都可以透过商业棱镜来传达。

还有一点更令我惊讶的是,我竟然对商业感兴趣。上高中和读大学期间,我曾认为"商业"是一个庸俗的词。我觉得商人就是那些深夜在电视购物频道中推销廉价商品的缠人小贩和推销员。尽管我们这一代涌现出了埃隆·马斯克(Elon Musk)和拉里·佩奇(Larry Page)这样的人物,但是大多数同龄人都信奉反企业、反商业精神,这一点也许在1992年4月《滚石》(*Rolling Stone*)杂志的经典封面上得到了最好的体现。那一期杂志的封面人物是涅槃乐队(Nirvana)主唱柯特·科本(Kurt Cobain),他穿着一件印有"商业杂志仍然很烂"字样的T恤。

为什么我要关心某些企业的故事?我又不打算做生意,尤其是在目睹了父母的珍珠进口生意的起起落落,以及他们投入其中的时间和精力之后。我清楚地记得,他们在餐桌旁埋头苦干到深夜,梳理客户名单,给潜在客户打电话推销——众所周知,这类推销往往会吃闭门羹。他们之所以做这些,全都是为了给我和弟弟及两个姐姐提供稳定的生活。

我不想过那种生活。看着父母不得不忍受创业的艰辛,我实在想不出还有什么职业比整天谈论生意更不适合我的气质和兴趣,就更别提创业了。所以我才会去跑新闻,做电台,最后进入美国国家公共广播电台(NPR)主持节目。可是,我还是没能避开商业领域。我设法创建或与人合作创建了五个播客。这些播客加在一起,创造

创业历程

HOW I BUILT THIS

了数百万美元的收入,每月有 1 900 万人收听我们的节目。这是一项艰巨的工作,其难度远超我的想象。为了确保一切都能顺利完成,我成立了一家制作公司。一家真正的公司!谁能想到呢?事实上,我仍然不确定自己是如何走到这一步的,但我们的公司是一家灵活、紧凑的小企业,坦率地说,我很喜欢它。

我最喜欢的是提出一个伟大的想法,然后加以实现的过程——尽管直到 30 多岁,我才开始对自己的一些想法或是实现这些想法的能力有了一丝信心。在那之前的大部分职业生涯中,我一直在与焦虑、恐惧、负担症候群[①],甚至是抑郁症作斗争。我以为,那些魅力型创业者永远也不会有这些烦恼。

但是,在为制作节目而深度访谈数百位企业创始人和首席执行官的过程中,我逐渐明白了,大多数情况下,他们与你我并无不同。也就是说,他们也是人。他们也经历过不眠之夜与午夜惊梦。他们中的大多数人都会在某些时刻觉得自己是冒牌货。他们并不是天生的超级英雄,而是克拉克·肯特(Clark Kents)[②]。他们与你我之间的唯一区别就是,机会来临的时候,他们会走进电话亭并穿上斗篷。他们迈出了这一步,就是这么回事。

"我的创业历程"并不是我迈出的第一步,却是迈得最大、耗时最长的一步。整个项目的发展极其缓慢,它始于我在哈佛商学院教室里的那次顿悟。作为一名前战地记者,我知道最吸引人的人物故事是心路历程。我有一种预感,既然我能够发现大多数商业故事中

---

① 心理学疾病,典型特征是认为自己的成功都是因为运气好,在遇到问题的时候,总是会不分缘由地先道歉,把错揽到自己身上。——译者

② 美国 DC 漫画旗下的超级英雄超人在地球上的名字。——译者

引言

所隐含的英雄旅程,那么商界之中就有一群人与这些旅程存在关联。

撰写《创业历程》的想法由此而来。与"我的创业历程"的诞生一样,你在本书中读到的大多数想法也不是凭空产生的,而是始于一丝小火花。这丝小火花在呵护下逐渐变大,直到有一天,一些人在一觉醒来之后突然发现,过去促使他们早起的东西已经无法再激起他们的热情,现在,他们前进的动力另有其物。(最终,他们将想法变成了现实。)

创业或是始于一个念头。正如拉腊·梅里肯(Lara Merriken)、加里·埃里克森(Gary Erickson)和彼得·拉哈尔(Peter Rahal)当初都想研制出一款更好的能量棒。

或是源于想要看看自己能否凭一己之力满足成功创业的渴望。例如,安吉(Angie)与丹·巴斯蒂安(Dan Bastian)从佛罗里达搬回明尼苏达,决定购买一套价值1万美元的初级爆米花工具,最终成功创立爆米花品牌"嘣滋咔滋"(Angie's BOOMCHICKAPOP)。

或是基于充分利用个人技能和经验的机会,就像TRX(total resistance exercise,全身抗阻训练)的兰迪·赫特里克(Randy Hetrick)那样。作为在海外服役的海豹突击队队员,他为保持身材而自创的一套训练系统先后吸引了队友、朋友以及其他健身爱好者的注意,其中就包括一位非常著名的超级碗冠军队四分卫。

或是由于一个幸运(且时机完美)的契机。斯图尔特·巴特菲尔德(Stewart Butterfield)的情况就是如此。他的团队为一个大型多人在线游戏(MMOG)开发的内部消息系统比游戏本身更有前途。于是,游戏项目终止,而这个系统成了现在的团队聊天工具Slack。

创业历程
HOW I BUILT THIS

简而言之，这本书是写给那些并非生来就是创业者，甚至根本不是创业者的梦想家。越是缺乏经验，他们就越有雄心壮志，越有动力给世界带来新的东西，让世界变得更美好。对于那些可能尚未找到值得为之冒险的想法的理想主义者，那些成功时知道珍惜而失败时能够吸取教训的人（是的，并非次次都能成功），那些费了一番苦功从经验中学习的人而言，本书中的经验教训所蕴含的智慧对他们来说也许并不总是显而易见的。

本书旨在帮助像你、我以及史黛西·布朗这样的人取得成功。它是对数百位来自各个商业领域（从食品行业到消费性包装品，再到科技界等）最成功、最鼓舞人心的创业者的深度采访的成果。书中汇集了我从这些创始人身上学到的经验教训，而且本书的结构遵循了我们在追寻其创业英雄历程时所走过的道路：从接受召唤到创立企业（第一部分），再到他们在成长阶段接受的考验和测试（第二部分），最后再到他们的目的地，也就是我们今天所熟知的全球品牌（第三部分）。我的目标是拉开创业大戏的帷幕，揭示创业成功的秘诀，并提供一个架构，帮助人们了解如何为创建某样东西进行创造性的思考，无论那是一个想法、一场运动，还是一家企业。

书中每一章探讨了每一位创始人在创业过程中都会面临的各类时刻：从萌生想法到理清头绪；从寻找资金到寻找联合创始人；从推销产品到创建文化；从渡过难关到学会如何发展壮大企业，使其持续发展，从而让他们对自己及为世界所做的贡献感到满意。

也就是说，并非书中的所有内容都适合你。也许你正在尝试创建一些规模较小的东西。也许你并不想扩大规模。也许你是一名试

引言

图在公司内部建立某些东西的员工。这完全没有问题！书中的建议并不是"要么全盘接受，要么全面否定"，我只是希望读者能够在书中找到一些既让人觉得有可能实现，又令人释怀的东西，因为几乎每则故事都介绍了一个需要解决的真实问题以及一位找到了解决方案的创业者。

我希望通过本书告诉所有想实现自己的想法却又害怕失败的人，商场上可能犯的错误已经有人犯过了，你的问题已经有了解决方案（其中许多是书中提到的创始人找到的），吸取别人的教训而不是亲历这些错误，也许是各类创业之路中唯一的捷径。

你已经了解了这本书的创作历程，就让我们深入了解这些杰出的创新者、创业者和理想主义者是如何打造出世界上最伟大的企业的。这样，在不久的将来，你也能建立起属于自己的企业。

让我们开始书写你的英雄之旅吧。

盖伊·拉斯

目录

第一部分　召唤

01	开放思想	003
02	危险还是可怕？	015
03	安全地离开你的安全区	027
04	调查研究	037
05	找到联合创始人	049
06	筹集资金（一）：靴襻法	060
07	实话实说	074
08	筹集资金（二）：别人的钱	087
09	迭代，迭代，再迭代	098

第二部分　考验

10	从侧门进	111

11	选址很重要	121
12	吸引注意（一）：制造话题	132
13	吸引注意（二）：打造口碑	145
14	经受考验	158
15	筹集资金（三）：专业资金	170
16	保护现有成就	184
17	灾难降临时	195
18	转换的艺术	207

第三部分　目的地

19	不能掉进钱眼里	223
20	创建文化，而不是狂热的崇拜	234
21	以小博大	246
22	管理紧张的伙伴关系	255
23	了解自己	266
24	何时卖何时留？	278
25	善待员工	289
26	巧用运气	302

后记	311
致谢	314

第一部分 HOW I BUILT THIS

召唤

创业并不是一件自然而然的事情。它违背了许多最符合人性的本能：渴望安全；害怕巨大的风险；倾向于随波逐流，而不是掀起风浪；我们认为自己是独一无二的，也乐意适应社会。在我们之前，已经有人融入社会并获得了社会的青睐。我们也愿意融入这些人并获得他们的青睐。

然而，总有一些我们认识的人反其道而行之。他们欣然接受了人类的另一些本能。几千年来，这些本能驱使人类离开家园，推陈出新，砥砺前行。在历史上，大都把他们称作探险家。但是到了21世纪，由于有待探索的领域已不再是物质世界，而是技术、社会、知识与经济世界，我们便给这些人起了一个新的名字，叫作创业者。

创业者是为了抵达进步的前沿而独辟蹊径的人，他们能够意识到独自行动的风险和回报。他们动力满满地去发现那里可能存在的东西。他们听到了召唤，觉得有必要从自己的发现中创造一些事物，一些更好、更快、更有效的新事物。这些事物可以是能够激发人们去探索并开始新循环的一种产品、一项服务或一种想法。

不过这并不重要。重要的是，任何人都可以成为创业者。创业者不是上天选中的人，而是后天努力的结果。你也可以成为一名创业者。也许你已经是。也许你已经听到了召唤：或是一个让你兴奋的想法，或是一个有待解决的问题，或是一位需要帮助的朋友，而你恰恰是唯一能够提供帮助的人。不管是哪种方式，如果准备破釜沉舟，踏上创业之旅，进入一个真正未知的领域，下面的内容就是你需要思考的一系列关键问题。

01

开放思想

　　创业的原因五花八门。或是为了实现梦想，或是为了解决问题，或是为了填补市场空白。有人想要改进一些看似过时的东西，有人则想重塑整个行业。通往创业之路的匝道有几十条，无论选择哪一条，你总会在某个时候需要一个想法——一个明确的想法，一个具体而独特的新想法，一个能让生活变得更美好或更有趣并能传达你最初创业的理由的想法。

　　听起来很简单，对吧？毕竟，想法根本不值钱。或者说，至少在刻意的引导下，我们很多人都认为：想法很简单，而且源源不断，重要的是执行力。从某种程度上来说，这些说法都对，只是不够全面，因为好点子可遇而不可求。好点子既难求，也难以完美实现。可是一旦找到，也很难弃之不用。这就是好点子如此令人生畏的原因。并不是说你永远也找不到好点子，而是有一天，当你终于找到它的时候，很可能你的生活将不再是原来的样子。

　　那么，在哪里才能找到好点子呢？你会去哪里寻找？你会寻找吗？还是等到灵光乍现的那一刻？有些人很幸运，他们早早便顿悟了。创意突然来敲门并将他们送上了创业之路。然而，对于我们大多数人来说，一切并没有这么简单。我们必须找到一个好点子，至少要愿意接受它。

这是一个永恒的创业问题：你真的能找到好点子吗？还是只能等待它来找你？两个问题有着相同的答案：是的，能找到。

20 世纪 90 年代初，何塞·安德烈斯（José Andrés）创立了一家名为"哈列奥"（Jaleo）的小碟菜餐厅，彻底改变了华盛顿特区的餐饮业，随后，美国境内出现了上千家类似的餐厅。这位坐拥多家餐厅的名厨告诉我，想法产生于"积极行动与寻找"之中。当我询问最初他是如何萌生关于餐厅的想法时，他的回答很简单："我当时正在寻找想法。"

与之相反，丽莎·普莱斯（Lisa Price）最初并没有创业的想法。2014 年，彩妆与个人护理巨头欧莱雅以超过 50 万美元的价格收购了她创办的美容品牌"卡罗尔的女儿"（Carol's Daughter）。

"我以为自己已经找到了下半辈子想要从事的职业。"丽莎告诉我。从纽约市的音乐艺术高中毕业后，她先后在美国运通、联合国总部及某医疗保健机构从事了近十年的文职工作，其间还短暂尝试了让她备受打击的演唱事业。20 世纪 80 年代末，她与未婚夫一起住在布鲁克林的一套一居室公寓里。经朋友介绍，她成了《考斯比一家》（The Cosby Show）的编剧助理。当时，她以为这就是她梦想中的工作。

很久以后，该剧同名明星比尔·考斯比身败名裂、锒铛入狱[①]，

[①] 比尔·考斯比因性侵罪被判入狱。——译者

01
开放思想

改变了我们此前对他的看法。当然,这都是后话。当时,《考斯比一家》是最受欢迎的情景喜剧,对非洲裔美国人来说,该剧可以说是有史以来最重要的电视节目之一。

"作为一名非洲裔女性,看到节目用如此积极的方式描绘非洲裔美国人,我觉得特别难以置信,这对于我和我的家人来说意义重大。"丽莎告诉我,"就我个人而言,第一次参与剧本出演的那个早晨,当我站在赫克斯塔博(Huxtable)[①]家的厨房听演员们对剧本的时候,简直兴奋得快要飘起来。"

在随后的几年里,她原本可以逐渐转向电视制作行业的任何岗位:剧本监制、制作协调员、制片人。"我以为这就是我接下来要走的路。"她回忆道。

后来有一天,丽莎读到了一篇有关史上最伟大,显然也是最香的音乐家的文章。"我是王子(Prince)[②]的忠实粉丝。"丽莎说,"这篇文章解释了为什么他总是闻起来很香。原因就是他在办公室里放了各种各样的香水,而且在靴子里喷了香奈儿5号。"

丽莎恰好很喜欢香水,一直都很喜欢。不过,她对香水的迷恋始终只限于消费者对于产品的欣赏。王子让她意识到,香水不仅仅是一种配饰,还是一种创造性的表现形式,是一种艺术。

她说:"我很喜欢这种将香水混合在一起,创造出独特香味的想法。"这说明她与王子有着共同的爱好(简直太酷了),也就是在那一

---

① 赫克斯塔博是比尔·考斯比扮演的最著名的角色,美国长期上演的电视剧《天才老爹》中的父亲。——译者
② 王子是美国流行歌手、词曲作家、音乐家、演员,以全面的音乐才能、华丽的服装及舞台表演著称。——译者

刻她踏上创业之路。

在接下来的几年里，丽莎开始研究香水的不同调性，即前调、中调、后调，以及它们的调制方式。她学会了如何运用这些知识。"身上的香味之所以能够持久，是因为你对它进行了分层。"谈话中，她随口向我解释道。我相信在此之前，她已经对成千上万的人说过这样的话。"你用它沐浴，用它润肤，然后把它喷到身上。"最初，她曾尝试将乳液与收集的各种香水混合在一起，自制香氛保湿霜，最后却弄得一团糟。"从化学的角度来看，它们没有配平，所以无法融合。"她说。一个周日的下午，她和丈夫一起在布鲁克林的公园坡附近逛一家新潮的书店时，偶然发现了一本关于精油的书，书里还收录了按摩油、发油、面霜、香膏以及黄油等的配方。所有这些她都很喜欢。

"我想，太好了，我可以自己做乳液了。"丽莎回忆道，"书里的配方非常简单，用的是石蜡和羊毛脂之类的东西，我不太想用这些东西。我想用蜂蜡，还想找一些可可脂。所以，我只用了这些配方的框架，然后开始添加自己的组合。如果太稀、太稠、太油或是太硬，我就会回过头查找原因，相应地调整配方。"

20世纪90年代初，丽莎已经有了自己的配方，研制出她想要的乳液和润肤霜。你是不是以为我们所知的"卡罗尔的女儿"的商业帝国就始于最早的这批乳液？第一次听丽莎讲起这个故事时，我也是这样想的。事实并不尽然。在最初的几年里，丽莎的所有产品都没有公开售卖。这些产品是她专用的非卖品，用她喜欢的香水制成，含有她喜欢的芦荟和可可脂等成分，满足了她的保湿需求。毕

01
开放思想

竟,这是她的爱好。她不想取悦任何人。她只是在满足自己的需求。既然是自己研发的东西,为什么不迎合自己的喜好呢?再说了,她做这些东西也不是为了转移注意力,或是快速开启另一种生活。她对自己的职业非常满意。

"我欣喜若狂,太棒了。"丽莎说,"我想,因为我对自己的工作非常满意,所以停工的时候,我不会像有些人那样,觉得'谢天谢地,终于下班了,现在只想在床上挺尸'。我没有那种绝望的感觉。所以在家的时候,我很有创造力。"

1992年,《考斯比一家》停播。丽莎从始至终都享受着将自己的创造力发挥到极致的纯粹的快乐。在接下来的一年里,她以自由制作助理的身份辗转于各个节目之间,直到夏季来临。在这个季节,纽约的电视行业往往陷入停滞,工作机会也逐渐减少。就在那时,丽莎所在教区的教堂打算举办跳蚤市场,她的妈妈卡罗尔(Carol)建议她去那里出售自制的乳液和面霜。

那是1993年5月,丽莎觉得在夏季这个间歇期赚点钱,为家庭多做些贡献是个不错的选择。不过,她还是心存疑虑:"真的吗,妈妈?你觉得他们会掏钱买这些吗?"现在,我们已经知道了答案,事后看来,答案似乎不言而喻。但在当时,第一次有人要求她将自己的个人创作当成产品与商业理念销售给他人,丽莎的担忧合情合理。

至少就创业故事而言,丽莎·普莱斯是与我们最为相似的主人公。她对自己所做的事情充满激情。这项业余爱好对丽莎来说就是一种回报,所以她根本没想过要采取下一步行动,即出售自己的劳动成果，或者把它变成一门生意。她对妈妈的提议的反应清楚地说明，她甚至不认为别人会感兴趣。在她看来，这几乎不可思议。

我在许多创业者那里都听到过类似的故事，就连我自己也有过类似的经历。由于播客越来越受欢迎，我们决定在各大剧院进行现场采访。我的意思是，在我职业生涯的大部分时间里，我留给听众的印象都是车载无线电广播或耳塞里传来的无形的声音。我想，应该没有人想知道我的长相。最初几场现场直播前的几周乃至几个月，我都在担心不会有足够多的粉丝有兴趣看两个人在舞台上聊天。就像丽莎·普莱斯向妈妈吐露心声一样，我大声地向所有愿意倾听的人诉说内心的焦虑：人们会不会掏钱来看现场直播？他们不仅要花50美元买一张票，还要支付托儿费、停车费以及与这场活动相关的所有其他费用。

幸运的是，早期现场采访的门票几乎每场都销售一空，每当出现这种情况，我都感到非常震惊。因为你并没有寻找好的商业点子，它却不期而至，即便证据就在眼前，也显得很不真实。在与丽莎的交谈中我了解到，当这个想法与消费品有关时尤其如此。产品是商店货架上销售的东西，上面贴着标签和条形码，价格以".99"结尾。1993年，丽莎在厨房里制作这些乳液，装入橱柜里的特百惠容器。她没有给它们起名字——它们就是她做出来的一些东西而已。假设她接受了妈妈这个疯狂的想法，去跳蚤市场摆个摊，她要用什么来装这些东西呢？

当然，这些都不重要。只要花点时间，动点脑筋，这些问题很容易就能解决（例如，早期，她用旧的婴儿食品罐来装她的产品）。

01
开放思想

重要的是卡罗尔一清二楚而丽莎却从未真正考虑过的事情：她的东西真的好用。丽莎专门为妈妈和兄弟姐妹制作了许多乳液，效果非常好。卡罗尔的皮肤从来没有像现在这样润滑过，孩子们长年干燥、发炎的皮肤也从来没有像现在这样光滑过。最初，丽莎也许只是出于兴趣才开始研制这些乳液，它们为丽莎提供了一个发挥创造力的空间，但是很快，它们就起到了更大的作用。它们解决了真正的问题：她的问题、妈妈的问题、兄弟姐妹的问题。如果真如卡罗尔所料，丽莎的产品能有销路，顾客也能以同样的方式从她的产品中受益。

这就是找到想法的关键，无论你是在积极寻找想法，还是仅仅接受这样的可能性。无论是产品还是服务，是副业还是主业，面向男性还是女性、儿童还是成人，不管你打算做什么生意，个人兴趣与解决问题的交集就是好点子诞生的地方，也是创建持久业务的地方。

丽莎相信妈妈的直觉，她花了 100 美元购买材料和鲜花做装饰并且租了一张桌子，然后第一次出售自己做的东西。你猜怎么着？产品销售一空。不过，就像之前的研发过程一样，她之所以做这一切，还是觉得好玩。她依然没把它当成一门生意。

那年 8 月，丽莎在看完一期电视节目之后受到了启发——也许这一切都是命中注定。我借用了她的原话，因为这段话太精彩了，所以一定得完整地展示给大家。

"当时我看的是《奥普拉脱口秀》（The Oprah Winfrey Show），奥普拉·温弗瑞（Oprah Winfrey）在节目里和一些白手起家的人聊天。一个人说：'你必须对自己所做的事情充满激情。不然的话，还没等到赚钱，你就会甩手不干了。'我记得我当时在想，'我对这些东西充满激情。我喜欢做这个。'然后，另一个人说，她判断自己是否对一件事充满激情的标准就是，如果半夜被人叫起来去做这件事，会不会乐意。老实说，我会。我当时坐在床边说道：'等一下。也许我可以把它变成一门生意。'那一天，我意识到，它不一定只是一种爱好。它的意义不止于此。"

事实上，它可以具有更大的意义。

转眼间夏天即将结束。由于在跳蚤市场上大获成功，丽莎深受鼓舞，于那年秋天将市场拓展到了全市五个行政区的街头集市、艺术与手工艺节以及其他跳蚤市场。然而，促使她选择扩张的动机并不是盲目的创业野心，而是两种最为重要的有机增长形式：回头客和口碑。或者换一种说法，是在丽莎的激情感召下形成的消费者需求。

"人们会打电话来问：'嘿，我在某某街头集市上买了你的一罐乳霜，现在快用完了。怎样才能再买几罐？'我会查一查我的日程表，如果确定周六回家，我就会告诉她们：'我这一周都要上班，不过如果你愿意的话，可以周六来我家。你打算什么时候过来？'"

这些人总会带着朋友过来。

"我丈夫把这叫作'闺蜜网'。总有人带朋友来。如果有人带了朋友，就能得到一份礼物，或者我会给他们打折，"丽莎在回忆"卡罗尔的女儿"的早期发展时说道，"都是一些吸引普通消费者的操作。"

01
开放思想

这也是许多有抱负的创业者在思考创业点子时容易栽跟头的地方。他们忘了要点燃客户的激情,而只是将他们自己的激情作为引路明灯。激情很重要——我永远不会说它不重要——但是激情本身也存在问题,它可能会将你引向只有你自己才关心的无底洞,或是只有你才有的问题。

只要看几集大受欢迎的商业竞争秀《鲨鱼坦克》(Shark Tank)就会发现这种现象。节目中出现过提供丧葬服务的公司"无尽悲伤庆典"(Good Grief Celebrations)、定制摇头娃娃的公司"芭比广场"(The Bobble Place)、高档日光浴和按摩枕"豆荚枕"(Podillow)、女性能量饮料"熟女专供"(Cougar Limited)、无票大衣查验系统"查衣"(CoatChex),以及与丽莎·普莱斯的香氛护肤品截然相反的创意"无蝇锥"(No Fly Cone)——一种用狗粪为饵,以有效、无毒的方式捕捉恼人的苍蝇类两翼昆虫的捕蝇器。

其中一位评委戴蒙德·约翰(Daymond John,我们将在第3章提到他)指出了"无蝇锥"这一特殊创意的核心问题。"你必须让狗在屋外排便,然后在上面设置陷阱,吸引苍蝇。可是如果你把狗粪清理干净,然后把它存起来……不是又会因为把狗粪留在外面而引发新的麻烦吗?"

该产品的发明者,科罗拉多州的驯马师布鲁斯·盖瑟(Bruce Gaither)厌倦了整天与马蝇打交道,他就这个问题作出了慷慨激昂的回答,然而,没有一位《鲨鱼坦克》评委觉得他的解释具有足够的说服力。也许对于这个想法的激情能够促使布鲁斯每天早起,在每次他想要放弃的时候帮助他坚持下去。但是,这种激情永远也无法帮助他销售产品或是让公司赚到钱，因为顾客不会为激情买单，他们只会掏钱购买他们能用的东西。

就在布鲁斯·盖瑟这一期《鲨鱼坦克》播出的同一个月，创业孵化器 Y Combinator 的联合创始人、创业界的伟大哲学家保罗·格雷厄姆（Paul Graham）在他的博客上写了一篇题为《如何获得创业点子》的长文。文章以问题讨论开篇，感觉就像是格雷厄姆刚刚看到布鲁斯在《鲨鱼坦克》中的表现，在与他直接对话。

"获得创业点子的方法不是闭门造车，"格雷厄姆写道，"而是去寻找问题，最好是你自己有待解决的问题……很明显，你只应研究现实中存在的问题。然而，到目前为止，初创企业最常犯的错误就是他们解决的是人们不可能遇到的问题。"

据我所知，这种错误之所以经常发生，是因为寻找问题，或者说寻找想法，往往需要时间，非常辛苦，有时还需要一些运气。如果不得法，或是不能接受周围存在的各种可能性与想法，就更难找到有用的点子。

布鲁斯·盖瑟找到了一个需要解决的问题——这一步他做得很对——只是受其困扰的人还不够多。从很多方面来说，他的创意都只是一种寻找问题的方案，或者像戴蒙德·约翰可能会说的那样，这个方案需要布鲁斯提出他要解决的问题。

而丽莎·普莱斯接受了妈妈的意见，听从了那一期《奥普拉脱口秀》的建议，在这一过程中，她成功解决了不仅是她自己，也是千千万万非洲裔美国女性和其他有色人种都面临的问题，尽管这不是她的初衷。

01
开放思想

"我没有刻意说这是为非洲裔美国女性所准备的。我只是专门提到，它针对的是干性皮肤。如果皮肤里的黑色素增多，皮肤就会显得很干，看起来黯淡无光，有点暗沉。就像人们说的那样，感觉就像是身上落了一层灰，但你又没办法抖落这层灰。这大概就是那时我的产品能够吸引肤色更深的人的原因，因为他们找到了一种可以掸除这层灰的东西。"

爱好者纯粹出于激情创造了一些东西。修补匠出于激情创造了一些东西，解决了只有他们自己才有的问题。创业者出于激情创造了一些东西，同时也解决了许多与他们类似的人所面临的问题。

这三种身份，丽莎·普莱斯都曾拥有过。王子让她成为一个充满激情的爱好者。尝试通过添加各种成分来解决自己皮肤干燥的问题，使她成了一个不折不扣的修补匠。一旦她将爱好者的激情与修补匠解决问题的能力结合起来，用来满足布鲁克林及其他地区女性的需求，就得到了一个伟大的想法。她创立了一份了不起的事业，她成了一位创业者。

不过，丽莎的乳液还有另一层独特的意义。它不仅解决了有色人种女性皮肤干燥的问题，还创造了一个丽莎可以主导的全新市场。"它不是那种只要你走进药店就能看到的产品。'哦，快看那个，效果超级好。'"她回忆道，"药店里买不到，所以肯定有一些群体被忽略了。"

但是现在，这些群体的需求得到了满足。他们的规模与购买力持续增长，最终也会吸引其他领域提供更多、更好的选择，其中就包括像"贝弗尔"（Bevel）这类面向有色人种男性的护肤品牌。沃克公司（Walker & Company）[1]旗下的品牌"贝弗尔"创立于2013年，也就是欧莱雅收购"卡罗尔的女儿"的前一年。20年来，这个被几代人完全无视的细分市场一直在稳步增长。

法国小说家维克多·雨果曾在1862年写过一句名言："你可以抵御军队的入侵，但无法阻挡思想的侵入。"丽莎·普莱斯对来自各方的灵感始终秉持开放的态度，她最先发现了已经到来的澎湃思想。然后，她欣然接受，并决定利用这种思想的力量，带领人们进入一个全新的市场，一切从头开始。

---

[1] 我们将在第15章提到沃克公司的创始人特里斯坦·沃克（Tristan Walker）。

02

危险还是可怕?

为什么很多人分不清让我们害怕的事情与真正危险的事情？我们不敢坐飞机，却敢开着汽车以每小时 85 英里的速度在高速公路上飞驰，飞机失事的概率几乎是万分之一，而死于车祸的可能性是死于空难的 86 倍。因为担心海里会有鲨鱼，夏天去海边度假的时候，我们不敢让孩子下海，但是我们要求他们定期洗澡，尽管浴缸每天都会夺走一个美国人的生命，而鲨鱼平均每年才夺走一条人命。

"浴缸的可怕程度本应是鲨鱼的 365 倍，但事实恰恰相反。探索频道上可没有《浴缸周》[①]。"才华横溢的学者型作家詹姆斯·法洛斯（James Fallows）在 2014 年为《大西洋月刊》(*The Atlantic*) 撰写的一篇文章中谈到了危险与恐惧之间的差异。原因相当简单：面对熟悉的事物，我们会觉得更加放松。

你今年开过多少次车？坐过多少次飞机？你一生中洗过多少次澡？你在开阔的水域遇到过多少条鲨鱼？相比较而言，遇到鲨鱼的

---

① 《鲨鱼周》是探索频道的经典栏目，至今已经有 30 多年的历史。每年的《鲨鱼周》都会通过兼具娱乐性与知识性的纪录片视角，让人们关注鲨鱼和它们面临的各种威胁。——译者

次数实在是微乎其微,以至于它们成了谜团,然后变成我们内心的不确定性。而我们大多数人都不善于应对不确定性。我们会担心,会设想最坏的情况来填补知识的空白。我们感到害怕,甚至拒绝踏入水中。

许多初次创业者在考虑是否要离开相对安全的稳定工作自己创业时,就处于这种状态。他们不得不考虑两者在熟悉度上的差距,一边是固定的薪水和一个会给他们安排任务的老板,另一边是自己当老板但是没有任何保障。对某些人来说,这种差距犹如一道鸿沟,或是更糟糕的深渊。跨越这道鸿沟似乎是他们所能想到的最可怕、最愚蠢的事情。

1984年,啤酒品牌山姆亚当斯(Sam Adams)的创始人吉姆·科赫(Jim Koch)就在久久凝望这道鸿沟。那时正是春天,是波士顿棒球赛季拉开序幕的时候,也是即将迎来"美国之晨"①的时刻。里根总统正在为连任做准备(后来取得了压倒性胜利);经历数年的衰退之后,美国经济终于开始回暖;美国奥运代表队即将在洛杉矶夏季奥运会上大放异彩;而吉姆也即将开始他在波士顿咨询公司(Boston Consulting Group,BCG)担任管理顾问的第六个年头。35岁生日前,他的年薪已达25万美元(以2020年的美元购买力计算,超过60万美元)。

不论从哪个方面来看,吉姆·科赫都已步入成功人士的行列。他在商业咨询界站稳了脚跟。"我们坐的都是头等舱。客户都是首席

---

① "美国之晨"是1984年里根总统为谋求连任打出的经典政治广告。该广告乐观向上又充满生活气息,描绘了一幅欣欣向荣的图景。——译者

02
危险还是可怕？

执行官。每个人都对你很好。"吉姆回忆道。在波士顿咨询公司的那些日子既有趣又令人陶醉。公司刚刚实行全员持股，制定了员工持股计划（ESOP），为像吉姆这样的顾问开辟了一条真正意义上的财富之路。与此同时，他与四位将在日后大放异彩的人一起共事：年轻的米特·罗姆尼（Mitt Romney）[①]；30多岁的本雅明·内塔尼亚胡（Benjamin Netanyahu）[②]；即将成为传奇的商学院教授兼作家的克莱顿·克里斯滕森（Clayton Christensen），其开创性著作《创新者的窘境》（*The Innovator's Dilemma*）塑造了21世纪的创业精神；未来的对冲基金大佬、亿万富翁约翰·保尔森（John Paulson），25年后，他通过信用违约互换押注次贷市场，几乎一夜暴富。吉姆·科赫也不逊色，他拥有三个哈佛大学学位（文学学士、法学硕士、工商管理硕士），在波士顿咨询公司创始人、现任首席执行官及其下一任接班人等所有关注他的人的眼中，这个来自辛辛那提东部的年轻人前途无量。

"那曾经是一份很棒的工作。"吉姆说道，一如既往的低调。

薪水加上股票期权，令吉姆快要实现"还清父母的房贷，然后创立基金会"的目标了。人生至此，夫复何求？然而，吉姆·科赫不需要更多的回报，他想要的是一些不同的东西。在波士顿咨询公司，吉姆最初得到的回报是了解商业战略、产品类别、组织问题和商业问题。但是当他进入管理层后，他的工作就变得很无聊。他开

[①] 米特·罗姆尼是美国政治家、创业者、马萨诸塞州第七十任州长、2012年美国总统候选人，曾挽救严重亏损的盐湖城冬奥会。——译者

[②] 本雅明·内塔尼亚胡是以色列政治家、军人，第九任、第十三任以色列总理，曾任以色列外交部长、国防部长、卫生部长、移民部长。——译者

始销售波士顿咨询公司的服务,而不是深入研究问题和寻找解决方案。"学习终止了,"他说,"然后,我开始顿悟。我问自己:'你想一辈子做这个吗?'答案是:'不想。'结论就是,'好吧,如果我不想余生一直做这件事,那我可能明天就不想干了'。"

对于一个拥有三个哈佛大学学位,而且有各种理由享受工作带来的安全感与舒适感的人来说,这是一个非常突然的转变。然而,有些事情必须改变。"我知道自己不想继续留在企业界了。"于是,他开始考虑辞职。与丽莎·普莱斯不同,他恰好读到了《公司》(*Inc.*)杂志上的一篇文章。这篇介绍旧金山一家成功的小型精酿啤酒厂"铁锚啤酒"(Anchor Brewery)的文章触动了吉姆,帮助他逐渐形成一个想法:创立一个新的精酿啤酒品牌。

与所有优秀的顾问一样,吉姆对啤酒行业的现状进行了研究。确定这正是他想要追求的目标之后,他就回家看望父亲,告诉父亲自己打算辞职去开一家啤酒厂。父亲的态度斩钉截铁。"他看着我,说道:'吉姆,你一生中做过不少非常愚蠢的事情,这是最蠢的一件。'"在开啤酒厂这件事上,吉姆的父亲最有发言权,因为科赫家族是一个酿酒世家。

吉姆·科赫的父亲是家族中的第五代酿酒师。科赫家族的五代长子都是酿酒师。如果父亲无法说服他放弃,那么吉姆将成为第六代酿酒师。而吉姆的父亲有充分的理由说服他放弃。1948年吉姆的父亲从酿酒师学校毕业时,全美有1 000家酿酒厂。到1984年,这一数字已减少到50家。这些年间,由于啤酒厂不断倒闭,他的父亲不得不带着一家人从一个镇搬到另一个镇,最后彻底离开酿酒

02
危险还是可怕？

行业。

"父亲告诉我，这是一种悲惨的谋生方式。"吉姆说，"他最不希望我做的事情就是回到酿酒行业。"吉姆已经结婚并育有两个孩子，生活安逸。在日子越过越好的情况下辞职太冒险。

真的是这样吗？

说到风险，这不是吉姆·科赫第一次远离安全、熟悉的道路。20多岁的时候，他决定从哈佛大学休学，暂停法学/工商管理硕士双学位的学习，成了一名户外拓展训练教练。"我只是不想在还有很多事情可以尝试的时候作出会束缚我一生的决定。"他解释道，"我也意识到，有些事情如果不在二十几岁的时候去做，就永远没有机会了。"

在接下来的三年半里，吉姆一直在从事户外活动，攀岩、皮划艇、背包旅行，做着一些可能会把父母吓得半死的冒险的事情。但是在这个过程中，他懂得了"如果真正享受自己正在做的事情，那么你的生活就没有过多的物质需求"。他还明白了，没有什么是永恒的，一旦走完一条不同的道路，随时都可以回到最初的起点。这些经历改变了吉姆的生活，影响了他在大约十年后所做的决定。最终，他未听从父亲的建议，辞去了波士顿咨询公司的工作，创建了山姆亚当斯啤酒品牌和后来成为波士顿啤酒公司（Boston Beer Company）的啤酒厂。

在任何一个不愿冒险的人（包括我自己在内）看来，这绝对是一个可怕的决定。想一想那句老话："一鸟在手，胜过二鸟在林。"吉姆手中的鸟可不是普通的鸟，那是一只会下金蛋的鹅，可以带来金钱、权力和影响力。他会让这一切全都飞走吗？去酿啤酒？去做父亲和祖父曾经做过的工作？在他们一心只想让他过上更好的生活的时候？不过在吉姆看来，那只金鹅更像是一副金手铐。选择留在波士顿咨询公司，才会让他背负所有的风险。

"这就是生活中可怕的事情与危险的事情之间的区别。很多事情虽然可怕，但不危险。有些事情虽然危险，但不可怕。真正让你跌跤的正是后者。"吉姆解释道。我能够从理论上理解他的话，但是当他用自己在当拓展训练教练时的攀岩经历做类比时，我才真正明白他想要表达的意思。

"有一项教学内容是悬崖垂降。这很可怕，但是你的身上系着一根安全绳，绳子的另一头系在一辆汽车上。所以，悬崖垂降虽然很可怕，但是并不危险。相反，在5月末一个美丽的下午，在明媚的蓝天下行走在35度的雪坡上一点也不可怕，却非常危险，因为积雪不断融化，雪水会渗入并润滑雪层与山坡之间的冰层，从而引发雪崩。这很危险，但并不可怕。"

吉姆向我描述的正是几年前詹姆斯·法洛斯为读者所做的比较。我们都曾在天气晴朗时外出散步。这当然是安全的！但是我们当中有多少人尝试过悬崖垂降？又有多少人试了不止一次？整件事听起来就很危险。与在大海里游泳或悬崖垂降一样，你看不到海底，也望不到崖底。只不过吉姆·科赫不需要看到海底或是崖底就知道那里有什么——或者，更有可能的是，那里没有什么——他根本不担心会撞上。

"就我而言，"他说，"留在波士顿咨询公司虽然危险，但并不可

02
危险还是可怕？

怕。我的危险就是继续做一些无法让我觉得快乐的事情。等我到了65岁的时候，回头一看，'天哪，我就这样浪费了我的生命'。"

失败很可怕，浪费生命很危险。

当然，最具讽刺意味的是，现代创业史中记满了创始人的故事。今天，我们都在庆祝他们的成功，然而最初他们的亲人也像吉姆的亲人一样，担心他们会浪费生命，不过前提是他们真的迈出了那一步，去实现自己的想法。

当史蒂夫·乔布斯（Steve Jobs）和比尔·盖茨（Bill Gates）分别于1972年和1975年决定辍学去创建苹果公司和微软公司的时候，他们的父母在最初的几年里绝对不可能欢呼雀跃，甚至有可能无法酣睡。马克·扎克伯格（Mark Zuckerberg）的父母在他离开学校去创建脸书[①]时也是同样的反应。埃文·威廉姆斯（Evan Williams）入读内布拉斯加大学一年半后离开学校，进入新兴的科技初创公司时，他的父母也是如此，虽然他最终相继创立了博客、推特（Twitter）以及Medium。

你可能未曾为了成为人生赢家而离开稳定的高薪职业或是从名牌大学退学，即使你的想法真的能够改变世界。尽管许多成功的故事与之相反，也有不少白手起家的亿万富翁从未踏入大学的校门，但是1984年的想法在今天依然十分流行。不仅是吉姆·科赫，得克萨斯大学一位名叫迈克尔·戴尔（Michael Dell）的18岁新生也面临同样的情况。迈克尔受到了父母极为严厉的斥责。在那一年春天，吉姆也没能逃过这一命运。

---

① 脸书于2021年10月28日宣布更名为"Meta"，本书仍用旧名。——译者

与来自酿酒世家的吉姆一样，迈克尔出生在一个医师之家。"我曾是医科大学预科生，"迈克尔告诉我，"父母的规划在其中起到了部分作用，因为我的父亲是医生，我的哥哥是医生，我的很多堂兄弟都是医生，我也一直以为我会成为一名医生。"

只是，迈克尔在读初中时就接触了电脑，而且很快就为之着迷。15 岁那年，他买了第一台电脑，一台 Apple Ⅱ。为了解它的工作原理，他把整台电脑拆开。他是那类喜欢探究的年轻人。后来，作为一名医学预科新生，他开始在宿舍里升级成品电脑。"这只不过是我的一种兴趣，一种赚钱的方式。"他说，"我买进新的电脑，提升性能，再转手卖出去。我会扩大它们的内存，实际上为这些电脑安装硬盘已经成为我的一项主要业务。"

今天，我们认为电脑应装有内存并具备计算能力。各大公司往往会将 2G 的闪盘当作会议礼品送给与会人员，就好像它们与薄荷糖没什么两样。但是在 1983 年末和 1984 年初，迈克尔·戴尔刚入学的时候，像最早的 IBM 之类的机器甚至没有硬盘驱动器。

"所以我要做的是，开发一个可以安装在 IBM 电脑里的硬盘驱动器系统。这样，你就能拥有一个 10M 的硬盘驱动器，而不仅仅是两个 160K 或 320K 的软盘驱动器。这在当时是一件十分神奇的事情。"

由于这种电脑实在太过神奇，迈克尔很快在当地大学、律师事务所、诊所、建筑事务所以及精通技术的高薪行业中找到了客户。（"当时的学生并没有真正开始购买电脑，而我认识的大多数学生也不是很感兴趣。"迈克尔说。）他甚至参与了政府合同的竞标，年纪轻

02
危险还是可怕？

轻就展现出过人的天赋。没过多久，他的月销售额就达到 5 万～8 万美元。这相当于一家年销售额百万美元的企业的业绩水平。这一切都是在一间宿舍里完成的，还是在 1983 年。

听起来生意兴隆，对吧？不过，有两个人可不这么想：迈克尔的爸爸和妈妈。迈克尔很清楚这一点，所以他从未告诉过他们自己在做什么或是赚了多少钱。直到迈克尔不得不向他们解释为什么自己第一学期的成绩如此糟糕时，他们才知晓这一切。

"他们很生气，然后对我说，'不许再做这件事，专心学习。你得搞清楚哪件事情更重要。你一天到晚都在干什么？！'"迈克尔回忆道。他乖乖地试着按照父母的要求去做。

他努力了大约十天。

"我意识到，这不仅是一种爱好，或是一边上学一边赚钱的好方法。"迈克尔说，"这其实是我非常热衷的事情。因此，在那大约十天的时间里，我开始规划如何完成大一的学业，然后将卖电脑作为一门真正的生意。最终，我与父母达成一致，我会尝试这项计划，如果成功就继续，如果失败就回到学校继续读书。"

1984 年 1 月，他将自己的小宿舍"臭鼬工厂"注册为 PC 有限公司。同年 5 月，就在吉姆·科赫决定辞去波士顿咨询公司的工作创立山姆亚当斯啤酒品牌一个月后，迈克尔·戴尔完成了大一的学业，正式注册成立了戴尔电脑公司，搬进了位于北奥斯汀的办公场所，此后再也没有回到学校继续学业。

我怀疑，迈克尔·戴尔与父母之间的隔阂也是许多有抱负的年轻创业者遭遇挫败的关键原因。人们混淆了危险与可怕之间的区别，如果之前从未有人做过某件事，是因为这件事无法实现或不应该去做，这样的想法只是一种假设。如果你有一个让你兴奋的好点子，一个让你不得不离开舒适的生活、绕开人们惯走的生活道路的好点子，首先，你需要穿越这片误解的雷区，无论它位于你的内心，还是横在你和那些你重视且尊重的人之间。即便你永远也不可能在企业创立之初就清楚自己能够走到哪一步，但你至少应该知道，如果事情进展得不太顺利，你能否成功摆脱困境。这就是危险与可怕之间的区别。

迈克尔的父母均出身于书香门第。在个人电脑还是一种新奇的事物，常被误认为是一种时尚的年代，他们一定觉得辍学去捣鼓并转卖电脑是一件危险的事情，可能会毁掉儿子的一生。对于父母来说，还有什么比未系安全绳的孩子踏上成人世界中的高空绳索更危险的事情呢？

但是对于迈克尔来说，这个想法一点也不危险。他喜欢与电脑为伍。十几岁的时候，他就对电脑十分精通，连专业人士都十分认可他的见解与能力，他在帮助他们解决问题（如果迈克尔出现失误，他们蒙受的损失会更甚于他）。此外，由于很早就体验了成功的喜悦，也看到了迈出这一大步之后等待他的将是什么，他就更不可能回头，再以原来的方式看待这个世界，不可能像父母那样看待这个世界。他了解这个新世界的规则，正因为如此，最后一丝残存的危险也已消失不见。而且，即便由于某种原因没能成功，他还能回到学校，继续学习医学预科课程。他只有 19 岁，人生的路还长。

事实上，戴尔电脑公司的创建过程中最可怕的那部分与所有企

02
危险还是可怕？

业一样：未知的东西。十几岁的迈克尔·戴尔了解多少有关企业经营的知识？清楚公司纳税事宜吗？他知道如何招聘，如何领导员工，如何寻找和租赁办公场所吗？人们在遇见这些问题之前，早已储备好相关知识了吗？完全没有。对于所有初次创业的人来说，这确实是一件非常可怕的事情。但是，如果你选择学习相关知识，那么解决这些问题也不会成为什么难事。

迈克尔所面临的危险是屈从于父母的要求，成为一名医生，然后一边看着个人计算革命逐渐兴起，一边懊悔莫及，最后怀着对家人的怨恨度过余生，因为是他们将他推上了一条他很清楚不适合自己的道路。

在采访创业者的过程中，有一件事是我可以肯定的，那就是所有离开了相对安全的高校校园或是之前所在行业并且获得成功的人，都不会对吉姆和迈克尔在 1984 年作出的选择感到惊讶。迈出那一大步时，就如同悬吊在人生的攀爬架上，他们终于松开了握着横档的手，借助惯性将身体向前方摆动，然后抓住前面的横档。回想起那一刻，这类创业者都会谈起最初的不确定性以及对于未知的恐惧。但是后来，当他们反思了后悔和浪费机会等更大的危险之后，这些顾虑就消失不见了。就像吉姆所说的那样，不至于在 65 岁的某一天醒来时，才发现自己浪费了生命。

尽管"创业精神"（entrepreneurship）源自一个古老的法语单词，但在商业词汇中，它其实还是一个相当新的术语。如今的企业创始人以其前辈难以理解的方式自诩为"创业者"，主要是因为当时他们找不到其他语言来描述他们在创业时所做的事情。不过从根本上来说，几代创业者所做的事情是一样的。他们绕开常规的道路，向前迈出一大步：他们离开了自己不想要的那种职场生涯，走向令人兴奋且属于他们自己的新道路。

作为一个群体，他们使创业精神变得不再那么可怕，也不再那么危险。通过追寻创业英雄所走过的道路，你在书中遇到的许多现代创始人将帮助我们揭开蒙在迈出这一步之后能够得到什么这个问题上的神秘面纱。通过开拓新的领域，包括吉姆和迈克尔在内的老一辈创始人已使迈出这一步看起来与正常行为没有什么差别。

这就是为什么你可以放心地让专家为你系好安全绳，让导师为你做好配重，并相信前人在崖壁上钉入的固定点能够在你迈出开始垂降并进入未知领域的第一步时，承受住你身体的重量。因为他们知道将命运掌握在自己手中意味着什么，也知道真正遵从这个深深吸引着他们灵魂的想法到底意味着什么。

03

安全地离开你的安全区

贝宝（PayPal）前副总裁、领英（LinkedIn）创始人里德·霍夫曼（Reid Hoffman）曾说过："创办一家公司就如同跳下悬崖之后才开始组装飞机自救。"这句话精准地捕捉到了有胆识的创业者身上所散发出的浪漫气息。

奋力去做一件全新的事情难道不浪漫吗？迈出那一步，难道不浪漫吗？所有醉心于追求奇思妙想的人都曾在某个时刻发现自己被某家成功企业的创业故事所吸引：漫长的编码过程；整整一周通宵达旦；四位好友挤在一间一居室公寓里，每晚在充当"董事会会议室"的厨房餐桌旁开会。在毕业致辞与主题演讲中，知名创始人都会怀念这些难忘而关键的时刻。穷到兜里只剩最后一块钱；刷爆信用卡；连续几个月只能吃拉面、喝激浪。

那些好时光早已一去不复返。

有些人觉得这些故事令人振奋，有些人则觉得这些故事令人恐惧。在过去很长一段时间里，我都以为自己属于后者。在某种程度上，我现在仍然觉得这些故事令人恐惧。我的意思是，一个人得疯到什么程度才会像里德所说的那样，把谨慎抛到九霄云外？哪个正常人会冒这么大的风险？如果创建公司或创造一些新奇事物就如同跳下悬崖，然后指望在惨死之前把足够的碎片拼装成一架飞机，那么我一直想问创始人与创造者，为什么要这么做呢？你到底在想些什么？为什么要跳下去呢？

好吧，也许我的问题有点多。

不过，我发现，令人欣慰的是，除了盲目跳下去的人之外，还有另一种类型的创业者。他们不会像海盗走跳板那样倒着跳下悬崖。他们不会闭上眼睛，屏住呼吸，将命运交给地心引力。他们睁大了双眼。他们测好了跳跃的幅度。他们像训练有素的体操运动员一样，早已选好了落脚点。更重要的是，他们知道，如果无法着陆，如果无法及时造出整架飞机，他们的企业就会毁于一旦，他们也将随之灰飞烟灭。纵身跃下之前，他们知道自己已经打包好并且再三检查过自己的降落伞。

即便冒着这个比喻被批评得体无完肤的风险，我还是想说，我遇到的大多数成功企业家都尽可能以安全且明智的方式离开他们以前的舒适区。他们一般会采用两种方式：要么继续他们"真正的工作"，直到创业公司需要投入的时间超出了他们的余力；要么准备好B计划，使创业过程中固有的风险变得可控，这样他们才能在晚上安然入睡。

这两种方法，戴蒙德·约翰全都采用了。

1989年，早在成为《鲨鱼坦克》中最有见识的导师之前，戴蒙德·约翰还是连锁餐厅"红龙虾"中最有抱负的服务员之一。20岁的戴蒙德和母亲一同住在皇后区的霍利斯,每天晚上他都会将切达软烤饼送到海鲜爱好者的餐桌上。白天,他会不断完善自己关于新的嘻哈服装品牌的构想。他称其为FUBU(源自"为了我们,我们创造"(for us, by us)),以此来回应某些不欢迎"说唱歌手、内城孩子、非洲裔美国人"穿自己品牌衣服的高端服装公司。"我开始厌倦所有这类品牌,"戴蒙德告诉我,"我想为那些热爱并尊重嘻哈音乐的人创建一个喜爱并尊重他们的品牌。"

第一款产品的诞生多少是个意外。那是一种特殊的帽顶系带的羊毛滑雪帽("帽顶没有小球,但有一根带子")。这款帽子比较便宜,受到很多说唱歌手的追捧,但是在销售日常服饰的地方很难买到。"我走遍了曼哈顿的上城区,"戴蒙德回忆道,"后来终于找到一顶。如果算上油费和过路费,我一共花了30美元。我把帽子拿给妈妈看。她说:'你怎么能花那么多钱去买一个只花2美元就能做出来的东西。'"

灵光乍现——这里面有商机。戴蒙德的母亲让他去布料店买了40美元的布料,然后教他如何缝制帽子。不出三个小时,他就缝了80顶帽子。哪里要花2美元,一顶帽子的成本只有50美分。之后,他只需要把它们卖掉就行了。

第二天,因为附近的人都会去牙买加斗兽场购物中心采购复活节物品,所以戴蒙德决定去那里兜售他的帽子。"我站在角落里,叫住进出商场的人们。"他说,"每顶帽子的售价是20美元,如果他们的钱不够,我就卖17美元。还不够,那就卖15美元。要是还不够,再降到10美元。最后两顶帽子的价格是3美元。"售卖结束的时候，戴蒙德手里已经有了 800 美元现金，其中 760 美元是纯利润，20 倍的投资回报率。短短的几个月，他利用这些销售所得改善帽子的质量并设计了 FUBU 的徽标，然后开始进军衬衫领域。

戴蒙德萌生了一些新的想法。他从当地服装店买入简单的"冠军"牌 T 恤和运动衫，在标志上面缝上 FUBU 的徽标。卖出足够多的 T 恤和运动衫后，他就用所得从全美各地采购高质量的没有图案装饰的球衣和运动衫，然后请刺绣店和丝网印刷厂商进行加工。

"当时，在我的计划里，附近身材魁梧的黑人是我的主要销售对象。"戴蒙德解释说，"他们没有更多选择，如果想要变得时尚，就只能去大码男装品牌'罗切斯特大码服装店'买件宽大的白衬衫或黑衬衫，或者花上一大笔钱去定制。因此，我们找到一个能制作 4X、5X 和 6X 码衬衫的地方，每个尺码各做了 20 件。"试想一下：那是 60 件超大号衬衫，正面还以超大号字体印着 FUBU 的徽标。人们一定会乐意购买吧？戴蒙德也是这么想的。"我们知道，如果把衬衫送给俱乐部门口那些身材魁梧的保镖和门卫，他们不会只穿一次，而是会一直穿下去。所以，在最初的六个月里，我们就是这么做的。不知不觉间，这些保镖和门卫成了行走的广告牌。"

这些人可不是普通的保镖和门卫。他们不只负责核查身份或是控制人群。他们是重新定义了美国流行文化的说唱艺术家的忠实拥趸，是当时纽约最炙手可热的俱乐部——54 俱乐部（Studio 54）的守门人。这就意味着，当他们穿上由戴蒙德直供的服装时，每个人就成了 FUBU 的活招牌，宣传效果不亚于在时代广场上立起 FUBU 的广告牌。其中有一位门卫成功引起了拉尔夫·麦克丹尼尔

03
安全地离开你的安全区

斯（Ralph McDaniels）的注意。这位颇具影响力的人物是纽约标志性的公共电视节目《视频音乐盒》（Video Music Box）的联合创始人。早在1983年，该节目就挖掘了东海岸几乎所有的嘻哈歌手。1993年，拉尔夫邀请戴蒙德及其合伙人参加节目的录制并告诉所有观众，FUBU会火。

"他真的让我们上了节目，之后所有说唱歌手一个不落地开始穿我们的衣服，因为拉尔夫对我们大加赞扬。"戴蒙德说。

我们一点也没有夸张，这是一笔大买卖。要知道，在1992—1993年间，说唱与嘻哈音乐一跃成为主流音乐。第一代标志性嘻哈艺术家或乐队相继推出了自己的专辑，比如德瑞博士（Dr. Dre）、揠苗助长合唱团（Arrested Development）、Common、House of Pain乐队、UGK说唱组合、史努比·狗狗（Snoop Dogg）、E-40、Bone Thugs-n-Harmony乐队以及The Roots乐队。更不用说野兽男孩乐队（Beastie Boys）、Eric B. & Rakim乐队、Public Enemy乐队、歌手Too Short以及艾斯·库珀（Ice Cube）等对后世产生深远影响者随后推出的专辑了。我不想像VH1频道系列节目《音乐背后的故事》那样，专辟一章来介绍说唱音乐的历史，但是我们一定要了解，作为最典型的嘻哈时尚品牌，FUBU崭露头角的那一年，也是许多塑造了嘻哈音乐黄金时代且身穿FUBU服饰的艺人声名鹊起的那一年。

此时，距离戴蒙德创立FUBU已经过去四年多的时间。他为刚起步的企业赢得了许多胜利，其中不乏一些重大胜利。要是放到当下的创业环境之中，这些胜利足以激励受益者辍学或辞职，前往硅谷并尝试筹集大量资金。大体上就像里德·霍夫曼所说的那种跳崖。

但辞去现有工作从未进入戴蒙德的考虑范围。即便在《视频音乐盒子》上的亮相为他带来了关注度与销量，也无法让他辞去"真正的工作"——他只是减少了工作时间。他不紧不慢地步入创业生活。"先是在红龙虾工作 40 小时，在 FUBU 工作 6 小时。之后是在红龙虾工作 30 小时，在 FUBU 工作 20 小时，因为 FUBU 逐渐有了盈利。"他在 2017 年美国全国广播公司财经频道（CNBC）组织的一次 iConic 会议上对到场的创业者说。

一些伟大的企业家在其职业生涯早期处于类似的状态，他们也采取了类似的方法来平衡现有的工作与全新的创业项目。菲尔·奈特（Phil Knight）在创办蓝带体育公司（Blue Ribbon Sports），也就是耐克公司的前身时，已经做了 5 年的注册会计师。他"每周在普华永道工作 6 天"，然后将所有的空闲时间都花在了蓝带公司上。"大多数时候我并不介意，"他在回忆录《鞋狗》（*Shoe Dog*）中回忆道，因为"我把相当一部分工资收入投进了蓝带公司的银行账户里，增加了宝贵的股本，增加了公司的现金余额"。

鞋的生意虽然不好做，可但凡涉及钱，没有什么行业面临的风险比航空业更大。维珍航空（Virgin Atlantic）创始人理查德·布兰森（Richard Branson）有一句名言："如果你想成为百万富翁，那就先投资 10 亿美元新建一家航空公司。"大量倒闭的航空公司证实了他这句玩笑话所反映出的基本道理。

已故的西南航空公司（Southwest Airlines）联合创始人赫

03
安全地离开你的安全区

布·凯莱赫（Herb Kelleher）所取得的成就更加令人钦佩。在西南航空创立初期的大部分时间里，赫布这位执业律师始终没有关停自己的私人律师事务所。在最初的四年半时间里，他不仅帮助西南航空争取资金、获得联邦航空局的批准以及租赁飞机，还在一系列诉讼中为公司辩护，最终令西南航空得以迅速发展。

事实上，西南航空曾在1969年陷入困境。公司入不敷出，董事会甚至开始认真讨论关门事宜。正是由于赫布愿意"帮它打官司，并自掏腰包承担了所有的诉讼费用"，才让西南航空存活下来。在尽可能完成律师事务所正常工作的同时，他还为西南航空制定了一条适合其发展的特色道路，使其成为美国最早（也是当时唯一）一家不提供不必要服务的廉价航空公司。今天，在载客量上，西南航空已成为全球第三大航空公司。

直到1981年，也就是西南航空成立14年后，赫布才应董事会的要求，离开了律师事务所。戴蒙德·约翰没有坚持这么久。1995年，他在FUBU创立六年后从红龙虾辞职。他从韩国科技巨头三星旗下的纺织品部门负责人那里获得了数百万美元的融资，这是戴蒙德及其合伙人为完成几个月前在拉斯维加斯的MAGIC国际服装展销会上所签订的30万美元的订单而寻求的合作。

至此，我们才明白戴蒙德决定尽可能留在红龙虾的核心原因，以及他在iConic会议上的演讲结束时劝告众人不要放弃日常工作的原因。尽管在发展初期取得了成功，获得了媒体与时尚引领者的关注，品牌在嘻哈界的知名度也不断提高，但FUBU一直游走在破产的边缘。资金不足是一个挥之不去的困扰。"1989—1992年，我曾三次关门歇业,因为产品开发很烧钱,我花光了所有资金。"戴蒙德告诉我,"与许多企业一样,我与合作伙伴利用信用卡透支了5万余美元,当时的利息非常高,这并不是明智的做法。"那他们是怎样参加拉斯维加斯的那场贸易展的呢?戴蒙德与合伙人每天轮番穿上他们打算卖给零售商的FUBU服装溜进会场,因为他们支付不起现场通行证的费用,更不用说展位费了。那他们又是怎样和三星达成协议的呢?那得益于戴蒙德的母亲在《纽约时报》(*New York Times*)上刊登的分类广告:"上百万美元的订单,需要融资。"这则广告花了2 000美元。为了支付这笔费用,戴蒙德在红龙虾连续上了一个月的班。

戴蒙德会告诉你,他在红龙虾的工作对于FUBU的意义就如同赫布·凯莱赫在律师事务所的工作之于西南航空:这为他的企业提供了一条跑道,一旦企业开始腾飞,他便会全身心投入。但是与此同时,戴蒙德也会告诉你,红龙虾的工作也是他在感觉FUBU快要坠毁的时候,随时可以拉动的降落伞的开伞索。其实,他还可以再多拉几次,这样他的经济状况短期内就能有所改善。"如果FUBU很早就失败了,"他告诉iConic的听众,"我就不会欠下一屁股债,我的账上就不会有如此巨大的亏空,我也不会在长达七年的时间里一直处于信用不良的状态。"他可以有一份衣食无忧的工作,一份他擅长且真正喜欢的工作。"当服务生的时候,我过得很开心。"谈到早年的经历时,他这样说。

虽然戴蒙德知道他总能回到自己擅长且拥有丰富经验的领域,但是这并不能减轻投身FUBU带给他的恐惧感。红龙虾的工作给

03
安全地离开你的安全区

了他一个缓冲,一个B计划。对于吉姆·科赫来说也是如此。他知道,只要他愿意,随时可以回到波士顿咨询公司或是加盟其他管理咨询公司,这就使得创办一家精酿啤酒厂这个(在当时看来)十分愚蠢的决定不那么疯狂。对于斯潘克斯(Spanx)创始人、亿万富翁萨拉·布雷克里(Sara Blakely)来说,卖传真机就是她的B计划。对于互联网企业家、与戴蒙德·约翰同为《鲨鱼坦克》评委的马克·库班(Mark Cuban)来说,这项计划就是调酒。捷蓝航空(JetBlue Airways)创始人大卫·尼勒曼(David Neeleman)知道,如果他所提出的建立一家低成本航空公司的构想没有成功,他可以随时回到旅行社工作。

对于这些制定了B计划的杰出创始人来说,这些计划为他们提供了不同程度的安全感,能够赚到多少钱这个问题远不如至少保证赚到足够的生活费来得重要。这是德美乐嘉(Dermalogica)创始人简·沃万(Jane Wurwand)在英国生活期间从母亲那里学到的理念。"改变我一生的六个字是我妈妈对我和我的姐妹们说的:'学会如何做事!'"简说,"她坚决要求我们每个人都必须掌握一项技能。这样无论面对何事,无论身处何方,我们都有一技之长在手,可以立即依靠这项技能赚钱养活自己。"

简的技能是皮肤护理。她与丈夫在加州的玛丽安德尔湾创办了一家名为国际皮肤研究所(International Dermal Institute)的小企业,教授注册美容师如何进行护肤理疗,由此踏上了她在该领域的职业之路。三年后,她发现了研发全套护肤产品(共计27款产品)的机会。她可以把这些产品卖给她的学生,她的学生也可以在美国各地的美容院用这些产品帮助客户护理皮肤。这是一个好点子。但在 1986 年，谁也不能保证一个护肤品系列不会遭遇滑铁卢。幸运的是，对于简来说，即便真的遭遇失败，她仍然知道如何讲授皮肤护理课程，而且国际皮肤研究所仍在正常运营，她永远不愁找不到授课的地点。她总能有一份收入。

这就是不立即辞职并在辞职前制定 B 计划所带来的浮力效应（buoying effect）。这种做法的目的不是让你找到另一种方式去做一些新的事情并可能因此发财，而是让你换一种方式去做一些你以前已经做过的事情。这样，当你振作起来再次尝试的时候，就不会因此而破产。采取这种明智且安全的方式，就能为自己赢得更多的时间和更大的操作空间，同时减小你的人生因失败而被毁的概率。

制定 B 计划并不意味着你在为自己的梦想建造一个逃生舱。它不是不努力的借口，也不是放弃的理由。它只是意味着你在跳下创业之崖前，在崖底放了一张缓冲垫。这样，即便真的不幸坠崖，也能弹回崖顶再战。

04

调查研究

　　我真的很喜欢与创造者交谈，挖掘他们开发产品的所有细节。每当从他们那里学到一些全新的或是意想不到的东西（通常这些东西会给人留下深刻的印象），我都会身体后仰，靠在椅背上简单地赞一声"哇！"我为这些让人忍不住称赞的时刻而活。我喜欢创造者给予我的震撼，在踏入我的工作室或是登上我们准备分享的任何舞台之前，他们就已具备了鼓舞人心的力量。

　　我见过的所有创始人都给我留下了独特的印象，但如果要说他们具备哪些不断吸引我的共同特点，那就是他们事先都做过关于产品、业务、客户以及整个行业的功课。这让他们对自己的构想的可行性充满了信心。这些年来，我问过这些创新者和理想主义者成千上万个问题，但是他们对自己所创造的东西心生疑虑的次数可能一只手就能数得过来。他们知道自己的想法是可行的，因为他们了解自己的产品。我想我不会对此感到惊讶。如果大多数成功的创始人在跳下里德·霍夫曼口中的创业之崖前都会先往下望一眼，那么，事先想好在坠落的过程中需要组装怎样的飞机也是一个明智之举。

要做到这一点，也就是在做之前就知道自己究竟要做什么，就离不开调查研究，而且是大量的研究。每位创始人都做过这件事，他们必须这样做。但我认为，有一类创始人的故事最能说明调查研究的重要性。这类故事为那些心怀忐忑的创造者与胸怀大志的创业者提供了最大的激励，因为故事中的创业者大多发现自己对该行业一窍不通。

有时候，创业是激情的产物，就像丽莎·普莱斯与她的护肤系列"卡罗尔的女儿"。

有时候，创业是别无选择的结果，比如身为中学同学的本·科恩（Ben Cohen）与杰瑞·格林菲尔德（Jerry Greenfield）创立本杰瑞冰激凌（Ben & Jerry's）。本是纽约市一名未充分就业的出租车司机，多次从大学辍学。杰瑞是北卡罗来纳州的一名实验技术员，曾被多家医学院拒之门外。借用杰瑞风趣的话来说，20世纪70年代末，两人都愿意"把积蓄凑到一起，开一家小店"。

但也有很多时候，创业是好奇心与巧合碰撞的结果。有些人在寻找他们确信已经存在的东西（一款产品、一项服务、一档电视节目，甚至是一款视频游戏，其实是什么根本无所谓）时，却发现哪里都找不到它们的踪迹。于是，他们开始在闲聊中与任何愿意倾听的人（朋友、家人、优步司机、咖啡师、行业内的熟人）谈论此事。他们发现，一直在寻找这件东西，最终却一无所获的人不只有自己。当他们意识到这并非个例之后，一些事情便发生了：缺少这件东西已经从他们生活中小小的不便，演变为在他们看来需要解决的现实问题。他们也有了解决这个问题的思路。

04
调查研究

遵循这类特定叙事弧的故事一直深深吸引着我。它们听起来就如同寓言——就像伊卡洛斯（Icarus）^①与童话故事《勇敢的小火车头》(*The little Engine That Could*)^②的结合。我发现故事中的英雄最令人激动，确切地说，最令人震惊的特征是，尽管他们缺乏学科专长、制度知识或行业经验，但这从未成为他们创业的障碍。其实，这反倒是一种祝福，是一种自由。由于没有传统的标准操作程序的束缚，也没有前几代同类产品所营造的期望，这些充满好奇心的人完全可以抛开所有关于他们打算进军的行业的基本假设，并以对他们来说最有意义的方式，创造出他们正在寻找的东西的最佳版本。

詹·卢比奥（Jen Rubio）与朋友斯蒂芬·科瑞（Steph Korey）一起创建箱包公司 Away 时就处于这种状态。

2015 年，詹·卢比奥 20 多岁，无论从哪个角度来看，她都像个摇滚明星，可她是个失业者。几个月前，她刚辞去英国时装零售品牌 AllSaints 全球创新主管一职。早在 2013 年夏，她辞去眼镜电商瓦尔比派克（Warby Parker）社交媒体主管一职，从纽约移居伦敦加盟 AllSaints。从 AllSaints 辞职后，詹处于待业状态，不断地从一座城市前往另一座城市。对于一个飞行里程达到几十万英里

---

① 伊卡洛斯是希腊神话人物，代达罗斯之子。在与代达罗斯使用蜡和羽毛制成的翅膀逃离克里特岛时，他飞得太高，双翼上的蜡被太阳融化，跌落水中丧生。——译者

② 这个童话故事讲的是载满玩具的小火车出了故障，它希望火车头可以帮忙将这些玩具送到位于山的另一边的小朋友手中，但是各种火车头都不愿意帮忙。最后，一个看起来最不可能帮上忙的蓝色小火车头决定试一试。它不断给自己加油鼓劲，最后终于艰难地爬上山顶，完成了任务。——译者

的人来说,她与核心箱包业务似乎完全不沾边。

后来,她和朋友们去瑞士阿尔卑斯山滑雪。"我当时完全就是在环游世界,面试的间隙就会外出度假。当时,我申请的职位都是之前从未涉足的领域。"詹说。一周后,就在回程的路上,箱包业成了她生活的一部分。

"在苏黎世机场,行李箱突然坏了。"她回忆道,"我拖着箱子在机场疾走,内衣内裤掉了一路。太尴尬了。回家之后,我决定买一只喜欢的优质行李箱,我可不想再出现这种情况了。我在脸书上请朋友们推荐一款行李箱。可是,所有人的回答都是:'我不知道'或是'我买了这个牌子,不过你千万别买,不好用'。"

在她庞大而多样的时尚设计者人脉中,竟然没有一个人能够给出一个好答案:要么是买一只比多数机票还要贵的途明包;要么是花100美元从大卖场买一只千篇一律的美国旅行者;要么是买一款做工很差的廉价产品,希望它被扔到行李转盘之前不会散架。她可以从中选择一种解决方案,但朋友们的意见出奇地一致,那就是"别买"。

"这些热爱旅行的人,包括我自己在内,居然与我们每次旅行都会带在身边的东西没有任何联系。我觉得这太不可思议了。"詹说。于是,她开始寻找完美的箱包。"当时我就像在完成一项任务。我当时想'一定有一个很棒的行李箱品牌',可是我没有找到。"

她随即开始深入了解箱包行业,向自己以及遇到的所有人提出一些开放式的问题:

"为什么没有这样的箱包品牌?"

04
调查研究

"为什么选购箱包的体验这么差?"

"为什么要去百货公司的地下室,或者像在纽约那样,要去中城那些疯狂的大型箱包店。500美元的包与50美元的包陈列在一起,看起来一模一样。促销员还会在你耳边低声说:'如果现在就买,我可以给你打七折。'"

"为什么会这么可怕?"

于是,她打电话给朋友斯蒂芬·科瑞。瓦尔比派克成立之初,两人就曾经共事。斯蒂芬正就读于纽约的哥伦比亚大学商学院,同时,她还以供应链专家的身份为床垫初创公司卡斯帕(Casper)提供咨询。原本,詹只是想了解斯蒂芬的近况,在联络感情的同时顺便看看自己的想法是否可行。两人只打算聊十分钟,可最后她们聊了整整三个小时。

"我基本上是带着创立一个箱包品牌这样不成熟的想法打电话给斯蒂芬的。"詹说,"然后她说:'好主意。我们可以用瓦尔比派克的那一套打造一个箱包品牌。'"

需要说明的是,当时两人都没有认真地考虑过创业。詹正处于面试的最后阶段,并最终得到了一家大型时尚公司营销副总裁的职位。斯蒂芬则在争取成为几家初创公司的供应链副总裁。詹真正想要的,或者说她以为她想要的,不过是一只自己真正喜欢的行李箱。从她的角度来看,斯蒂芬最感兴趣的事情是像瓦尔比派克颠覆眼镜行业那样,再次颠覆一个行业。

然而,这次通话结束之后,两人都在没有告知对方的情况下,开始深入研究自己关于行李箱的构想——詹主要关注营销和品牌,斯蒂芬则注重供应链和产品开发。两人根本无法停下研究的脚步。由于市面上可供选择的行李箱十分有限，而且她们在建立时尚且易用的品牌这一领域拥有独特的经验和技能，她们提出的问题越多，看到的机会也就越大。

几周后，詹在纽约面试另一份工作（她拒绝了上一份工作邀约，但她仍然不确定斯蒂芬是否真的会与她一同创业），所以她决定面试结束后去拜访斯蒂芬。然后，她决定留在那里过夜。最后，她们就创建箱包公司的想法聊了整整一夜。詹在斯蒂芬家里住了三周。在那段时间里，两人就坐在斯蒂芬家客厅的沙发上，大体构思了后来的 Away。

"最初的几周就像是在做高强度的市场调查，"詹回忆说，"这意味着我们每天都要去购物。我们走遍了所有的百货公司、所有的箱包店。我们在谷歌地图上标注出纽约地区各家箱包店的位置，比较了不同产品的使用体验与价格。我们对这些店铺的所有情况都做了非常细致的记录。"

同时，她们还研究并参观了工厂，了解"如何才能胜过百货公司和廉价的地下室箱包店，砍掉各种奇怪的批发、零售和授权加价"。根据詹的说法，这就是瓦尔比派克能够"以更实惠的价格制作出真正高品质产品"的原因。她们跳过了中间商。这与斯蒂芬帮助卡斯帕实施的旨在颠覆床垫市场的商业模式差不多。

在这个节骨眼儿上，詹和斯蒂芬还得琢磨产品的外观、手感以及功能。"我们都没有制作箱包的经验，"詹说，"我们唯一的经验就是家里都有箱包。"因此，她们针对消费者的需求开展了一项调查，

04
调查研究

调查明细表包括"根据研究所列的所有我们能够想到的功能,我们邀请 100 位朋友参与这项调查"。

聪明吧?

"这是我们做过的最愚蠢的事情。"詹说,"如果你在问卷中写道:'你希望行李箱具备怎样的功能?'人们就会勾选所有选项。这根本不能说明人们真正想要什么,或者他们会为那些功能掏钱。"

她们通过调查研究找到了行李箱可能具备的所有功能组合,但是如果不了解消费者对于每项功能及不同功能之间关系的看法,这些信息的实用性就会受到限制。这就像菠萝和比萨饼之间的关系:菠萝的确很美味。从技术上讲,你当然可以在比萨饼里加上菠萝。可是,加了菠萝真的好吃吗?詹和斯蒂芬很快就想明白了,她们必须缩小潜在功能的范围,从可以加入哪些功能调整为应该加入哪些功能。为此,她们必须了解人们在出差、度假以及其他旅行中究竟是如何使用行李箱的。在接下来的几个月里,他们采访了近 800 人,询问了下列问题:

你是怎么收拾行李箱的?

到了酒店之后,你会怎么做?

你会怎么放置行李箱?

你会在行李箱里放什么?

旅行中你最大的痛点是什么?

"我们会和他们聊旅行,提出这些开放式的问题。"詹说。她在第一次尝试了解整个行业时,就提出了同样的问题。"我们会去一些认识的人的家里,看他们收拾行李箱。我们就是通过这种方法找出制作一款完美的行李箱需要做的所有事情。"

当然，这款行李箱并不完美。詹和斯蒂芬会像所有明智的创造者那样，在开发出第一代产品之后，继续进行多次迭代和改进。这并不意味着她们的调查研究有问题，也不意味着调查研究的价值不高。事实上，她们的调查研究是无价的，是帮助她们完善产品设计的多步流程中的第一个具体步骤，既着眼于真正重要的方面，也剔除了无法产生影响的东西，使她们最终得以迈出下一步，将想法变成现实——建立一家成熟的企业。

这正是调查研究应该达到的目的。不应把它当成拐杖来倚靠，或是毫不犹豫地听从它的指引，好像它比经验、直觉或天赋更加重要。我从与来自不同行业和学科的创造者的交谈中获知，一旦走上这条道路，创造者就有可能落入众包创意过程的陷阱。尽管在某些情况下我们不能忽视群众的智慧，但创意并不包括在内。由于外观、手感和功能可能涉及强烈的个人喜好，群众的意见可能纷繁杂乱，即便是最有经验的企业家也无法预测这个陷阱的严重性。试想一下，如果詹和斯蒂芬根据最初的那份问卷设计了一款行李箱，这只箱子可能会是什么样子：到处都是拉链、口袋和接口，行李箱内外色彩斑斓，有一排排的轮子，伸缩手柄带有肩带和登山扣。看起来就像是一只怪兽箱！

关于这个陷阱，乔布斯曾有一句名言，"有人会说：'顾客想要什么产品就提供什么产品。'但这不是我做事的方式……直到你把产品摆到人们面前，他们才确切知道自己想要什么。"很多人不知道的是，在这段话的结尾有一个重要的见解，不知为什么，这句话总是

04
调查研究

莫名其妙地被人忽略了。而乔布斯的这句话在这里显得尤为重要:"这就是为什么我从不依赖市场调研的原因。"

詹和斯蒂芬通过在价格、设计和购买体验等方面所做的比较,积累了大量的市场调研结果。并不是说她们只需要对照这些信息,生产产品并投放市场,给客户提供他们想要的东西就可以了。相反,市场调研是为了建立一个知识基础,让她们可以在此基础上利用自己的创意直觉与专业判断力,真正实现创新,为不满意的箱包客户提供他们真正需要的东西。

与詹·卢比奥讨论调查研究对创造者和创业者的意义时,我想起了练习与排练对于运动员和演员的意义。只有埋头苦练与不断重复,才能将基本原理烙在你的肌肉记忆中。它们可以帮助你了解应该如何行事,以及为什么应该以某种方式行事。这样,当真正要做点事情的时候,你就可以抛开所有的准备工作,一门心思只管行动或创造。你可以自由创造,无须保留或犹豫。

詹和斯蒂芬推出的第一款行李箱,也就是后来的"随身包"(The Carry-On),带有 USB 充电器、一个可拆卸洗衣袋、坚固的外壳与万向轮。所有这些功能,以及 225 美元的售价及直销的方式,都是她们精心制定的产品营销策略的一部分。之前的调查研究结果是制定这些策略的基础,但不是唯一的决定因素。詹和斯蒂芬没有盲目地追随之前调研的 100 位朋友或是后来采访的 800 人的突发奇想。相反,她们将这些知识积累起来,然后将自己的判断、直觉、审美、技能和经验应用于其中。

不可否认,结果十分成功。她们于 2015 年初正式成立了

Away，次年 2 月获得种子资金，在《时尚》(*Vogue*) 杂志上刊发了一篇专题报道，并从中国一家制造商手中拿到了 2 000 只行李箱——所有行李箱都被之前从未接触过，甚至没有近距离看过这些行李箱的客户订走了。企业成立的第一年，她们共售出 55 000 只行李箱。之后，她们又推出了超大号行李箱、中号行李箱和大号行李箱，形成了一个完整的系列。在不到三年的时间内，她们共售出 100 万只行李箱。

无论你是公司员工，还是既有好点子又有创业欲望的业外人士，从很多方面来说，这个故事都是创意的典范。无论你是谁，想要创造什么，这都是一个创意剧本。可以肯定的是，这不是詹和斯蒂芬自己撰写的剧本。她们并不想通过研究达到数据驱动产品开发的新高度。她们的故事之所以如此鼓舞人心且如此重要，并不是因为研究自身的性质，而是因为它的相关性。

戴蒙德·约翰在 FUBU 成立之初寻求当地丝网印刷厂商和刺绣店的帮助时，并不知道该去哪里或是如何寻找助力——他只是皇后区的一名服务生。他掏出电话黄页（还记得那些厚厚的分类电话号码簿吗？），拨通了所有他能找到的店铺的电话。他对这些店铺进行了调研，然后每天 6 点起床，搭乘火车前往当时号称是"世界刺绣之都"的新泽西州，跑遍了所有店铺，直到找到符合他的预算与需求的那一家。

十多年前，当本·科恩与杰瑞·格林菲尔德决定开一家"小店"时，他们"向联邦小企业管理局（Small Business Administration, SBA）函购了 30 本小册子，内容涉及企业经营的各个方面"。决定

04
调查研究

销售冰激凌之后（他们还考虑过百吉饼，但是百吉饼的制作设备太贵了），他们花了大部分时间"做了大量关于冰激凌店商业计划书的研究……而且参加了如何制作冰激凌的函授课程"。和戴蒙德一样，他们"花了很多时间在黄页上"。

距离戴蒙德翻找电话簿中的 E 和 S 部分 20 年之后，来自新西兰的职业足球运动员蒂姆·布朗（Tim Brown）在试图制作一款简单、干净、舒适的系带运动鞋的过程中也做了类似的事情。就像蒂姆所说的那样，"一个感觉有待解决的创意问题"促使他开始寻找一家允许他入内参观，从而了解制鞋过程方方面面的鞋厂。"就像申请大学一样：广撒网，然后祈祷有所收获。"最终，印度尼西亚的一家工厂向蒂姆敞开了大门，他走进了这个既新奇神秘又异常复杂，就连工作方式也非常老套的世界。"我听到了心里响起的创新警铃，因为我问了一些非常非常简单的问题，但是没有人能给我一个明确的答案。"与詹和斯蒂芬一样，蒂姆决定解决这个创新问题，回答鞋厂无法回答的问题。五年后，他在众筹平台 Kickstarter 上发布了这个想法。两年后，距离 Away 交付首批 2 000 只行李箱不到一个月，蒂姆与一位名叫乔伊·兹维林格（Joey Zwillinger）的合伙人一起，把这个想法变成了一家名为欧布斯（Allbirds）的公司。两年后，这家公司的市值达到 14 亿美元。

服装、冰激凌、鞋类、行李箱，虽然行业不同，但本质上都是相通的。这些行业都没有什么特别之处，因此很适合新手或是想要颠覆市场的人。詹与斯蒂芬、戴蒙德或蒂姆、本与杰瑞也不具备任何与生俱来的优势，使他们特别适合成为创客，成为各自所在行业的新面孔。但他们就是那些做足了功课，从而填补了自身理解空白的创始人的典范，因此，他们打算建立的企业不会因为缺乏坚固的基础而倒塌。

他们通过调查研究来学习如何制造飞机——因此才有信心在决定到底要制造和驾驶哪种飞机时依靠自己的直觉，相信自己的创意愿景。在新创意的历史上，这套组合拳已经获得了无数次成功。一旦我们决定创建新的东西，决定从创业之崖一跃而下，我们中的任何一个人都可以致力于实现这一目标。

05

找到联合创始人

令人惊讶的是,每每想到现代最著名的公司的创始人,浮现在我们脑海中的往往只有少数几个名字:扎克伯格、乔布斯、贝佐斯、马斯克、盖茨和埃里森。

事实上,我们都喜欢听创业故事,就像我们崇拜英雄与例外论一样。因此,我们往往会颂扬许多现代企业的创始人,认为他们是拥有独特能力的神话般的人物。当他们变得超级成功时,我们甚至会把他们的公司称作"独角兽公司"。然而,每当我遇到一家业绩非凡的公司的创始人,我发现自己听到的并不是非凡才华如何衍生出伟大想法,而是一个金点子如何通过完美的伙伴关系走向胜利。以我的经验来看,合作似乎是一种常规操作,而非例外。2006年,保罗·格雷厄姆发表了一篇分析创业失败的原因的著名文章("孤家寡人"首当其冲),其中就写道:"这似乎不是一种巧合。"

鉴于我们并非独居动物,这种说法不无道理。人类是群居动物。我们生活在群体之中,我们会开展团队协作,我们成双成对地繁衍后代。只要我们团结在一起,就能茁壮成长。不论在生活中,还是在商场上，都是如此。"你以为一些公司是由一个人一手创建的，比如甲骨文，其实创始人不止一个。"格雷厄姆写道。事实上，没有一家公司是由一个人创建的，它们都是合作的产物，甚至是一群联合创始人创建的。看看迄今为止我们遇到的创业者就知道了。

也许詹·卢比奥不需要依靠斯蒂芬·科瑞来设计 Away 的第一款行李箱。毕竟，詹在营销和设计上有敏锐的直觉，有可能自己就能生产出这样的行李箱。但是如何进行规模化生产？如何制定合理的价格？如何无缝地直销给消费者？这些都是斯蒂芬所擅长的。也许，斯蒂芬也不需要詹。詹曾经跟我开玩笑说，如果 2015 年将斯蒂芬招致麾下的人不是詹，而是比利·麦克法兰（Billy McFarland）[①]，斯蒂芬也许还能利用自己在物流方面的才干挽救臭名昭著的 Fyre 音乐节。不管怎样，离开了詹，Away 就不可能问世。离开了斯蒂芬，Away 就找不到自己的分销模式。而离开了她们俩，Away 就不可能诞生。

丽莎·普莱斯制作了超棒的乳液和面霜，但在母亲让她在跳蚤市场摆摊之前，她没有想过要把它们作为产品来销售。如果离开了丈夫戈登的帮助，这家刚刚起步的企业也许永远无法在"闺蜜网"中建立起吸引力。戈登不仅帮助丽莎确定了这个圈子是她的第一个核心市场，还认真地根据电话留言记录订单，好让她能够完成这些订单。

[①] 比利·麦克法兰曾被美国媒体称作营销天才。他通过用网络制造话题等方式大肆宣传自己将于 2017 年春在巴哈马举行一场豪华音乐节，获得了 2 600 万美元的投资以及 10 万美元的售票收入。然而，大批音乐爱好者来到海岛之后才发现现场条件极其简陋。最终比利·麦克法兰因欺诈罪被判入狱六年。——译者

05
找到联合创始人

在推出山姆亚当斯波士顿拉格啤酒时,吉姆·科赫不仅拥有五代酿酒师积累的经验,而且手握古老的家族配方,但是作为一家创业公司,成功的秘诀却是他在波士顿咨询公司的助手——23岁的朗达·卡尔曼(Rhonda Kallman)的加入。一名管理顾问和一名助理辞去工作,一起开公司,听起来就像是好莱坞浪漫喜剧的剧情,有一种《甜心先生》(*Jerry Maguire*)[①]的感觉。事实上,在吉姆认识的人中,没有人比朗达更适合加入他的创业之旅。

"波士顿咨询公司里都是来自顶尖商学院的佼佼者,"吉姆回忆道,"我注意到其中有一位十分优秀的女士,她精力充沛、才华横溢、足智多谋——她拥有的品质正好是我缺少的。她就是我的秘书。我们形成了完美的互补关系。"吉姆是酿酒师,而朗达是实干家。他们一起创立了波士顿啤酒公司,第一个月就实现了盈利。

不管吉姆当时是否知道,他已经找到了所有创业者在有了想法并开始考虑创业时应该寻找联合创始人的最有力的理由:你需要一位技能与你互补的合作伙伴。他不仅与你拥有相同的愿景,还能提升你的愿景,并促使你为此付出行动;他能够做你做不到的事;他能够以一种你所没有的方式思考和看待事物;他的优点能够弥补你的缺点,反之亦然。

这种"阴阳相济"的做法一直都存在。例如,亚当·劳里(Adam Lowry)和埃里克·瑞安(Eric Ryan)就是"不同而互补"最典型的代表。他们是家用清洁产品制造商美则(Method)的

[①] 影片《甜心先生》讲述了杰瑞·马圭尔被一家国际体育运动管理公司无理由解雇后,积极面对生活并得到众人帮助,最后走向成功的故事。——译者

联合创始人。该公司因其泪珠状的肥皂瓶而闻名。肥皂瓶非常漂亮，你绝对会将它摆在台面上，而不是像其他强力清洁剂那样藏在水槽下。

来自密歇根州格罗斯波因特市的亚当和埃里克是儿时好友。后来，两人怀着不同的梦想去了相距甚远的两所大学——亚当去了西海岸的斯坦福大学学习化学工程，而埃里克去东海岸的罗德岛大学学习商科。直到20世纪90年代末，两人才在旧金山偶遇。"那时正好是1998年的感恩节。我走进机舱，看到了埃里克。"亚当描述了他们在回家过节途中相遇的情景，"他几周前才搬到旧金山。他的身旁正好有个空座位，我就坐了下来。在五个小时的航程里，我们聊得很开心。后来发现，我们原来住在同一个街区。"

不出一年，两人就成了室友。埃里克搬进了亚当与另外三人合租的房子里。亚当形容这套房子"如同你想象中那般干净"。不过，尽管在生活上逐渐趋于一致，他们的职业道路却依然朝着不同的方向发展。亚当在卡内基科学研究院（Carnegie Institution for Science）从事环境问题研究工作。埃里克则在赖利广告公司（Hal Riney & Partners）负责产品宣传。他们对创业的看法也不尽相同。

"从三年级起，我就知道自己想成为一名企业家。"埃里克说，"我就是那种特别招人烦的邻居家的小孩，经常卖些纽扣或是其他我能卖的东西。我一直想开一家公司。"这也是他大学毕业后倾向于从事广告和品牌建设工作的一个原因。

然而，亚当的道路就像他自己所说的那样，"没有那么多命中注定的色彩"。他不仅"坚信你不需要知道你应该做什么",还受到了"为世界带来某种美好改变这一信念的激励"。今天,这几乎可以算是创业的入门考试,但在 20 世纪 90 年代并非如此。

1999 年的圣诞节,他们的职业旅程在一次滑雪旅行中出现了交集。圣诞节前几个月,埃里克一直在为高露洁棕榄公司(Colgate Palmolive)做一个大项目,他花大量时间在杂货店里调研,特别关注店里的清洁产品。"这是一个庞大的产品类别,可产品千篇一律。"埃里克说,"不仅外观一样,气味也一样。这些品牌相当过时。这里面大有文章可做。"

他也确实像詹·卢比奥和斯蒂芬·科瑞那样开始付诸行动。只不过,是他一个人默默地完成了这一切。

埃里克购买了不同类别的清洁产品,带回家开始做自己设计的竞争对手分析——然后将这份分析报告藏在床下,因为他觉得自己找不到倾诉的对象,没有人能够理解他的想法。"感觉很傻。"他在谈到自己的想法时说道,"我不想让任何人知道我在考虑这类产品。"连他的妈妈也不例外。早前他妈妈就曾对他说:"我都没见你铺过床。你确定你适合做清洁产品的生意?"

靠他自己?也许并不合适。但要是找到了合伙人,谁知道会怎样呢?

美国著名作家、博学家老奥利弗·温德尔·霍姆斯(Oliver Wendell Holmes Sr.)曾在 1872 年写道:"许多想法在移植到另一个人的头脑中后,会比在萌生这些想法的头脑中发展得更好。"在去滑雪度假的路上,埃里克在亚当的头脑中种下了这颗种子。

"我觉得可以跟亚当分享我的想法,所以我说,'嘿,这个领域可能有机会。'"埃里克说,"我记得当时亚当正在开车。他扭头看了我一眼,说,'别忘了,我就是学化学工程的……'"埃里克没有想到,亚当的专业还真能派上用场。当然,不仅有用,而且必不可少。

亚当接着指出了另一个问题,"你只知道这些产品很丑,却不知道它们的毒性也很强吧?"

"这个问题真正让我大开眼界。"埃里克说,"你是说,打扫卫生的时候其实是在污染环境,而且你正在用毒药来使家里变得更清洁?"

那天早上,待他们在山上滑了几圈之后,埃里克在亚当头脑中种下的想法就已经萌芽并且开始成长。他们不再打算推出更好看、更好闻的清洁产品,而是要让清洁产品对人、对环境更友好。

几天后他们回到旧金山,亚当把一张桌子搬进了埃里克的房间。每天,他都在那里从化学的角度研究各类清洁产品[①],而埃里克完成了高露洁项目的工作,获得了更多该行业的品牌经验,也加深了对消费者的了解。两人利用晚上和周末的时间一起制定商业计划。之后,事情进展得很快。埃里克开始忙着寻找理想的瓶子的类型与形状,以及设计、开模和生产的合适人选。与此同时,亚当也在努力完善清洁配方,他在 5 加仑的桶里混合了许多不同的物质,把这些物质分别储存在不同的 16 盎司的罐里。当时,他们仍有另外三位室友。所有这些都是在合租房的厨房里进行的。

[①] 几个月前,亚当辞去了卡内基科学研究院的工作,打算争取随美国帆船队参加 2000 年奥运会的资格。

05
找到联合创始人

"有一天我回到家,看见亚当正在搅拌啤酒罐里的东西。我当时就想,'有一位室友要被我们害死了'。"埃里克回忆说,"幸运的是,那东西没有毒。"回想起当时疯狂的场景,他笑了。啤酒罐里的东西最终蜕变成结合了漂亮造型与无毒成分,包含四款产品的表面清洁剂产品系列。2001年,这个系列正式成为美则的主打产品。

美则是亚当和埃里克所拥有的不同技能与感知力的完美结合。"我们常开玩笑说我们分属'风格与实质'两大阵营:亚当负责瓶子里面装的东西,而我负责与瓶子相关的所有事情。"埃里克说,"这在很大程度上是因为亚当对可持续发展的热情和我对设计的酷爱让我们走了狗屎运。"

你永远不能无视运气——即使是狗屎运——在任何新想法所获成功中的重要性。但我们肯定不能完全用"撞大运"来解释美则清洁产品为何能在一年内摆上美国第二大零售百货集团塔吉特(Target)的货架,为何它能在五年内实现盈利,或是为何它能在十年内实现1亿美元的销售额。我觉得,在这一点上,你必须看一看埃里克·瑞安与亚当·劳里之间近乎完美的合作关系。这两个人一个外向,一个内向;一个遇到问题后立马动手解决,一个"需要更多的空间来思考这个问题";一个是以审美为主导的商人,一个是具有社会意识并且以目标为导向的工程师。他们两人都致力于开发一个漂亮且环保的清洁产品系列——后来这个品类被称为"生态时尚",并竭尽全力完成这项具有双重使命的任务。"传统上,环保产品看起来不漂亮,而漂亮的产品不一定环保。"埃里克解释说,"这才是我们真正打破的范式。"

在埃里克和亚当的故事中，我最喜欢的部分是各种机缘以及其中一些有趣的时机：一起长大，各奔东西，在飞机上偶遇，发现他们居然住在同一个街区。在投资人纷纷往科技初创公司身上砸钱的时候，他们却提出了一个与肥皂有关的点子——借用埃里克的话来说，"一个120年前很火的点子"。但与此同时，消费者也"开始进一步把家视为自己的映像"，尤其是在宜家进军美国以及家居频道（HGTV）加入全国有线电视套餐之后。这一切似乎都不可能发生！

亚当·劳里也许觉得自己的创业之路没有那么多命中注定的色彩。但在我看来，像他和埃里克这样的故事，像美则这样的故事，总带给人一丝宿命感：怀着对的想法，在对的时间、对的地点遇到对的人。在美则的故事中，我最感兴趣的是其中有关"人"的部分，至少它涉及给世界带来新的想法。就像Away告诉我们的，拥有好点子的门外汉可以通过研究敲开一个陌生行业的大门一样，美则说明了找到合适的合作伙伴可以实现所有的好点子，无论这个好点子看起来有多神秘、深奥或是貌似已经过了保质期。

这并不是我提出的革命性观点。我在本章开头提到的许多创始人（如今已被我们奉为神级大咖）都曾公开谈论过合作伙伴在他们早期为实现想法而奋斗的过程中的重要性，对于其中的许多人来说，这条奋斗之路还远未结束。

"我所做的最佳商业决策其实与选人有关。"1998年，比尔·盖茨在华盛顿大学的校园里与巴菲特交谈时曾这样说，"决定与保罗·艾伦合作也许是其中最明智的决定……要有一个你完全信任的

05
找到联合创始人

人,他十分坚定,与你有着同样的愿景,但又掌握了一些不同的技能,同时还能对你起到制衡的作用。如果你能够点燃他们的热情,与拥有这类才华的人合作的好处就是,不仅能让工作变得有趣,还能带来许多成功。"

苹果联合创始人史蒂夫·乔布斯在 1985 年接受《花花公子》(*Playboy*)采访时谈到了与他的合作伙伴史蒂夫·沃兹尼亚克(Steve Wozniak)兴趣各异,两人都没有愿景。"我们都没想过公司最终会有怎样的发展。"乔布斯说,"沃兹的动力是想办法解决问题,他更关心工程问题,并且着手开发了他最杰出的作品之一——磁盘驱动器。这才有了苹果Ⅱ代。我则试图创办一家公司……我们觉得不论是缺少了沃兹,还是缺少了我,都不可能取得今天的成绩。"

合作关系的力量不仅仅是一种现代科技现象。无论在哪个行业,合作关系都是创新史上的一个标志。其中有许多已发展成为我们的文化偶像,而这种伙伴关系也反映在公司的名称上:本与杰瑞创办了 Ben & Jerry,即本杰瑞冰激凌;休利特与帕卡德创办了 Hewlett-Packard,即惠普公司;哈雷与戴维森创办了 Harley-Davidson,即哈雷戴维森;威尔斯与法戈创办了 Wells Fargo,即富国银行;普罗克特与甘布尔创办了 Procter & Gamble,即宝洁公司——顺便提一下,宝洁公司曾是亚当和埃里克的直接竞争对手。1998 年,巴菲特也在与比尔·盖茨的那场对话中对选人的重要性表示了赞同。"我也有一个这样的合作伙伴,查理·芒格。我们已经合作很多年了,我们之间就是比尔所说的那种关系。"

尽管许多成功的合作关系貌似不太可能发生，但至少在我看来，它们似乎并不完全是偶然。亚当·劳里和埃里克·瑞安是童年好友。比尔·盖茨和保罗·艾伦是高中同学。史蒂夫·沃兹尼亚克的邻居是乔布斯在加州库比蒂诺读高中时唯一的朋友。詹·卢比奥与斯蒂芬·科瑞是同事。查理·芒格在巴菲特爷爷的店里工作。无数伟大品牌的创立过程中都能找到这样的合作：凯特丝蓓（Kate Spade）、德美乐嘉、史黛西的皮塔薯片（Stacy's Pita Chips）、美发沙龙Drybar、孤独星球（Lonely Planet）、幼教玩具品牌玛莉莎（Melissa & Doug）等等，不一而足。可以说，在成功的背后都有一种忠诚，一种对已有关系的承诺，它的存在本身就证明了每一方都可以信任另一方，以他们的最大利益为重。他们知道暴风雨来临时自己一定可以躲进避风港，一个比你想象中的创业项目更靠近家的港湾。

这就是我们需要寻找联合创始人的另一个原因。你无法根据市场调研真正了解这一原因所具有的影响力，也无法通过损益表分析这一原因的价值。这也是吉姆·科赫在寻找合伙人时，突然发现朗达·卡尔曼就在他眼皮底下的真正原因。吉姆的父亲拥有在20世纪五六十年代帮助小啤酒厂起步发展的经验。他曾建议吉姆找个人合作，因为创业是一条曲折且孤独的道路，独自坐上创业这辆过山车的感觉实在令人难以忍受。

20多年后，保罗·格雷厄姆也明确回应了这一建议。他写道："单枪匹马去创业太难了。即使你一个人就能扛下所有工作，也需要和同事们集思广益，他们可以说服你放弃愚蠢的决定，并在出错时给你打气……创业公司在低谷时期所产生的压力,很少有人能独自承受。"

合作伙伴不仅有助于你正确面对反复无常的消费者、冷酷无情的竞争对手、仔细审视的投资者和世界上各种事件的不确定性,还能帮助你渡过这些难关。如果你真的想把自己的想法变成一家真正的企业,就必须保持生龙活虎的状态。这就意味着你的合作伙伴——你的联合创始人也必须如此。

06

筹集资金（一）：靴襻法

2001年2月，亚当·劳里和埃里克·瑞安终于找到了第一家愿意销售美则产品的零售商——开在旧金山半岛上的连锁家庭杂货店莫莉·斯通市场（Mollie Stone's Market）。最早售卖美则产品的那家门店位于国王大道附近的伯林盖姆镇。国王大道犹如一条动脉，沿着半岛向前延伸，穿过加州最富有的两个县，伸入硅谷，沿途穿过聚集了大批风投公司的沙丘路。亚当和埃里克第一次外出寻找投资人的时候，这些公司几乎全都对他们不屑一顾。

当时正值互联网泡沫破灭前夕，只要你的公司名字里有".com"，就会有很多人排队给你送钱。但是，如果你所做的事情与别人相似，比如试图扰乱由两家身价数十亿美元的企业集团（就美则而言，是宝洁和联合利华）所主导的不景气的消费品市场，那么，风投公司不仅会紧闭大门，还会将这扇门死死拴上，甚至连灯都关掉。①

---

① 从1998年亚当和埃里克在回家的航班上重逢，到2001年第一款产品上架这段时间里，Pets.com经历了诞生、筹集八位数的风投、被亚马逊收购、上市、大跌、关闭网站等事件。

06
筹集资金（一）：靴襻法

最初在沙丘路的风投公司吃了闭门羹的时候，亚当和埃里克并没有太过担心（要知道，那时候所有风投公司都拒绝了他们），因为他们知道自己并不需要那么多启动资金。毕竟，他们打算生产的不是危险的工业溶剂。他们用水、醋、小苏打、植物提取物和精油来制造天然无毒的清洁剂。用亚当的话来说，这些材料是"很常见、很温和的化学品……不需要专业的实验室就能混合"。因此，他们每人投入了4.5万美元的积蓄——对于埃里克来说，这是刚去世的祖父留给他的遗产——然后利用这笔钱开始了实验。

在最初的几年里，他们自己完成了大部分工作：完善配方，指导瓶子的设计和制造，将埃里克的手机号作为客服号码印在瓶身上[1]，组织卖场体验活动以吸引顾客（埃里克甚至穿上了实验室的白大褂），向沙丘路各家风投公司推销自己的产品，拜访莫莉·斯通市场这样的零售商。他们甚至还负责管理存货。由于越来越多的莫莉·斯通市场门店上架了他们的产品，精品杂货店也逐渐加入了这一行列，亚当和埃里克每天轮流开车去每家店盘点库存并在必要时补货，他们称之为"送报纸"。

如果从朋友和家人那里借来的钱不够支付这些工作的后续费用，亚当和埃里克就会透支信用卡。事实上，他们极为依赖个人信贷，以至于当他们终于拿到第一笔专业投资（来自一位投资者的100万美元）时，他们甚至已经无力支付传统的闭幕晚宴的账单，因为他们已经刷爆了所有的信用卡。

---

[1] 在我采访过的创始人中，竟然有不少人将自己的手机号码作为客服热线，印在产品的包装上。更令人惊讶的是，这种做法他们坚持了很久！

如果你未曾有过创业的经历，那么这种做法听起来就像最不负责任的资金管理形式。不过亚当和埃里克的做法有一个名字，叫作靴襻法（bootstrapping）。靴襻法是指如果你的人脉网中没有可以借钱的亿万富翁，你可以怎么做；如果这是你的第一家公司，而你和你的合作伙伴又只能单枪匹马地奋斗，你可以怎么做。说得更具体一些，靴襻法就是利用你所拥有的一切去实现你的梦想。

通常，我们会在讨论金融问题时提到靴襻法。从某种程度上来说，这种做法永远不会错。如果无法依靠别人的钱来支撑你的企业——不管是朋友和家人的钱、风险投资，还是联邦小企业管理局的贷款——你就必须找到其他方式来付款：信用卡、个人存款或是将利润用于企业发展。但是，在与数百位杰出的创业者交谈之后，我才了解到靴襻法不仅仅是简单地将替代性个人融资来源作为最后一招，也包括尽可能坚持对业务进行管理。它关乎使用其他非货币资产来解决特定的问题，否则你就需要雇用他人来解决这些问题，或是把钱砸在你的时间、努力、人脉、天赋和创造力之类的资产上。

乔·吉比亚（Joe Gebbia）、布莱恩·切斯基（Brian Chesky）和内森·布莱卡斯亚克（Nathan Blecharczyk）在2007年和2008年通过靴襻法利用所有这些资源建成了今天为我们所熟知的点对点在线酒店平台——爱彼迎（Airbnb）。

爱彼迎最初是一个名为Airbedandbreakfast.com的网站，其目的是在大型会议主办城市的酒店房间售罄之后，为与会者提供住宿。2007年9月的一天，乔在家里上网时，突然想知道如何既能赚

06
筹集资金（一）：靴襻法

到房租，又不会失去一个朋友。因为就在乔说服新室友布莱恩·切斯基辞去洛杉矶的工作，搬到旧金山与他一同创办公司几周之后，房东就将房租上涨了25%。开什么公司？呃，这个问题他们暂时还没想好。

幸运的是，几周后一场工业设计会议将在旧金山举行。由于乔和布莱恩都是罗德岛设计学院（Rhode Island School of Design，RISD）的毕业生，他们开始考虑是否参会。乔在浏览会议网站查看是否还能注册参会时，看到首页上红色的四个字"酒店售罄"。

突然之间，一个想法在乔的脑海中变得清晰起来。"我开始想，'完了，设计师往往要等到开会的时候才会来，到时候他们就没有地方住了'。在那一瞬间，我看了一眼客厅，突然想到，'等等，我们这里还很空，而且我的衣柜里还有气垫床'。于是，我想到了用气垫床招待客人的做法。"

他把这个想法告诉了室友布莱恩。那个月，布莱恩刚搬到旧金山，他的全部身家只有1 000美元，然而他要承担1 050美元的房租。显而易见，他付不起房租。虽然这个想法在当时看来十分奇怪，但对于一个没有钱的人来说显然是个好主意。

"我们不只是提供一个落脚点，"乔当时想，"我们还可以提供早餐，去机场接他们，为他们介绍附近的情况，并且提供旧金山地图。"

他在一封电子邮件中向布莱恩推销了这个想法。这封邮件自从他在2016年的TED演讲中公开后广为人知。

布莱恩

我想到了一个办法可以赚点外快——把我们的公寓变成提供住宿和早餐的民宿——让来这里开会的年轻设计师在四天的会议期间能有地方休息。我们可以提供无线网络、一张小工作桌、一张睡垫，还有早餐。

乔

两人一拍即合。他们凭借自己的设计功底迅速建立了一个简单的网站，介绍了他们的身份、想法（即支付80美元就能在我们客厅的气垫床上睡一晚）以及提供的其他东西。

乔和布莱恩通过这种方式找到了三位住客。"他们和我们住在一起，我们带他们参观了旧金山。他们找到了归属感，因为他们不再觉得自己是外来客。"乔说。

住客在会议之外的一切活动都由乔和布莱恩安排或带路。如果把这次经历比作一次游轮旅行，他们就身兼造船师、船长、社交总监、领航员、工程师、厨师和客房清洁人员等数职。"我永远不会忘记他们离开时的情景，"乔回忆道，"看着房门'咔嗒'一声关上，我想，如果让其他人也能享受到他们的体验，也能在自己家中招待住客并且展示他们所在的城市，那会怎样？"

为此，他们需要一个更强大的网站，然而乔和布莱恩都不具备这方面的技术专长。由于没钱聘请程序员，他们需要利用自己的人脉寻找一位程序员。幸运的是，乔正好认识一个这样的人。布莱恩搬进来之前，乔的室友叫内森·布莱卡斯亚克。他恰好是毕业于哈

06
筹集资金（一）：靴襻法

佛大学计算机科学专业的工程师。

假期过后，乔打电话给内森，约他一起出来喝酒。"2008年1月的时候，我们有了初步的想法，但是还没找到工程师。"乔说，"我告诉他，周末的时候，我们曾在公寓里招待了三位住客，他很喜欢这个想法。"

最终，三人决定，召开下一场大型科技会议的时候最适合重启Airbedandbreakfast.com，这场会议就是3月份在得克萨斯州首府奥斯汀举行的西南偏南（South by Southwest，SXSW）盛会。他们作出这项战略决定的时候，距离会议召开不到一个月。留给他们的时间不多了，但这是一个绝佳的机会。

"我们之前的一些科技大佬就是在这里发迹的。这里孕育了推特、Foursquare等公司。我们想要搭乘他们曾经乘坐过的火箭飞船。"乔解释说，"每年的情况都一样，酒店客房提前几个月就订完了，人们到处争抢可以住宿的地方。"

对于一个完全因酒店客房数量不足而诞生的在线住宿平台来说，还有什么方案比这个更好呢？在接下来的三周里，他们在公寓里夜以继日地工作，重建网站——乔负责设计，内森负责编写代码，布莱恩负责处理将想法转化为业务所需的其他一切事务。这些工作没有任何收入。就像乔所说的那样，是"小本经营"。

他们赶在会议召开之前推出了网站，并且发布了六条信息。可惜的是，他们只接到两笔订单，其中一笔还是来自布莱恩。

"这极大地挫伤了我们的锐气，"乔说，"我们如此看好的想法居然没有人接受。"不过，在这一过程中，他们意识到几个关键问题。

一是当面交易，尤其是在家里收付钱，感觉很怪，也许他们应该把金融交易放在网上进行。二是可能有些人会由于会议以外的原因外出旅行，他们也对住在别人家里的想法感兴趣——有没有气垫床无所谓——也许不应把地点局限在会议举办地。

"我们说：'好吧，那就加上支付功能，然后把它变成一个旅游网站。'"乔说，"就在那时，我们有了一个想法，就是借媒体的浪潮重新推出新版服务。"

2008年，一场新闻海啸席卷美国。当时，巴拉克·奥巴马赢得了美国总统候选人资格。那年夏天，在科罗拉多州丹佛市举行的民主党全国代表大会上，奥巴马将发言并接受民主党的总统提名。这给他们带来了一次独特的机会。

"预计会有十万人前来观看奥巴马的演讲，而丹佛只有不到三万间酒店客房，其中大部分已经被民主党代表预订了。"乔回忆道。这绝对是一场住宿危机。丹佛市长甚至一度考虑向露营者开放城市公园。一夜之间，乔、布莱恩和内森一直在努力推广的服务真正有了需求，他们只需要广做宣传就行了。

"我们想，如果把重新推出服务的时间定在民主党全国代表大会期间会怎样？我们可以借助所有前来报道奥巴马的媒体的影响力，极大地提高市场知名度。"乔说。

他们就是这么做的。内森努力将面向会议的网站转变为面向旅游的网站，然后添加了在线支付功能。乔和布莱恩则飞往丹佛，他们与所有愿意花上几分钟时间听他们介绍这项业务的人交谈，最后终于得到了一些支持。

06
筹集资金（一）：靴襻法

"当地媒体、地区性媒体和全国性媒体相继对我们进行了报道。"乔说。乔和布莱恩在客厅里接受了 CNN 的现场采访。大会结束后的四周内，他们的网站上增加了 800 套房源并接到了 100 笔订单。

"我以为万事大吉了，"乔说，"我们已经登上了飞往月球的火箭飞船。"他们通过靴襻法完成了整个推广过程。不仅如此，他们还证明了自己的理念，证明了自己作为聪明、机敏的企业家的价值，最重要的是，他们能够 100% 掌控自己的业务。

如果你觉得自己的新企业正在步入高速发展时期，同时一切都在你的掌控之中，那就是寻求投资的最佳时机（就像美则的创始人那样）。乔和布莱恩利用他们在旧金山的关系结识了 20 位来自沙丘路的投资者，并通过电子邮件将自己的融资方案发给了这些投资者。

然而，事情的进展并不顺利。"有 10 个人回复了我们的邮件，有 5 个人与我们一同喝了咖啡，但是没有人投资。"乔飞快地报出一串越来越小、越来越令人绝望的数字，就像这些数字已经深深印在了他的创业 DNA 里。"我的生活只围着这一件事打转。在那些非常可信的投资人，也就是那些选择投资谷歌、贝宝和 YouTube 的人面前推销自己，他们看着你的眼睛，然后离开。"乔的声音越来越小。"2008 年是我人生中最糟糕的一年。"

从理论上来说，Airbedandbreakfast.com 此时已经走到了尽头。在某种程度上也的确如此，或者说拉开了剧终的大幕。没人料到八个月后，公司名将缩减为 Airbnb；三位联合创始人将被美国著名的创业孵化器 Y Combinator 录取，然后从那里毕业；刚刚起步的网站将拥有 10 000 名用户和 2 500 家房源。具有讽刺意味的是，这一切之所以能够发生，靠的是两盒麦片与一个装满信用卡的活页夹。

"你知道那种用来放棒球卡的活页夹吗？"当我好奇地询问他们在被投资者拒绝之后如何继续经营下去时，乔问我，"我有一个，不过里面没有棒球卡，只有信用卡。我们轮番使用各种维萨卡、万事达卡，最后是美国运通卡，每一张都刷爆了。我们就是用这种方式寻找资金的。"

他们把这称作"维萨轮"。它使公司与服务器的运转得以维系，但仅此而已。"看着对账单上的数字越滚越大，却没有丝毫希望能够还清所有债务，再也没有什么比这更糟糕的了。"乔说。2008 年总统大选前的一个深夜，乔与布莱恩坐在厨房里讨论如何使他们的服务增值。他们认为，现在已经处理好了经营中的"住宿"部分，但是"早餐"部分呢？他们为此应该做些什么？

"也许我们可以给房东提供一些早餐麦片，这样他们可以为自己的住客提供麦片。"乔回顾了当时与布莱恩的对话，"要是以政治为主题，会不会很有趣？我们可以称其为'奥世代：变革的早餐'。或者叫'麦凯恩上尉：每一口都是特立独行的味道'。"

如果你觉得这些听起来更像是凌晨两点的失恋派对，而不是集中精力进行的头脑风暴，那你还真的猜对了。"当时，我们只是想让彼此能够保持良好的精神状态。"乔说。不过有一个小细节是真实的：他们真的推出了早餐麦片！

他们不仅推出了麦片，还进行了销售和推广。布莱恩采购了

06
筹集资金（一）：靴襻法

500袋普通麦片。乔通过人脉请了一位插画师给予艺术指导——一位罗德岛设计学院的校友愿意提供有偿帮助。他们意识到自己手上有一个限量版系列，为每个麦片品牌建立了一个网站；向与他们有联系的所有媒体共发放了100盒，包括一个月前曾在民主党全国代表大会期间对他们进行过报道的媒体；将盒子编号为1～500，然后以每盒40美元的价格在网上出售。

这个想法奏效了。媒体大肆报道，麦片销售一空。

爱彼迎的这段创业历程深深打动了我。但这也带来一个问题：这么做到底有什么意义？对Airbedandbreakfast.com到底有什么帮助？乔回答说，没有帮助。或者，更准确地说，这并不重要。"每盒40美元，卖了500盒，我们靠早餐麦片赚了2万美元，"乔解释说，"这笔钱只够偿还信用卡。"

奥氏麦片与麦氏麦片未能为爱彼迎这艘火箭飞船助力，但至少帮助三位联合创始人撑了足够长的时间。那年冬天，他们被Y Combinator的冬季班录取。事实上，Y Combinator联合创始人保罗·格雷厄姆接纳他们的原因是他们在制作麦片时所表现出的独创性，而不是爱彼迎的创意。"我们通过早餐麦片向他证明了我们既有拼劲也有勇气。"乔说，"我们能够想办法以40美元一盒的价格出售早餐麦片，就能找到让网站正常运作的办法。"

在格雷厄姆的指导下，他们变得更加坚定，也更有拼劲。格雷厄姆允许他们做一些不具规模的事情，以解决企业发展的当务之急。他们首先对网站的搜索结果进行挖掘，寻找可以利用的积极趋势和可以扼杀在萌芽状态的消极趋势。他们发现的第一种模式就是，表现最差的房源往往是那些照片拍得最差的房源。

"房东用自己的手机拍照。他们会在晚上拍摄自己家的照片,而且没能以一种让人想要住在那里的方式推销自己的房子,因此没有人预订。"乔说。这类房源大多在纽约市,而当时纽约市是他们最大的市场。这给他们提供了一个独特的机会,让他们可以在增强积极趋势的同时消除消极趋势。乔在罗德岛设计学院就读时曾上过一些摄影课。"我敢打赌,只要我们在那里待上一个周末,也许就能拍出一些质量更好的照片。我们不会收费。我们免费提供这项服务。"

于是,布莱恩和乔飞到纽约,租了一台不错的相机,以爱彼迎联合创始人的身份给纽约市的 30 位房东发了邮件,提出了他们的提议,然后挨家挨户走遍了纽约市的五个行政区。乔还充当了专业室内摄影师。最后,成片效果非常不错。"我的光线和构图都没什么问题,"他解释说,"还有点摆拍的感觉。我通过相机显示屏将这些照片展示给房东们看,他们十分吃惊:'天哪,我的公寓看起来棒极了,简直不敢相信!你想留下来喝点茶或咖啡吗?'"

布莱恩和乔当然答应了,有时甚至会在网站最早那一批房东的家里待上好几个小时,聊自己的生活,聊建设网站的经历。这将布莱恩和乔直接推向了乔所说的"设计研究模式"。

"我们坐在客厅里,房东拿出笔记本电脑,然后我说,'你能告诉我你是怎样查看日程表的吗?''可以告诉我你是怎么给客人留言的吗?'"乔回忆道,"在那些时刻,我们了解到自以为设计完美的界面究竟是如何彻底失败的。我们以为只要轻点两三下鼠标就行了,但其实人们需要点击 10 ~ 12 次才能完成交易。他们犹如无头苍蝇

06
筹集资金（一）：靴襻法

一般，在我们的网站中迷失了方向。"对乔、布莱恩以及内森来说，最糟糕的是，直到2009年初最冷的那几个月，在纽约那个具有决定性意义的周末，他们才意识到这是一个问题。

"可是发现问题之后，我们感觉就像中了大奖一般。"乔说，"我们带着所有的发现回来，并据此进行设计。创业之初的六个月，我们每周只能赚到200美元，而且不可持续，在旧金山，这点钱根本不够三个人生活。但是从纽约回来之后的第二周起，这个数字增长到每周400美元。"

他们的收入翻了一番。当然，这主要是由于他们提供了照片拍摄服务的纽约房东收到的订单数量增加了。就在他们发现并解决了照片问题之后，企业就出现了有机增长，这并非偶然。投资者开始四处打探关于他们的消息，爱彼迎从那时起初具规模。

在我看来，这个市值300多亿美元的巨无霸重新定义了酒店业并挑战了人们对全球旅行和旅游业的期望。它之所以能有今天，很大程度上得益于乔·吉比亚、布莱恩·切斯基和内森·布莱卡斯亚克为维持网站的运营而做的不懈努力。他们通过网站改版、转变商业模式、新闻调查、拍摄照片、透支信用卡以及用方便面果腹等方式，借助靴襻法在两年的时间里维持着公司的运转。"还有麦片。"乔很快补充道。起初，他们选择靴襻法是因为他们想这样做，因为这是明智之举。后来他们再用靴襻法，是因为不得不这样做，因为这是他们唯一能做的事情。

硅谷许多最受尊敬的人物都清楚靴襻法的价值，而且会劝说有志于创业的人接受这种方法。有"硅谷教父"之称的罗恩·康威

（Ron Conway）曾建议创业者："只要你能做到，靴襻法对公司来说就是最好的选择，因为你拥有整家公司……利用你的信用卡，尽一切可能，这样当你去找天使投资的时候，已经建立起一个可行的原型并且拥有了一些用户。你的估值很可能会更高，遭受的稀释也会更少。"

2015年，Y Combinator的总裁山姆·阿尔特曼（Sam Altman）曾在推特上对靴襻法表示支持。"根据我们在YC的经验，最优秀的公司能够用小钱做大事。"他还说，"我们特别喜欢那些用很少的资金就能做很多事情的公司。它比那些花了很多钱却只能做一点事情的公司更有效。"

靴襻法虽然有效，但也不容易用好。你要付出不同寻常的努力，才能取得不同寻常的成果。这就是成功创业公司的特点：不同寻常。顺便说一句，不要误以为这是消极的。我永远是一个谨慎的乐观主义者。我知道自己有可能成功。我知道你们有可能成功。但我也知道，对于某类企业而言，靴襻法永远不会成功：那就是对自己的想法没有足够的热情，无法长期坚持，无法投入所有时间的人所经营的企业；他们不会花时间搭乘飞往纽约的飞机，也不会刷爆所有信用卡来维持服务器的正常运转。

要利用靴襻法把生意做好，你就需要知道自己所面临的情况以及自己的期待。创业的时候积累那么多债务会不会是一件可怕的事情？当然会。但是如果你问吉姆·科赫，就会知道其可怕（或危险）程度根本不及不去创业。一天到晚吃泡面而且睡眠不足听起来像是一场噩梦吧？你肯定会觉得这种生活很悲惨，但也不是无法忍受。

06
筹集资金（一）：靴襻法

如果你能够像简·沃万那样掌握一项炙手可热的技能，或是像戴蒙德·约翰那样尽可能不辞去另一份工作，那么一旦你决定要从创业之梦中醒来，总能找到一个软着陆的落脚点。

我们完全可以理解忐忑的初创者的这些顾虑。还记得你刚刚跳下的悬崖和试图建造的那架飞机吗？落地速度比你想象的要快。这是无法回避的。如果说美则和爱彼迎的联合创始人所经历的一切带给我们什么启示的话，那就是，只要你能又快速又聪明又努力地工作，而且懂得如何与人合作，就能在创业之前直面越来越大的创业挑战。

07

实话实说

  2019 年 12 月，我有幸在宝洁公司位于俄亥俄州辛辛那提市的全球总部与该公司的营销团队就如何讲故事进行了交流。宝洁公司是一家拥有 180 年历史的跨国集团，旗下拥有 60 多个品牌，其中近 20 个品牌的价值超过 10 亿美元。单从这些数字来看，自 1837 年成立以来，宝洁公司就摸到了一些窍门。

  发言之前，有人带我参观了不断扩大的中心园区，包括一座记录了公司历史并保存了宝洁多年来创造或收购的所有产品的小型博物馆。通过这些展品，我惊讶地了解到许多家喻户晓的产品的起源，其中最著名的是佳洁士美白牙贴（Crest Whitestrips）和速易洁（Swiffer）。

  一天，一位保鲜膜部门的员工与一位牙膏部门的员工在宝洁公司的自助餐厅吃完午饭后进行了一次头脑风暴，于是便有了佳洁士美白牙贴。速易洁最初只是将扫帚与清洁先生（Mr. Clean）粘在一起，并在底部贴上护舒宝（Always）卫生棉条的一款简单组合的产品——清洁先生和护舒宝都是宝洁旗下的产品。

07
实话实说

对我来说,这些故事以及其他几十个宝洁标志性品牌的故事中最令我惊讶之处,不在于宝洁的产品是内部创新与合作的产物,而是很少有消费者知道这些极具吸引力的细节。宝洁公司是全球最大的日用消费品公司之一,然而很少有人把它与"创新"这个词联系起来。每年,宝洁在广告上的投入超过 10 亿美元,但无论是"创新"这个词还是这些产品故事,都没有出现在它的广告中——平面广告里没有,电视广告里没有,电台广告里也没有。宝洁的广告往往注重实用性和有效性,突出的是产品可以为你做什么,而不是品牌与你的关系。当然,这是一个有效的策略——2019 年,宝洁的销售额接近 680 亿美元——但它的作用有限,而且其效果与在宣传上投入的资金成正比。

要是手中没有 10 亿美元的广告预算该怎么办?没有任何广告预算该怎么办?或者你只是想花更少的钱,同样有效地触达目标消费者,又该怎么办?事实证明,这就是我可以教宝洁公司营销团队如何去讲故事的原因:讲故事是一种性价比更高的广告方式,它可以让广告超越实用性、有效性以及功效等内容,成为中心话题。它就像一个增长黑客,让消费者能够以更深层次、更个性化的方式与品牌建立联系,这是实现产品差异化和去商品化、创造品牌忠诚度并为长期成功做好准备的一个重要部分。

虽然很多传统企业很难看到就在自己眼皮子底下的创新与产品故事,但对传统企业以及年轻的新锐品牌来说,企业本身就是故事——每一家企业都是一个故事。最重要的是,这个故事是将你、我以及其他人与你正在打造的东西联系在一起的纽带。而你正在打造的那个东西，企业的每一个决定性元素，都有助于讲述这个故事。从企业的名称和标志，到产品的功能或服务的风格，再到共同创建企业的合作伙伴，一直到光顾它的顾客，故事的目的会随着时间和聆听对象的不同而变化，但从根本上来说，讲故事的目的是回答一个简单问题——为什么？——的上百种变体。

我为什么要买你的产品？

我为什么要加入这家公司？

我为什么因为能在这里工作而觉得高兴？

我为什么要投资这家公司？

这些仅仅是才华横溢的科技企业家、畅销书作家、风险投资公司安德森·霍洛维茨基金（Andreessen Horowitz）的联合创始人本·霍洛维茨（Ben Horowitz）发现的几种变体。他在2010年介绍了他的公司评估首席执行官的方式，他认为，首席执行官的主要工作是"守护愿景与故事"。

几年后，霍洛维茨在接受《福布斯》（*Forbes*）采访时更简洁地阐述了企业故事所起的作用："故事必须从根本上解释你存在的原因。"这是你必须告诉客户、投资人、员工，以及最终告诉自己的故事。事实上，大致遵循自下而上的顺序，就像古老的食物金字塔或马斯洛提出的需求层次。

采用这种方法的原因之一显而易见：大多数市场中已经存在很多选择，因此你需要给我们一个真正令人信服的理由，告诉我们为什么应该选择你的产品或服务。如果你制作的是人们前所未见的东西，如果你创造的是一个全新的市场，那么我们并不总是能够立刻发现自己错过了什么。因此，你需要告诉我们为什么我们需要选择新的东西。

另一个稍微复杂一点的原因是，人们可以提出很多其他问题来了解你的公司存在的意义，而目前你所给出的答案并没有透露太多内容：你在哪里做什么，怎么做，为谁做。这些都是人们可以找到的事实。我可以在谷歌上搜到答案。我可以购买市场调查报告。我可以雇人对你的产品进行逆向工程，或是走一遍你的流程。我可以阅读所有相关的书籍和文章。

但这里的关键是：你为什么要做现在所做的事情？或者说，我们为什么要关注你所做的事情？我不可能知道这些问题的答案，除非作为创始人的你希望我们了解这些问题的答案，因为它们最初就诞生于你的脑海之中。就像大多数无法量化的概念一样，理解与分享这些基本问题的答案的最好方式就是讲故事。

惠特尼·沃尔夫（Whitney Wolfe）就是一个有故事的人。她对这个故事了如指掌。听她讲故事，就是了解她和她的交友应用程序 Bumble 的历史；就是了解她打算用这个应用程序做什么，为什么我们都应该关心它，以及它是如何成功的。事实上到 2014 年底惠特尼·沃尔夫推出 Bumble 的时候，人们最不缺的就是交友应用程序。当时已经有 Match.com、Plenty of Fish、OkCupid、eHarmony、Hinge 和各种利基网站，比如 Jdate、BlackPlanet、Christian Mingle，以及完全属于另一种类型的甜蜜定制（SeekingArrangement）和 Ashley Madison[①]。

[①] 甜蜜定制曾因涉嫌援交被多家西方主流媒体曝光，Ashley Madison 则主打为已婚人士提供约会机会。——译者

此外，还有占据大量市场份额的火种（Tinder）。火种是惠特尼与他人 2012 年共同创立的，然而，作为一位联合创始人、一位女性，她遭遇了一些最糟糕的状况，被迫离开了火种。她与另一位联合创始人不仅在商业意见上出现了分歧，在爱情上也出现了裂痕，两人因一起性骚扰事件对簿公堂，网络上也出现了大量直接针对她的卑劣、伤人的刻薄言论。2014 年初离开火种时，惠特尼不仅与交友业务一刀两断，她的人生也几乎完蛋了。

"我跌到了人生的谷底，" 2017 年惠特尼在采访中这样对我说道，"曾经有一段时间我已经失去了活下去的勇气。我不想起床。我只想结束自己的生命。"惠特尼当时还不到 25 岁，网络彻底击垮了她。

这一切不禁让人心生疑惑：为什么她还要进军互联网行业呢？为什么还要推出一款交友应用程序，动作还如此迅速？

惠特尼感受到的部分痛苦是一种纠结的感觉，即她的故事并非特例。这种感觉比她自己重要，比火种重要，甚至比交友这个行业还要重要。在线问责的缺失是一个真正的问题，无论她经历了什么，不管这些经历有多么可怕，对她来说更糟糕的是，这一切每一天每一刻都出现在众多 13 岁女孩的手机屏幕上。

"这让我觉得很害怕，"她说，"于是我坐下来说：'现在，我可以开始做一些事情了。我可以改变我在这个世界上看到的那些我讨厌的东西。'"

最初，她的新想法与交友无关。这是一个只面向女性的社交网络，她称之为 Merci。在这里，女性只能赞美彼此发布的帖子和信息。"我真的很想建立这种植根于善良与积极行为的平台,"她说,"它是我在网络世界所经历的一切痛苦的解药。"

2014年7月,英国企业家安德烈·安德烈夫(Andrey Andreev)找到她时,她已经制定了一份翔实的营销计划,毕竟营销是惠特尼的专长。安德烈创办了许多成功的公司,其中包括在美国以外的地区最受欢迎的交友网站 Badoo。安德烈想聘请惠特尼担任 Badoo 的首席营销官,不过惠特尼不愿接受这份工作邀约。

"我不会考虑,"她告诉安德烈,"我不想碰任何交友应用程序。我不打算往这方面发展。我要开创自己的事业,我希望它是任务驱动型的企业,能够具有一定的影响力,我不希望涉足交友领域。"

她向安德烈推销了自己的想法。她阐述了 Merci 的愿景,并回答了像安德烈这样的成功企业家和创业投资者会提出的所有刁钻的问题。惠特尼记得,安德烈显然从她给出的每一个答案中感受到了她对自己想法的热情和对这个令人振奋的使命的承诺。

"你应该创建这个网站,"他说,"但你应该将它定位在交友领域。必须这样做。你必须在交友领域完成你想做的事情。"

我能够想象那一刻惠特尼的感受。几个月前,她的生活刚刚发生了翻天覆地的变化,部分原因是她从一家交友应用程序公司高调离职,而现在另一款应用的创始人想要聘用她,但他似乎没有理会她所说的话。值得称赞的是,她真的从容、认真地考虑了安德烈说的话。

"我想,也许他说的有道理,也许交友行业出了问题。"惠特尼回忆起她与安德烈初次见面的情形时说道,"也许沟通出了问题,这已经不再是一个年轻女性与一个初中女生之间的聊天。也许这是影响所有年龄段女生的事情。"

第一次见面结束的时候，惠特尼和安德烈就已达成了协议。这个想法可以实现，但必须将其打造成一款交友应用程序，而且双方必须携手合作。他们在几周内就组建了一支出色的设计师团队，他们的交友应用程序拥有了从其他交友应用程序中脱颖而出的关键功能定位。她是这样描述的：

"我一直想主动给那家伙发短信，但我不能这样做，因为整个社会和我的朋友都说不可以这样做。所以我对我的团队说：'我们要针对这一点进行逆向工程：你们可以进行双向匹配，但是只能由女性主动发送消息。她们有 24 小时的时间可以考虑——这会激励她们——如果不发送消息，配对自动失效。'"

这与迄今为止交友领域应用程序的操作方式完全不同。现在，主动权完全掌握在女性手中。在此之前，人们通常认为男性应该扮演追求者的角色，而女性最好表现得令人捉摸不定，再不济也应该扮演祈求者的角色。

"你告诉男性要积极主动，却告诉女性要反其道而行之。"惠特尼这样描述自己试图打破的旧模式，"你在训练两个人朝相反的方向行动。整个社会为两个人都铺设了一条通往失败的道路。实际上，你将男性置于不断被拒绝的境地，让女性陷入了被辱骂的困境。"

这就是 Bumble 存在的理由。这就是我们都应关注它的理由。这就是惠特尼是创建这款应用程序的最佳人选的理由。传统在线求爱模式所产生的动力不仅有害，而且往往具有破坏性，正是这种动力几乎毁了她,也正是这种动力让如此之多的交友应用程序令全世界数百万女性经历了不愉快的体验。这种现象必须终止。

就连这款应用程序的名字都体现了故事的精髓以及 Bumble 想要做的事情所具有的革命性——将交友权交到女性手中。Bumble 并不是惠特尼的第一选择,起初,她起的名字是 Moxie,即人格力量。

"也就是,你获得了人格力量,你很有勇气的意思。"她解释道,"因为如果由你来迈出第一步,你就能够获得人格力量。"

问题是,他们无权使用 Moxie 这个名字。有人已经抢注了这个域名并注册了所有可能出现的版本。惠特尼和同事们不得不另选名字。

"我们大概列了 1 000 个名字。"惠特尼说,"然后有一天早上,米歇尔·肯尼迪(Michelle Kennedy)走进我的办公室。在创业的头几年,她给了我很多的指导……碰巧那天她说她的丈夫是一个笨手笨脚的白痴,然后用非常可爱的英国口音说,'就叫'Bumble'[①],怎么样?'"

起初,惠特尼很讨厌这个名字,因为这个词带有贬义。但她的合伙人安德烈很喜欢它。当他搜索了所有域名注册网站,发现这个名字还没被人注册(这在 2014 年已经可以算得上是一个小小的奇迹),就更喜欢了。不久之后,惠特尼在拜访家族朋友的时候(后来,朋友的女儿成了 Bumble 的第三位雇员)询问了女主人对这个名字的看法。

[①] Bumble 意为笨手笨脚。——译者

"哦,成为 Bumble 的蜂王①,在 Bumble 上找到你的爱人。"她说。

"我立马拍板,'就它了!'"惠特尼回忆道,"蜂巢和蜜蜂,修筑蜂巢,成为蜂王,女性迈出第一步。这是创建一个品牌的完美机会。"

除了创建品牌之外,这个名字还完美概括了这款应用程序要为女性以及男性解决的问题。对于女性来说,蜂王与蜂巢的意象体现了她们在约会世界中的中心地位。没有蜂王,蜂巢就会坍塌。没有蜜蜂,整个生态系统就会崩溃。人类社会亦是如此。是时候认识到,这些旨在撮合男女的约会应用程序的架构大多由男性设计这一事实了。对于男性来说,Bumble 这个词的含义不会像 Moxie 那样威胁到他们脆弱的自尊心,因为后者带有一种大多数男性很难克服的懦弱的意味。不管你喜不喜欢,这款以女性为中心的约会应用程序都离不开男性用户。幸运的是,男性在约会世界中面临的最大问题不是缺乏勇气,而是缺少社交能力。具体来说,就是不知道什么时候女性会对他们感兴趣(或者说为什么她们会感兴趣),以及接下来应该说些什么。所以,Bumble 这个名字确实很完美。

Bumble 作为一个名字,原本就是企业故事的一部分。选名字的故事也是整个企业故事的缩影。它体现了一个好听又好记的名字所具有的力量与重要性。在公司开始成长的时候,向客户、投资者和员工讲述你的故事尤为重要。就你自己而言,讲故事对于理解故事、坚持初衷以及根据本·霍洛维茨的观点阐明公司存在的理由来

---

① Bumble 的拼写与 bumblebee(大黄蜂)接近。——译者

07
实话实说

说，同样重要。

我几乎问过所有采访对象公司名字的由来。对他们来说，这个问题就像是一个触发器，他们会立刻滔滔不绝地讲起公司成立的故事。这个故事必然可以揭示公司存在的原因，有时甚至可以解释公司和创始人是如何获得成功的。

例如，萨拉·布雷克里之所以选择将自己的塑身衣公司取名为斯潘克斯（Spanx），就是因为这个名字既好记又有亲和力。她知道，带有强烈 K 音的单词能够格外引起消费者的共鸣。她认为，可口可乐和柯达之所以能够成为 20 世纪最知名的两个品牌，绝非巧合。"这是喜剧演员都知道的商业秘密，"她告诉我，"K 音能让你的观众发笑。"她最终决定使用斯潘克斯这个名字（她在最后一刻将词尾的 ks 改成了 x，因为她听说新产品的名字最好使用新造词①），这个名字感觉很棒——不仅因为它带有 K 音，而且与她的产品直接相关，她的产品都与"臀部有关，可以让臀部看起来更漂亮"。

对于斯潘克斯来说，好记十分重要，因为人们很少有机会看见它的产品。与衬衫、夹克或鞋不同，别人看不到你身上穿着的斯潘克斯，这就意味着不存在通过服装上可见的品牌标识来获得广泛的品牌认知度的机会，因此品牌名称必须具有黏性。它必须像紧贴顾客身体的塑身衣一样，牢牢占据你的脑海。而且用萨拉的话来说，"斯潘克斯这个名字有点调皮，有点有趣，还有点不雅"——这些都是这个名字让人印象深刻的原因。

尽管最初有点误解，但爱彼迎的创始人还是选择了简化之后的

---

① 原本打算使用的 Spanks 意为打屁股。——译者

名字，而不是 Airbedandbreakfast.com，因为简化之后的名字与他们的企业故事有着直接的联系。他们最终明白了这个故事的重要性，但是一开始他们并没有完全理解其中的细节。事实上，我认为这可能是他们在 2008 年第一次大获全胜之后，不得不依靠靴襻法苦苦支撑这么久的一个重要原因。真正了解你的故事，知晓个中缘由，往往是初创公司获取融资的一个桥梁，而乔·吉比亚、布莱恩·切斯基和内森·布莱卡斯亚克在试图获得第一笔专业投资的时候，对于很多"为什么"的问题心中都没有答案。

例如，他们最初见的 20 位潜在投资人全都没有投资，并不是因为商业模式不适合他们，也不是因为投资人认为爱彼迎的创立动机很奇怪——虽然他们大多有这种感受。而是因为这个新想法不同于那种在文化上根深蒂固的叙事，而乔和布莱恩还没有为此精心设计出一种反叙事。简而言之，他们需要一个故事，他们却拿不出这样的故事。

"我们从小接受的教育就是陌生即危险，"乔解释说，"有人来访时，你通常会关上卧室、浴室等房间的门，因为这些是你的私密空间。没有哪个头脑正常的人会投资一项将自己最私密空间的照片公之于众，然后通过网络邀请完全陌生的人入住自己家中的服务。"

这无疑是保罗·格雷厄姆在 2009 年 Y Combinator 冬季班面试时的感受。当时，他在董事会面试时问的第一个问题就是："你们是说真的有人用这个？这太奇怪了。"乔对此记忆深刻。2015 年，布莱恩在斯坦福大学的闪电式扩张（Blitzscaling）课程上接受里德·霍夫曼采访时，也回忆了这一刻。他记得保罗当时反问了一个

07
实话实说

只有通过真正的好故事才能充分回答的问题:"他们到底怎么了?"

"面试以这种方式开场,显然不是什么好兆头。"乔说,"随后,情况变得越来越糟糕。"

越来越糟糕,直到乔在面试结束后跑回房间,递给保罗一盒奥氏麦片。这盒麦片发挥了重要作用(他们得到了入学名额),因为奥氏麦片的背后有一个很棒的故事,它解释了奥氏麦片的起源,说明了为什么保罗和 Y Combinator 团队应该给乔、布莱恩和内森一个机会。

如果你还没有想好自己的故事,那么在你被这些故事吓到之前,我还想再明确一点。别担心!你不一定会像惠特尼·沃尔夫那样,一开始就拥有一个完美的故事。可以说,惠特尼的经历是不可复制的。在未经她同意的情况下,她的整个人生,她的整个个人叙事就已经在传统媒体和社交媒体上被解构、诉讼与重构,而这一切几乎是以光速在几周内完成的。Bumble 是她重新找回自己的故事,并为其他女性建立起一个空间,让她们可以安全地重获并且行使主导自己命运的权力。这是一个帮助 Merci 变成 Bumble 的故事,迄今为止,Bumble 已经拥有 2 000 多万注册用户。

爱彼迎的创始人并没有立即完全展开他们的故事。我个人认为,对于"为什么"这个重要问题,他们从一开始就有了答案——像留宿朋友家里那样,睡在别人家的气垫床上,会让你觉得自己成了这个城市的一部分,而住在全国性连锁酒店里会让你觉得自己与这个城市格格不入——但他们花了一些时间才明白这一点。一旦找到了答案,逐渐理清了头绪,这些头绪便开始与他们自己的故事以及文化中更深层次的东西相关联，从 Airbedandbreakfast.com 迈向爱彼迎的演变过程就真正启动了，他们踏上了通向独角兽公司的道路。

Bumble 和爱彼迎的故事都是独一无二的，但是一条放之各行业、各时代皆准的原则就是，所有的企业都是故事，所有的故事都是一个过程。讲故事是借以深入思考自己、产品或服务、员工、客户、市场以及世界的机制。讲故事以事实和数字永远无法解释的方式，向所有人阐明上述内容中的每一项。

本·霍洛维茨说的对：了解你的故事，并向世界清楚地阐明你存在的原因，是你作为一名企业家所面临的最重要的挑战之一。不是因为它能帮你销售更多的产品，建立一个更酷的品牌，或者赚取更多的金钱——尽管这些都不假。

相反，能够回答"为什么"这个重要问题，讲好基本故事，才能培养出忠诚的客户，找到最好的投资人，建立员工文化，让他们能够致力于企业的发展，也能让你在面对困境，想要放弃的时候（你确实会这样做）继续投入和努力。这些群体中的任何一个人都有一百万个理由辞职或拒绝。你的工作就是给他们提供少数几个理由中的一个——给他们讲故事——让他们愿意听下去并且点头赞同。

08

筹集资金（二）：别人的钱

许多创业者在企业发展壮大之后很快便发现：除极个别的情况外（比如，斯潘克斯），靴襻法就只能帮你走到这里，尽管它在企业发展的早期十分有效。不管你有多努力，多节俭，也不管你的早期销售做得有多好，有多少收入流回企业，总有一天，你需要做一些自己应付不了的事情，以及即便你有能力应付却缺少资金支持的事情。对于某些创始人来说，这个时刻来得比其他人更早。但是无论何时，他们都需要戴蒙德·约翰的母亲所说的"别人的钱"。1995年，在利用靴襻法经营FUBU五年并取得了一定的成功之后，戴蒙德不得不另寻他法。他在母亲家里凑合搭建了一家临时工厂，在那里完成了第一笔巨额订单。

"'别人的钱'不一定局限于别人手里的钱，"母亲在他四处寻找解决方案的时候告诉他，"它可以是别人的产品、心力、劳动能力或营销能力。"这在当时是一个惊人的见解，即便放到现在也是如此，不过她的心里绝对和其他人一样明白：最后还是离不开钱。戴蒙德需要支付材料费、额外的人工费和生产费用。这就是她没有在替戴蒙德刊登的那则分类广告中招聘身体健康的工人或是寻找布料的原因。"上百万美元的订单,需要融资。"——别人的钱。

埃里克·瑞安和亚当·劳里急需别人的钱才能让美则运转起来,尽管他们包揽了除此之外的所有事情,因为他们最初投入的9万美元几乎全部用在了设计、加工和制造独特的塑料瓶上——显然,这件事光靠他们自己无法实现。

詹·卢比奥和斯蒂芬·科瑞一开始就需要利用别人的钱来创建Away,因为她们想做的是一款硬壳四轮智能行李箱。为此,她们需要在亚洲寻找一家能为她们打样的制造商。与大多数制造商一样,这家制造商不愿提供免费服务,而在2014年的时候,詹与斯蒂芬都没有钱。

钱从来都不是一个复杂的话题。一方面,不应该在混合经营的公司里谈钱。你有多少钱,赚了多少钱,又花了多少钱——这些都不能问,就连提起这些话题也非礼貌之举。另一方面,我们心里却总想着与钱有关的事情,创业界更是如此。公司在早期阶段筹得的资金大多投在了创业上,仿佛筹资永远是一场需要胜人一筹的比赛。比赛中的问候语不再是"你好",变成了运营率,而烧钱率往往比公司地址更容易在网上找到。

虽然(有点)夸张,但我认为在创业初期,钱是一个无法回避且不断变化的需要考虑的因素,因为创业已经成为我们文化中的一个固定组成部分,流入创业公司的钱也日益成为我们关注的对象。我们甚至制作了一些相关的电视节目,《鲨鱼坦克》和《利益者》(The Profit)就是其中最为知名的节目。这些节目既揭开了蒙在金

08
筹集资金（二）：别人的钱

钱这个话题上的神秘面纱，也让金钱变得更加令人困惑。

由于我们对获得每笔钱所需付出的代价有了更为清晰的理解，这种神秘感逐渐消散。25年前，戴蒙德·约翰和他的母亲是真的不知道自己会在融资的路上遭遇多少挫折。但是今天，即使是创业界中最业余的观察者也明白，为了得到 X 美元，你要放弃 $Y\%$ 的公司股份和/或 $Z\%$ 的版税。有时，这个代价十分高昂。有时，这种代价十分有利。这完全取决于想法的质量及其背后的故事，以及这两个因素所形成的激烈的投资竞争。

这种困惑来自这些节目所营造的感觉，即获得资金并不是什么难事，一旦有了想法，你要做的第一件事就是找到一位天使投资人或者一家风投公司，请他们投资100万美元。这就助长了一种观念，即大把的资金就在那里，等待任何有好点子的人从街角、从电视上、从曼哈顿中城或沙丘路上富有的投资者手中接过它们。有点道理。现在是寻找"别人的钱"的最好时机。（截至2019年底，投资者手中共持有3.4万亿美元现金。）但是这笔钱的存在并不一定意味着你可以争取到它，或者说应该去争取——尤其是在创业早期，像《鲨鱼坦克》和《利益者》中的投资者会发放大笔专业资金。（第15章会更详细地讨论专业资金的问题。）企业发展到这一阶段，你可能真的暂时不想拿他们的钱。如果你不需要在尚未确定公司未来的发展方向之前，就把5%、10%、20%的股份交给那些永远不会像你和你的合伙人那样关心公司的人，你就不应该拿这笔钱。

于是问题就变成：还能去哪儿找别人的钱呢？这时候就该轮到亲朋好友上场了。向亲朋好友请求援助有点像介于靴襻法与扩大专业筹款规模之间的非正式步骤。借用贝宝联合创始人彼得·蒂尔（Peter Thiel）的话，如果你竭尽全力也只能从0进到0.5，那么，你就需要用钱来补足剩下的0.5。①

美则和Away的创始人正是通过这种方式解决了早期的资金问题。"我们这里借5 000美元，那里借1万美元，从所有愿意借钱给我们的人那里凑到了钱。"为了美则的发展，亚当·劳里和埃里克·瑞安从亲朋好友那里筹得了贷款和早期投资资金。"总的来说，在筹集到第一笔专业资金之前，我们已经通过这种方式筹集了几十万美元。"他们依靠这种方式经营了两年。"实际上大多是5 000美元和1万美元的支票。"说到Away的时候，詹·卢比奥如是说。她和斯蒂芬·科瑞通过这种方式筹集了大约15万美元，这笔钱全都用在了第一款行李箱的设计上。

不是只有他们向亲朋好友融资，这种做法在创业界有着悠久的历史。

1962年，家居用品品牌克拉特·巴雷（Crate & Barrel）的创始人戈登·西格尔（Gordon Segal）和卡罗尔·西格尔（Carole Segal）夫妇决定开一家欧洲家居用品店，直接从工厂进货，以正常的零售价出售，因为前一年夏天他们去加勒比海度蜜月的时候，发现这种模式在他们去过的所有优秀商店中都取得了出色的业绩，而美国却没有类似的模式。"我们的结婚礼物大约价值1万美元，但我们觉得实际需要2万美元。"戈登说，"那个年代还没有什么风险

---

① 彼得·蒂尔也是畅销书《从0到1》（Zero To One）的作者。从0到1指的就是从无到有的进步。——译者

08
筹集资金（二）：别人的钱

投资，没有什么创业公司。于是我花了六个月的时间四处奔走，寻找我认识的有钱人，只要他们肯投资 1 万美元，就能得到一半的股份。"（你能相信吗？1962 年的时候，只要花 1 万美元就能拥有克拉特·巴雷 50% 的股份！）然而，除了他的父亲之外，戈登没有找到任何投资者。父亲借给他们 7 000 美元，帮助他们在芝加哥老城区的一家升降机厂里开了一家店。"那可能是他的全部积蓄。"戈登在谈到这笔钱的时候说道。而这也是戈登所能筹得或者说需要的全部的钱。如今，克拉特·巴雷的分店遍及 120 多个城市，拥有 7 500 名员工，收入超过 15 亿美元。

1979 年，帕内拉面包店（Panera Bread）日后的首席执行官罗恩·沙伊克（Ron Shaich）辞去了原始饼干公司（Original Cookie Company，一家开在购物中心里的连锁饼干集团）区域经理的职务，随后依托市中心每日的人流量，在他曾上学的波士顿创办了一家都市饼干店。罗恩有 2.5 万美元的启动资金，但是要想在美国的大城市开一家店，这点钱还远远不够。"我没有信誉，没有真金白银，账户里也没有余额可以用来签订租约。"他说，"于是我去找我爸爸，'我想要你打算留给我的遗产，什么都行。我希望能有机会用它。'"他的父亲欣然同意，给了他 7.5 万美元。借助这笔钱再加上他自己的积蓄，罗恩花 10 万美元开了一家 400 平方英尺的饼干店。他把它叫作"饼干罐"，两年之内，它就并入了我们今天所熟知的咖啡烘焙连锁店欧邦盼（Au Bon Pain）。

1993 年，史蒂夫·埃尔斯（Steve Ells）从父亲那里拿到一笔半借半投资的钱之后，在丹佛大学校园附近一家破旧的 Dolly

Madison 冰激凌店里开了第一家墨西哥餐厅 Chipotle。"850 平方英尺，月租金 800 美元，条件很差……有很多事情要做。"史蒂夫回忆说，"我说服爸爸借钱给我，最后他给了我 8 万美元。"

一年后，在丹佛西北 1 300 英里外的西雅图，杰夫·贝佐斯挨个儿联系了自己认识的 60 个人，请求每人拿出 5 万美元帮助他创办一家在线书店。近 2/3 的人拒绝了他，主要是因为他们不了解书店背后的理念。后来，这个理念得以实施，发展成为亚马逊——世界上最大的在线零售商。在那些同意掏钱的人中，有贝佐斯的父母和兄弟姐妹。也许他们也没有完全理解贝佐斯的想法，但是他们了解自己的儿子和兄弟，只要知道这一点就足够了。（因为这份信任，他们现在都成了亿万富翁。对于 5 万美元的赌注来说，回报率着实不低。[①]）

这就是从亲朋好友那里筹集"别人的钱"，而不是直接去找私募股权或风险投资的一大优点。不仅成本普遍比较低，而且如埃里克·瑞安所说的那样，这笔钱来自那些"相信你，但未必相信你的想法的人"。这样一来，你就更容易在中途改变主意，对产品或服务进行迭代，最终将其变成一项业务，因为这笔钱是下在你本人而不是你所描述的某个想法上的赌注。罗恩·沙伊克的父亲认为，对罗恩来说，与欧邦盼合作并获得其控股权是一个糟糕的主意——罗恩一直在采购欧邦盼的羊角面包和其他烘焙食品，从而确保"饼干罐"早上的时候有东西可卖（通常要到午餐时段才会有人来买饼干）。"要是它值得你掏钱买下来，那么你最终什么也得不到。要是得到了

---

① 杰夫·贝佐斯的父母最终投了 30 万美元，相当于当时公司 6% 的股份。

08
筹集资金（二）：别人的钱

其中的一部分，它就不值得你掏钱了。"但是罗恩看到了欧邦盼的潜力，尽管它的经营状况十分糟糕，而且他相信自己知道如何解决这些问题，所以他的父亲没有阻拦，因为他借给罗恩的 7.5 万美元是对自己儿子的投资，而不是对儿子所做饼干的投资。

我们刚刚讨论的是一些大额资金。十张 1 000 美元的支票，7 000 千美元的现金，预支的 7.5 万美元遗产，8 万美元的滚动投资。可以说，我们中的大多数人，至少很多人都不认识多少愿意出借或投资这么一大笔钱的人。事实上，每个人获得别人的钱，尤其是一大笔钱的途径各不相同，往往与个人或社会的特权有关，这种特权可以包括从家庭财富、地理位置、种族到商学院关系和职业关系在内的任何东西。

罗恩·沙伊克就读于哈佛商学院。戈登·西格尔的家人从事的是零售业，因此他可以继承他们的经验和一点儿钱。亚当·劳里和埃里克·瑞安在美国最富裕的郊区长大。杰夫·贝佐斯的祖父是美国原子能委员会（US Atomic Energy Commission）早期的杰出人物，该机构后来成为美国国防部高级研究计划局（Defense Advanced Research Projects Agency，DARPA）。夏季，贝佐斯会前往距离得州圣安东尼奥以南约 90 分钟路程的家庭牧场。在牧场逗留期间，祖父曾帮助年幼的贝佐斯培养对技术的兴趣。

这些就是特权。换一种说法就是，有些人拥有实实在在的明显的优势，这使得他们更容易筹措足够多的"别人的钱"，让自己的企业能够站稳脚跟，朝着正确的方向发展。对于那些享有其中一些优势的创业者来说，认清这一事实，就会明白我为什么总询问嘉宾，

"你认为自己的成功在多大程度上归功于运气和努力"(第 26 章将再次讨论这个话题)。承认特权、认清优势对于理解成功的本质(无论是你的成功,还是他人的成功)至关重要。

这并不意味着特权可以定义或预先决定成功,也不意味着没有特权就无法获得成功。虽然每个人享有的特权不尽相同,但是他们都具备这样或那样的无形优势,可以利用这些优势来追求成功。性格是一种优势。意志是一种优势。讨人喜欢、不屈不挠、坚韧不拔、记忆力好,这些都是优势。拥有这些优势的人可以像拥有特权的人那样利用优势。

但是,与那些父母随身携带 1 万美元现金的人相比,我们这些人可能不够幸运,没有能够开出 1 万美元支票的父母,那么,我们又处于怎样的境地呢?我们的起点肯定不同,但我们站在同一条赛道上参加同一场比赛。虽然我们获得金钱的渠道不同,但无论我们是谁,住在哪里,如何长大,或者我们试图建立的是什么,我们获取金钱的过程都是一样的。无论如何,创始人都需要与他人对话,描述自己要做的事情,然后请他人以投资、贷款、礼物等形式提供一些资金,帮助自己实现目标。

此时,特权阶层与非特权阶层早期筹款的故事出现了惊人的相似性。所有创业者都会告诉你,不论在哪个层面,筹款都不是一件容易的事情。它会耗费你的时间、精力,有时还会耗费你的人际关系。你需要进行数百次对话。你必须把自己的故事讲几百遍,回答十倍于此的问题,其中很多问题都是一样的,有些问题让人无比沮丧,尤其是那些你认为应该支持你或者你一直当成朋友的人所提出

08
筹集资金（二）：别人的钱

的问题。你要有厚脸皮，就像航天飞机上的隔热罩一样，它能保护你在冲破周围大气层时不至于四分五裂。不管你出身名门还是身为蓝领，都是如此，对于每个人来说，开启这个过程的方式都是一样的，即与你认识的人交谈。

首先是父母，然后依次是叔伯、家族朋友、导师，之后可能是同样开始创业的高中同学，不断向外拓展，直到你联系了人脉网中的所有人，筹集到你需要的所有资金（希望如此）。我觉得这就像是一系列同心圆。先从最亲近的人开始——那些不用翻通讯录就能找到联系方式的人，因为他们就在你的手机短信和通话记录中。也许你可以从死党开始，向他借几百块钱。他是否认识某人，比如他的亲戚，你是否可以找他再借一点，比如 500 美元？那位亲戚是否认识有兴趣帮助像你这样的创业者的人？

这样一来，核心圈里的每个人都是一种潜在的资源，对于圈子里的某个人来说，这也是仅有一步之遥的跳板。理论上，你可以利用这种方式通过同心圆无限向外延伸。事实上，Kickstarter、Indiegogo 和 GoFundMe 等众筹网站就是依靠这种方式运作的。它们进行口碑传播，可以帮助像你这样的创新者和创客，你可能会接触第五、第六或第七个圈子的人，也可能永远没有机会认识或见到这些人，但你可以利用他们的资本来生产你试图销售的东西。

众筹网站也适合那些核心圈有点小，没有很多朋友可以聊的人，或是人脉颇广，但朋友们心有余而力不足的人。向别人借钱一向不是一件容易的事情，有时甚至会让人觉得不舒服。开口 100 次，每次借 20 ~ 50 美元，不仅乏味，而且不切实际。你哪里还有时间去经营业务？众筹将这些小要求整合成一个对话，通过我们称之为互联网的扩音器加以广播。事实上，蒂姆·布朗最初通过 Kickstarter 推出了 Allbirds，其他几家公司，如 Oculus、Brooklinen 和纸牌游戏"爆炸猫"（Exploding Kittens）最初也是依靠这种方式筹集资金的。

要注意的是，尽管有时特权会赋予某些人令人生畏的优势，但是筹集早期资金的方法对任何人来说都是可行的。每个人都是某一系列同心圆的圆心。特权的内在优势不会改变同心圆的形状，只是减少了一个人为达到筹款目标需要探索的外圈的数量。庆幸的是，这也是我们发现特权在利用"别人的钱"和创业方面存在局限性的地方——我的意思是，即使对一些人来说筹钱十分容易，而且他们的资金来源不止于此，他们仍然要用这些钱做些什么。在我介绍的创业者中，没有哪个人很早就从朋友和家人那里筹集了一堆钱，然后便坐享特权，看着自己的企业不费吹灰之力开始蓬勃发展。

事实上，情况往往恰恰相反。一旦你说服了他人掏钱支持你的想法，成功的重担便真正落到你的肩上。一些创业者不喜欢这种压力，这也是匿名的众筹和正规的专业资金更有吸引力的原因之一。一些人则会化压力为动力。"我觉得太有动力了，"埃里克·瑞安告诉我，"暂且不论自己赔钱或失败，如果你拿的是你真正关心的人的钱，就不想让他们失望。这是最好的动力，无论遇到多大的困难，你都能找到前进的道路。"

我还认为，亲朋好友所给资金带来的压力，尤其是当你不得不从人脉圈子深处挖掘那笔"别人的钱"时，可以揭示出之前你并不

08
筹集资金（二）：别人的钱

知道自己拥有或从未想过自己可以利用的优势，而这将有助于促进企业的方方面面向前发展。因为对你来说，筹集早期资金比那些可以随时获得资本的人更困难，你就不得不在其他方面变得更好、更优秀。你必须打磨自己的想法，直到它变得极吸引人。你必须提高讲故事的能力，因为你越深入人脉同心圆，人际关联越弱，留给你讲故事的时间就越少。你必须更好地了解你所在的社区，如果做得好，你不仅可以找到客户群，还可以为自己的企业打好根基。

这些都是优势。不管你有什么特权，如果你还不具备这些优势，作为一个创业者，你可以为自己创造这些优势。它们可能源于筹钱的需要，但也是让你变得更好的工具。如果你能变得更好，如果你能在早期从亲朋好友那里筹集资金，让你的想法从 0 变成 1，而不用牺牲太多股权或是你对企业的愿景，你就为成功做好了准备，并能在未来很长一段时间内处于完美的发展状态。

09

迭代，迭代，再迭代

现在，看看你的周围。看看你的座位，你身上的衬衫，照亮你所在之处的灯泡，你兜里的手机，也许还有你耳朵里的耳机，甚至有你正在阅读的这本书的封面。

要说这些东西有什么共同点的话，那就是它们早已不是发明者或设计人员最初构想的模样。这是因为，对于所有最终转化为业务的想法而言，构想与首次生产之间的这段时间里会发生很多事情。形状变了，材料变了，产品变了，名称变了，工艺流程变了，构建方法变了，外观、感觉和口味也都变了。

在电脑上敲下这些文字的时候，我的脚上正穿着一双 Allbirds 羊毛跑鞋，鞋子超级舒服。自 2014 年产品上市以来，新西兰美利奴羊毛面料就成了 Allbirds 的标志。然而，2009 年蒂姆·布朗萌发推出一款简单、干净、没有公司标识的运动鞋的想法时，根本没有考虑过这种面料。事实上，他最初生产的鞋子不叫 Allbirds，而是由帆布和皮革制成，叫 TBs。他将原材料从新西兰运到印度尼西亚的一家工厂，生产了高帮和低帮两种款式。合脚性与舒适度并未

09
迭代，迭代，再迭代

纳入当时的品牌愿景之中。"当时的关注点并不是舒适度，"蒂姆说，"而是我对那类设计复杂、充满竞争而且满眼都是公司标识的市场的观察。"

后来，蒂姆闻到了制鞋车间尤其是皮革车间里弥漫的臭味，他对自己产品的看法开始转变。"第一次进皮革车间的那段经历简直让我大开眼界。"蒂姆说，"我开始了解这些材料的来源，意识到这些制鞋材料并不好。这让我产生了探索不同材料的想法。"

材料之一就是羊毛。"记得有一天我读了一本介绍新西兰羊毛产业的杂志。"蒂姆说，"我当时就想，天哪，为什么不用羊毛来制作鞋子呢？要是我们生产了羊毛鞋会怎么样？一定会超级有趣。"确实很有趣，简洁的设计与鞋子背后的故事引起了顾客的共鸣，蒂姆第一次在惠灵顿的一家快闪店里公开销售 TBs 时，1 000 双鞋全部售罄（他把第一双鞋卖给了他在新西兰国家足球队的队友），但是他依然觉得自己的鞋还不够与众不同。"不论是我还是我的产品，都还需要更多的东西。"

于是，蒂姆向新西兰政府申请了羊毛研究委员会（Wool Research Board）的资助，以开发一种可用于制成鞋面的羊毛面料。对于大多数不住在新西兰的人，特别是美国人而言，这个想法听起来有点疯狂。羊毛又厚又重又扎人，它可以用来制作毛衣和毛毯，也许能用在拖鞋上，但是绝不可能用来制鞋。不过，新西兰美利奴羊的毛非常细腻、柔软，而且如蒂姆所描述的那样，具有"神奇的特性"。美利奴羊毛能够吸收水分、调节体温，最重要的是，所有穿羊毛衫淋过雨的人都可以证明，羊毛不会发臭。

当然，蒂姆并不是第一个发现美利奴羊毛适合做衣服的人。12世纪时，美利奴羊就已经出现；17世纪末以来，美利奴羊一直是澳大利亚人和新西兰人的基本食物。近年来，几家新西兰服装制造商已经开始开发美利奴羊毛混纺面料。这种面料有时被称为"智慧羊毛"（smart wool），越来越受到人们的青睐。[①] 但是在2009—2010年，还没有可用于鞋面的类似面料。蒂姆认为，"问题在于，尽管存在巨大的创新机会，但是除服装外，羊毛的市场推广做得非常糟糕。"这就是蒂姆向羊毛研究委员会提交的申请的内容，也是他能够获得研发经费的原因。最终，他凭借这笔资金生产出了2014年第一双Allbirds鞋的面料。

从2009年的TBs拼皮帆布鞋，到2014年的Allbirds美利奴羊毛跑鞋，蒂姆及其联合创始人乔伊·兹维林格所经历的创业过程就是所谓的迭代（iteration）——产品或服务的渐进式演化。当产品进入市场并开始争夺有眼光（往往注意力分散）的消费者时，这种现象就是创新过程中的自然现象，也是产品开发的基础。

通常，在产品推出之前会经历两个阶段的迭代过程。第一个阶段是调整想法，使之变得可行，而你作为提出者对自己的想法感到满意。第二个阶段是向公众展示你的想法，并根据他们的反馈调整产品，直到产品获得买家、主要投资人、零售伙伴或大量客户的广泛认可。

Allbirds的故事之所以独特，是因为它的大部分演变都发生在尚未以任何有意义的方式向消费者展示鞋的第一阶段。蒂姆所做的

---

① Icebreaker是新西兰最受欢迎的"智慧羊毛"品牌之一。

09
迭代，迭代，再迭代

许多选择，包括但不限于他对美利奴羊毛所做的实验，都源自他的目标与喜好。例如，没有一位新西兰国家足球队的队友因为第一批TBs拼皮帆布鞋的合脚性、功能或样式向他发过牢骚。但是蒂姆不喜欢这款鞋的制作过程，对其销售潜力也不是很感兴趣。所以他改用羊毛面料，前前后后一共尝试了200多种材料，直到找到自己喜欢的那一种。这其实就是蒂姆所说的"不论是我还是我的产品，都还需要更多东西"的含义。

如果蒂姆没有摒弃有毒的常规制鞋工艺，而只是去掉了鞋侧的对勾、三道杠或五角星等公司标识，这个想法又能有多新颖呢？无公司标识这一卖点能火多久？说得更具体一些，站在蒂姆的角度来看，这种做法意义何在？如果你正试图像蒂姆那样打入一个竞争激烈的市场，你的目标并不是推出不带美洲狮标识的彪马系列产品，而是要创造一些前所未见的东西。不论是对于市场，还是对于他们自身，蒂姆和乔伊从一开始就明白这个道理。在其他人有机会见到他们的产品并告诉他们要另辟蹊径之前，他们已经对Allbirds进行了最大程度的调整。

正如蒂姆在我们的谈话中明确指出的那样，在第一阶段用足够的时间来确保产品和故事能够真正令你满意，同时真正了解你试图进军的行业是非常重要的。蒂姆在这一阶段花了五年的时间，可以说，这五年颇有成效。相比之下，惠特尼·沃尔夫只用了不到一年的时间就推出了Bumble第一版并成功吸引人们下载，部分原因是她在火种的时候就已了解这个行业，而且从她永远离开火种的那一天起，每一刻都活在Bumble的创业故事中。产品研发第一阶段所花时间的长短不如确保自己不会长期卡在这一阶段来得重要。每一个想法，无论它多么伟大，都有保质期。如果无法及时将它启封并推向世界，那么无论你在迭代过程中的第二阶段得到多少反馈，都无法解决缺乏兴趣的问题，也无法解决在有人抢先一步的情况下你的先发优势减弱的问题。

那些不善于处理批评意见或是被熟悉却又无法实现的完美主义所困扰的人可能很难进入第二阶段——下一部伟大的美国小说就是因为完美主义而夭折在无数有抱负的作家的办公桌上或硬盘里。就像开口向亲朋好友借钱一样，展示你的想法和所有努力，请别人给予反馈可能会令你感觉非常不舒服。这可能会使内部开发的第一阶段感觉就像是一个安全空间，在没有绝对的把握之前，你宁可窝在里面，不探出头来。只不过，绝对的把握并不存在。

我很想给你们讲一讲某位创业者虽然被完美主义绊住了脚步，但最终依然获得成功的故事——可是，我没有遇见这样的人，因为他们通常不会开公司。即便他们确实在与批评和完美主义作斗争，我所遇到的创造者与创新者也都很清楚，让产品接受市场的评判是一件非常重要的事情，用户的反馈让他们有机会进一步完善自己的产品。他们知道，产品调整需要大量的反馈数据。事实上，他们十分积极地寻找这类反馈。因为他们虽然知道自己想做什么，也知道为什么要做、怎么去做，但是不知道是否真的有人会喜欢他们做的东西。这一点很重要，一定要牢牢记住。

迭代过程的这两个阶段在能量棒行业体现得最明显。这些年来，我设法采访了其中三个品牌的创始人——克里夫能量棒（Clif Bar）

09
迭代，迭代，再迭代

的加里·埃里克森、RXBar 的彼得·拉哈尔，以及拉拉巴（Lärabar）的拉腊·梅里肯。他们与众不同，也都有着相似的创业历程。我喜欢为别人做饭，我觉得他们的故事之所以能够吸引我，是因为设计一份新食谱，努力把它做好，让人们不仅愿意品尝，还能爱上它的味道是一件极其困难的事情。你觉得开口向亲朋好友借钱很难？试一试让他们品尝你做的食物，说一说他们的真实感受。试着让他们告诉你好不好吃；如果好吃，哪些方面让他们觉得好吃；还有哪里需要改进；需要增加或减少哪些食材。我可以凭我的经验告诉你，这就像是一项不可能完成的任务——由于需要辨别哪些人的反馈应该考虑，哪些人的反馈应该忽略，以及怎样处理这些反馈才不至于每次都被打回原点，这项任务变得难上加难。这是一个困难但必要的过程，加里·埃里克森花了六个月，彼得·拉哈尔花了七个月，而拉腊·梅里肯花了整整三年。

当然，每一款产品都源自一个想法。住在加州伯克利的加里是一位狂热的自行车爱好者。1990 年，他在与一位好友进行一次漫长的旧金山湾区山地骑行时，萌发了这个想法。他们计划骑行 125 英里，每人都带了一根香蕉和六根动力棒（PowerBar，这是伯克利本地的品牌）。当时，动力棒是市面上唯一一款现成的能量棒，每位骑行者都会购买——不过，大部分人都不太喜欢它的口味。"到汉密尔顿山的山顶时，我已经吃了五根动力棒，我看着第六根说：'我一口也不想吃了，宁可饿死也不吃。'"加里回忆道。那时，能量棒的黏度介于 LaffyTaffy 糖果与 Now and Later 糖果之间，而且没有甜味。加里把它们叫作"苦药丸"。"我转身对朋友说，'我可以做一个比它更好的能量棒。'"

十年后，身为社会福利工作者的拉腊在2000年的一个周末爬上了科罗拉多州博尔德市郊一座山的山顶。她盯着手里的什锦果仁包装袋，冒出了研发一款能量棒的想法。"我一边吃着什锦果仁，一边想着食物。突然之间，灵光一闪，"她说，"为什么没有人用水果、坚果和调味料来做食物，做一些纯粹、简单、真正的食物，而且携带方便，好吃到停不下来？"

2012年，彼得·拉哈尔萌生了研发RXBar的想法。当时，他是健身训练体系CrossFit的铁杆爱好者，而且（与许多CrossFit的粉丝一样）是原始人饮食法（Paleo diet）[①]的拥趸。他发现市面上没有满足这种严苛的饮食要求的能量棒或蛋白棒。"问题是，为什么会出现这种情况？"彼得说，"有这样一群人，他们做着同样的运动，认同同样的营养价值，可是他们去的健身房卖瓶装水，卖T恤，就是不卖既符合他们的饮食标准又好吃的能量棒。"与蒂姆·布朗的运动鞋一样，彼得的想法是用一款简单的产品来填补竞争激烈的能量棒市场的空白。

有趣的是，萌生想法与确定能量棒最初的大致配方（即迭代的第一阶段）并没有占用他们多长时间。例如，在骑行结束后不到一天的时间里，加里就拨通了妈妈的电话，请她为自己的能量棒出谋划策。加里开了一家以奶奶的名字命名的小面包店Kali's，店里产品的配方就是在妈妈的帮助下确定的。妈妈回问他，"能量棒是什

---

① 原始人饮食法，即少吃谷物和盐，日常饮食以蛋白质（肉、鱼）、不饱和脂肪酸以及新鲜蔬菜水果为主。——译者

09
迭代，迭代，再迭代

么?""有点像你做的那种燕麦葡萄干巧克力曲奇，"他说，"不过我们不能用黄油，不能用糖，也不能用食用油。"他打算用全燕麦、水果和大米甜味剂做出一种长条形能量棒，"因为不是饼干，必须是条状的"。

拉腊也是当天就开始捣鼓配方。"我跑下山，掏出笔记本写了起来。"她说，"回到丹佛的时候，我已经从派、曲奇和蛋糕中得到了灵感。然后我就想，怎样才能用我的厨具把樱桃派做成一种基本上无须加工的食物，让它的味道与樱桃派、苹果派或是香蕉面包一样呢?"很快她就找到了配方。

对彼得与他的合伙人贾里德·史密斯（Jared Smith）来说，在最初的阶段需要一步步推进。"没有一拍脑门，然后说'哦，我们打算做这个，那开始吧'这样的时刻。"彼得说，"最开始我们一起去全食超市逛逛，先从混搭食材入手。我们只做了一些初步的市场调查，然后开始学习。"不过，与加里和拉腊一样，一开始他们的目标就很明确——要研发一款成分最少，并且适合原始人饮食法拥趸的蛋白棒。"产品的总体理念是尽可能确保配方中的所有成分来自最好的食材。"

在迭代过程中的这一刻，三个人都有可能因为害怕负面反馈而陷入僵局，让自己的想法落入好莱坞所谓的"开发地狱"（development hell）。现在回想起来，如果真的发生了这种情况，很难责怪他们中的任何一个人，因为每个人都面临着最亲近的人对他们想法的抵触。加里的妈妈甚至不知道能量棒是什么。当拉腊打电话给父母，与他们分享自己的想法时，他们认为她完全疯了。"他们只是在想，'我们送她去上私立高中，她进了南加州大学，毕业了，现在已经 32 岁……上帝啊，这到底是怎么回事？'"很多人告诉彼得，原始人饮食蛋白棒这个主意很糟糕，虽然他们未必说得这样直接。"我非常气愤，他们的表情告诉我——愚蠢的想法。"彼得说，尽管在一定程度上他能够理解他们的怀疑。"我的意思是，市场不需要一种新的蛋白棒，这是肯定的。但是我们都很专注，当我们得到一些反馈的时候，如果这些反馈是负面的，我们会说'无论如何我们都会去做'。"

2012 年夏末，彼得给在 CrossFit 健身的人发放了很多样品。他已经进入迭代的第二阶段。"我们会把 RXBar 面团装在特百惠容器里留做记录，我们也得到了反馈。"彼得回忆起最初的那段日子——他和贾里德在各自常去的 CrossFit 健身房里收集反馈信息。"我们会问一大堆问题：'你喜欢这个吗？''不喜欢这个吗？''你喜欢什么样的？''你会掏钱买吗？'我们收集了大量数据。"这些数据全都用于完善第一款产品——椰子巧克力的配方。直到 2013 年 3 月中旬，他们才开始合法销售，第一次获得了真正的收入。于是，他们开始在网上销售产品，从此一发而不可收。

拉腊的迭代的第二阶段之路明显比彼得要长，因为 2000 年的时候，食品的电子商务解决方案不如 2012 年那样普及和流行。摆在拉腊面前的只有两条路：要么开实体店，要么破产。不过，尽管两人所花的时间不同，但过程是一样的。"我做了一些样品。我实验了一批又一批样品。"拉腊告诉我，"我创建了一个焦点小组，还设计了一项小型调查。我问人们，'你为什么会选择能量棒？''为什么

09
迭代，迭代，再迭代

喜欢？''为什么不喜欢？'然后，我会把样品送给他们品尝并请他们告诉我想法。"他们会给我一些反馈，比如'我真的很喜欢樱桃，但并不是每一口都能咬到樱桃'。回去之后我就想，要多加点樱桃，应该每一口都能咬到樱桃。"这就是樱桃派、苹果派、香蕉面包、腰果曲奇和巧克力椰子口嚼糖这五种口味能量棒的开发过程。2003年年中起，她开始在丹佛地区的全食超市销售这五款产品。

十年前加里差点走到完美主义者的反馈陷阱的对立面，对于一个正在开发中的新产品来说，这种情况同样十分危险。"我们失败了很多次。"加里在谈到那次骑行之后的六个月时说道，"有时，我们还试图说服自己。"他们对自己说："这很棒。"他们已经厌倦了各种实验以及来自骑友们的反馈。偶尔有一些人反馈说还行，但从来没有人觉得特别棒，大多数人认为他们的能量棒糟糕透顶。"我会把一些样品装在塑料袋里送给朋友们品尝，'尝尝这个，不过要保密哦'，而他们会说'真难吃'。"于是，加里只能回到厨房调整配方，尽管有时他会生出一种压抑不住的欲望，想要说他的新能量棒"已经够好了"。经过六个月的不断试吃，他们终于找到了自己想要的东西。"妈妈和我知道我们找到了。"他在描述敲定第一款克里夫能量棒配方的那一刻时，这样说道。"然后，你就要开始冒着风险，为它制作包装袋，因为你永远没有十足的把握。"

最后再看一眼本章开始时你在周围观察到的物品。它们的创造者与当时给第一根克里夫能量棒套上包装袋，贴上价签，然后拿出来卖的加里·埃里克森一样没有把握。在研发的早期阶段，他们和蒂姆·布朗一样，根据直觉和个人喜好做了很多调整，却不知道会不会有人喜欢这些产品，更不用说关注它们了。他们像彼得·拉哈尔那样无视怀疑者的声音。他们在迭代的第一阶段停留了足够长的时间，但没有停留太久（或永远停滞不前），所以当他们进入征求消费者反馈的第二阶段时——就像拉腊·梅里肯在她的焦点小组中所做的那样——他们把最好的一面展现了出来。他们向世界展示了自己大力支持的某个版本的想法，而这个想法本身也经得起在这一阶段受到的批评。这就是成功迭代的真正秘诀。如果不仅希望将自己的想法转化为产品，还希望将其转化为一项可持续增长的业务，那么所有创客都需要正确对待迭代这件事情。

考验

第二部分
HOW I BUILT
THIS

我采访过的大多数创业者都对失败有一定程度的恐惧。他们知道自己随时都有可能失败，甚至很有可能失败。如果失败（相信我，它一定会出现），他们自然不会开心。失败令人不快，也肯定无趣。但这从未阻止他们的脚步。

优秀的企业家——成功的企业家——都有一种方式，可以让自己不被对失败的恐惧拖累。他们对自己的想法似乎拥有一种无法熄灭的信念——这个想法将他们从舒适区中拉出来，促使他们穿越未知的领域去探索新的可能性。他们坚信，只要能够走到那里（无论"那里"在哪里），只要能够将想法付诸实践，就能获得成功。

未知才是现阶段创业者真正害怕的。能否成功穿越横亘在灵感与行动之间那片充满考验、陷阱与曲折的广阔空间并不确定。这是每一位创业者都必须经历的一个考验，通常，每个人面临的挑战都是一样的，但是每次穿越创业这片未知的领域时，它们都会以不同的顺序、不同的形式出现。

事实上，每一次创业之旅都是一个崭新的故事。没有两条完全相同的道路。每个人都会经历许多相同的关键点，但你的道路必然会因你、你的想法及你所经过的时间和地点而独一无二。

幸运的是，这段旅程从未像现在这样容易。许多创业者已经做了你想要做的事情。你有机会为即将到来的事情做好准备——如果你愿意向这些不知情的帮手学习的话。所有的错误他们都曾犯过，所有的陷阱他们都曾落入，所有的弯路他们也都曾走过。优秀的企业家——成功的企业家——只会犯这些错误，掉进这些陷阱，走过这些弯路……他们不会重蹈覆辙。因为他们也借鉴了前辈的经验，他们听到了这些故事，吸取了教训。现在该轮到你了。

10

从侧门进

一旦你在一项新业务中获得了成功，就会发生一件有趣的事情。你忽然发现自己需要与一大群不太乐意见到你的人直接打交道。这些人的名字就叫作"竞争对手"。不管他们是否承认，他们中的许多人都会想尽一切办法，合法地——有时也不太合法——将你挤走。一旦池塘里的大鱼发现有一条新来的小鱼在身旁游来游去，并且因为吞食它们之前不屑一顾的残羹剩饭而逐渐变大，它们就会开始采取策略。

1997年，个人电脑的年销售量接近1亿台，互联网泡沫逐渐形成，微软成为即将淹没世界的那个池塘中最大的一条鱼。那年夏末，微软集团副总裁杰夫·雷克斯（Jeff Raikes）给同样来自内布拉斯加州的同乡沃伦·巴菲特发了一封标题为"加油，内布拉斯加大学剥玉米人队！"（Go Huskers）的电子邮件。在这封现已广为人知的邮件中，雷克斯介绍了微软的业务，试图邀请巴菲特对微软进行投资。他将微软强健的经营能力和增长潜力与可口可乐以及时思糖果（See's Candies）相提并论（自1972年以来，巴菲特一直是这两家公司的股东），这在很大程度上是因为微软推出的革命性旗舰产品——Windows 操作系统——将建起一座"收费桥"，如果 PC 制造商希望消费者购买它们的机器，就必须通过这座桥。

赋予 Windows 革命性创新的图形化用户界面令微软广受欢迎，正如雷克斯所描述的那样，图形化用户界面还在微软与其市场竞争对手之间筑起了一条"护城河"——由于在基于 Windows 的 Word、Excel、PowerPoint、Access 等市场占据了 90% 的市场份额，微软可以继续扩大这种领先优势。这反过来又赋予了微软巨大的"定价权"，不仅包括对其应用软件的定价，还包括向其他计算机制造商收取的微软操作系统的授权费。

虽然雷克斯并未在邮件中明说，但是拥有几十年经验的巴菲特明白，护城河越宽，收费桥越长，微软就越能充分运用定价权巩固其在软件行业日益增长的优势。它既可以将定价权当成一根"胡萝卜"，通过降低 Windows 的授权费，鼓励厂商将微软的浏览器和应用软件预装到尽可能多的新电脑上；也可以把定价权当作一根"大棒"，通过不提供批量的 Windows 授权折扣来惩罚那些拒绝接受其提出的甜心交易的 PC 制造商，或是以成本价或更低的价格销售其应用软件，将 Lotus、Novell 和 Corel 等竞争对手挤出市场。

微软采取的这些措施都取得了极大的效果。雷克斯这封邮件发出一年之后，微软取代通用电气，成为世界上最具价值的公司，而且在这个宝座上一待就是五年。

收费桥、护城河、定价权，这些都是"进入壁垒"这一经济术语的委婉说法，进入壁垒指的是现有企业借以将竞争对手挡在

10
从侧门进

市场之外,并使新企业难以在特定行业立足的所有方式。这些壁垒不仅包括老牌蓝筹企业有意部署的策略,也包括随着竞争者进出市场、壮大或缩小、发展或转向而在市场中崛起和转变的自然力量。作为一家新企业,如果你想在市场上抢占、获取并扩大立足点,进入壁垒可能成为你将面临的最大障碍,因为它们是导致你被击垮(如果你的竞争对手发现了你)或无视(如果市场没有发现你)的机制。

这就是为什么如果你和大多数新企业一样,做的不是完全新颖的事情,或是没有以一种全新的方式或在全新的地点做这件事,你就应该好好花些时间仔细思考,除了敲开前门,请求别人允许进入之外,还能以怎样的方式进入市场。这也是长期以来女性和少数族裔创业者不得不面对的问题,无论这意味着冲破玻璃天花板,还是推倒偏见筑起的篱墙。这一切都只是在说明,想办法从侧门溜进去并不是要你开创先河。在你之前,已经有一大批足智多谋的天才践行过这种方法。他们中的许多人都发现,侧门不仅守卫不及正门森严,而且往往更大。或者,借用 2014 年彼得·蒂尔在斯坦福大学职业发展中心所做的题为《竞争是为失败者准备的东西》的演讲中所说的话,"不要总想着千军万马都想挤进去的前门。转个弯,从那扇没人走的侧门进去"。

一年前,彼得·拉哈尔在没有完全意识到这一点的情况下,开始在芝加哥将自己关于极简主义 Paleo 蛋白棒的想法付诸实践。一开始,彼得并没有寻找侧门,但是他知道,推出 RXBar,就是试图进入一个十分饱和的空间。彼得承认"市场不需要一种新的蛋白棒"。当他与合伙人贾里德·史密斯在全食超市进行市场调研的时候，能够得出这样的结论。如果说他们必然会发现一个事实，那就是蛋白棒是整个食品行业中竞争最为激烈的细分市场之一。20 世纪 90 年代初，加里·埃里克森在开发克里夫能量棒以便与动力棒抗衡时发现，这个细分市场中只有一个主要品牌。这种情形已经一去不复返了。即便是十年之后，对于拉腊·梅里肯这样的人来说，也有 2013 年的彼得无法享有的充足机会。

你能想象当彼得和贾里德走进芝加哥那家全食超市时，店内的货架是什么样子的吗？多少生产商推出的各种口味的蛋白棒塞满了多少货架？你能想象彼得甚至很难像拉腊·梅里肯那样，得到全食超市买家的一句问候吗？尤其是当他了解到彼得推销的产品是什么的时候。

彼得知道他不可能从前门进入全食超市。幸运的是，他也没有打算这样做。"从一开始，我们的整体战略就是生产面向 CrossFit 和 Paleo 的消费者的产品，并且通过网络进行销售。"他说，"我们打算开一家网店，产品直接卖给健身房。消费者会直接来找我们。"这款没有谷物，没有乳制品，没有豌豆或大豆蛋白，也没有糖的能量棒，市场上从未出现过。

这正是初创企业可以发现并利用，但会被规模更大的竞争对手忽视（或无视）的优势。"很多人考虑过利基市场，或是一个小的细分市场，只是这个市场对他们来说还不够大。"彼得解释说，"我们宁愿拥有一位来自 CrossFit 的加州客户，而不是芝加哥当地独立杂货店的客户，因为在杂货店里，我们的产品会被淹没在竞争的海洋中。但是 CrossFit 的健身房里只有我们这一款产品。RXBar 就是为这种场合而设计的。"

这就是他找到的侧门。这些利基市场——CrossFit、Paleo 以及直接面向消费者的销售模式——当时正处于爆炸性增长的边缘,并且真正成为彼得·蒂尔口中的那个侧门。这让彼得·拉哈尔打开了机会的大门,让 RXBar 有机会在直接竞争对手注意到它并将它逐出市场之前,生根发芽、脱颖而出并且逐渐壮大。那时,RXBar 的竞争对手是通用磨坊(General Mills)和雀巢这类大型跨国公司(它们分别收购了拉拉巴和动力棒),这些公司原本可以设置一定的蛋白棒市场壁垒,轻而易举地将 RXBar 拒之门外。

对于 5 小时能量(5-hour Energy)饮品的创始人曼诺伊·巴尔加瓦(Manoj Bhargava)来说,帮助他进入能量饮料市场的侧门并不是小型利基市场,而是小型产品。2003 年初,距离他帮助一家塑料企业扭亏为盈并从那里退休已经过去几年的时间。当时,曼诺伊正在洛杉矶郊外参加一场天然产品贸易展,寻找他可能会收购或获得授权的发明,以期创建一家能够在他离开塑料行业后为他带来持续收入的企业。

他在展会上偶然发现了一款 16 盎司装的新能量饮料,这款饮料产生的持久效果是他之前从未体验过的。"太神奇了。"他心想。逛了一上午的展会,他早已筋疲力尽,但是喝完饮料他感觉自己精力充沛,可以继续逛下去。"我可以卖这款产品。"他想。但是饮料的开发者不愿意。他们是"拥有博士学位的科学家",而他只是"一个地位卑微的生意人"。他们拒绝把自己的发明卖给他,甚至拒绝授权他使用他们的配方。曼诺伊打定主意,要去实验室研制出自己的能量饮料,因为这款新能量饮料点燃了他的热情,给他留下了深刻的印象。

"我看着他们的商标想,我可以做得更好。这能有多难?我会想出办法的。"曼诺伊说。在他创办的一家公司所聘请的科学家的帮助下(他创办这家公司的目的就是寻找像这样的发明),他在几个月内就找到了一款类似的能量饮料配方。事实上,这是整个过程中最容易的一个环节。

最难的是如何敲开商店的大门。"如果再推出一款饮料,"曼诺伊提起自己当时的想法时说道,"就得和红牛以及怪物能量(Monster Energy)争夺冷柜的展示空间,还得和可口可乐、百事可乐与百威啤酒争夺货架空间。要是打算走这条路,你就死定了。"

之所以没有活路,是因为他需要在实体店有限的空间内与对手展开竞争,而他面对的竞争不仅来自他所在的利基市场,还来自世界上最大的一些公司所主导的整个饮料行业。如果你开了一家 7-11 便利店,或者你是克罗格(Kroger)或乐购(Tesco)这类连锁超市的总经理,你真的会腾空货架上的健怡可乐、激浪或是斯奈普(Snapple),摆上一款没人听说过的新能量饮料吗?尤其是在 2003 年,能量饮料的销量还没有真正飙升,而在这个新兴的市场中,已经有了两个大品牌——红牛和怪物能量。即便你愿意给曼诺伊这样的小人物一个机会,但可口可乐和百事可乐的区域销售代表与分销商听说了你的决定,很可能会像微软那样利用定价权对你实施"大棒"政策,或者干脆撤走你在店里的产品。

10
从侧门进

这些都是曼诺伊必须面对的进入壁垒。如果他想进入这个市场，就必须另辟蹊径。这时，他才恍然大悟。"为什么人会在累的时候感觉口渴？"他问自己。他的意思是，为什么我们要灌下 10～16 盎司甜得发腻的液体才能补充能量？"这就像是销售 16 盎司装的泰诺，"曼诺伊打了个比方，"我只想快点起效。我不想喝这么一大瓶。"就这样，他想到将产品包装从标准的 16 盎司缩小到 2 盎司。

很快，一切都变了。在不到六个月的时间里，他聘请了一位设计师来制作独特的商标，还找到了一家可以生产 2 盎司装能量饮料的装瓶商。"变成 2 盎司之后，"他说，"它就不再是一款饮料，而变成了一种能量输送系统。"

这就是 5 小时能量找到的侧门。它不是饮料，因此不会对红牛或怪物能量构成直接威胁。由于只有 2 盎司，它不需要冷藏，也不需要专用的大型货架，所以零售商不用担心空间的问题。它最适合摆在收银台，摆在 Slim Jims 汉堡包和腌蛋的旁边！

"它就属于那里，"曼诺伊说，"你能看出来它就应该摆在那里。"此外，因为 5 小时能量的成分其实更少涉及能量，更多涉及注意力——人们称之为"大脑的维生素"——他可以将自己的产品定位在饮料的垂直市场之外，在杂货店或便利店渠道之外。事实上，2004 年最早决定销售 5 小时能量的是最大的维生素商店健安喜（GNC），健安喜决定在其 1 000 家门店中投放该产品。

事实证明，健安喜是进入能量饮料市场的一个绝佳侧门。原因主要有以下几点。第一个原因显而易见，与杂货店和便利店相比，在健安喜面临的竞争要小得多；第二个原因更有趣。"事实证明，健安喜一直在寻找新产品，因为一旦某款产品开始进行大规模分销，健安喜就会被挤出市场。"曼诺伊解释说，"如果能在沃尔玛买到这款产品，就不会有人去健安喜购买。"从本质上来说，健安喜比 7-11 或西夫韦（Safeway）等连锁超市更容易进行零售，幸运的是，它们对于最初销售增长缓慢的容忍度也更高，因为在第一周它们只卖出 200 瓶。"这太可怕了。"曼诺伊承认。但是，制造商和零售商都在耐心等待，"六个月后，每周的销量达到 10 000 瓶。"从那以后，沃尔格林（Walgreens）和来爱德（Rite Aid）等药店纷纷上架 5 小时能量，大多数商店的收银台旁边也都摆上了这款产品。

2017 年，家乐氏（Kellogg's）以 6 亿美元的价格收购了 RXBar。如今，它已成为蛋白棒领域增长最快的品牌之一。5 小时能量在强效能量弹市场中所占的份额达到 93%。曼诺伊几乎从一开始就占据了市场主导地位，只在所有竞争对手——可口可乐、百事可乐、怪物能量、红牛——一窝蜂地推出 2 盎司装的产品时，其市场份额才短暂地跌落到 67%。不过，这些公司的努力最终还是失败了。"每当人们问我，5 小时能量属于哪一类产品时，我都会说是 WD-40[①]。"谈话接近尾声时，曼诺伊在谈到 5 小时能量的傲人成绩时这样说道，"这个类别属于我们，我们说了算。"

规避竞争对手用显而易见的垄断力量所构建的进入壁垒，然后

[①] WD-40 是一种金属制品的万能保养剂，集防锈、除湿、除锈、润滑、清洁、导电六大功能于一体，在美国家庭的拥有率高达 84%。——译者

10
从侧门进

从侧门杀入市场，这真是令人唏嘘。一旦成功，你就很有可能将市场的支配权握在自己手中。挖掘、拓宽你的护城河，建起跨河收费桥，取得令人难以置信的巨大成功。对于许多企业家来说，这就是他们的目标。

在杰夫·雷克斯发出那封著名的"加油，内布拉斯加大学剥玉米人队！"电子邮件四天之后，沃伦·巴菲特作出了回应。他在回信中礼节性寒暄后，热情洋溢地评论了雷克斯对于他是否投资微软（巴菲特不会）的分析，并充满羡慕地描述了微软的垄断力量："就好像你从一条小溪里获得的每一加仑水都能获得报酬，但随着支流收益的增加，这条小溪会变成亚马孙河。"2014 年，彼得·蒂尔在演讲开篇就用自己的方式回应了这一观点。"在商业方面，我始终执着于一种信念，"他以特有的攀谈式的演讲风格说道，"那就是，如果你是白手起家的创始人兼企业家，你总想实现垄断，也总想避免竞争。"你想建起一条尽可能宽的护城河，并成为桥上唯一一位指挥交通、收取通行费的人。

之所以提到这些，是因为真正擅长从侧门进入市场是一项了不起的，有时也是必要的技能。但它也可能是一把双刃剑，既可以让你踏上征程，取得惊人的成绩，也会让你陷入很多麻烦。事实上，每当你上网搜索雷克斯与巴菲特之间的邮件时，就能感受到这种紧张感。这些邮件经常被有抱负的创业者奉为商业洞察与战略分析的杰出典范，但很多人没有意识到，他们之所以能够读到这些邮件——通常是打印出来的 pdf 版本——是因为在 21 世纪初美国多个州的消费者对微软提起的集体反垄断诉讼中，这些邮件被作为证词和审判证据提交给了法庭,它们是公开资料的一部分。这些邮件往来成为这场诉讼中原告开庭陈述的关键。不久之后,双方以超过 10 亿美元的价格达成和解。

所有这些都表明,请从侧门进入市场!尽你所能,找到进入你最有可能成功的市场的途径。进入市场并且成功开店之后,不要成为你在努力实现创业梦想的过程中一直抗争的东西。

11

选址很重要

位置，位置，位置。这句名言定义了一个行业。在房地产行业，决定房产价值的最重要的因素只有一个，那就是位置。一栋能够俯瞰旧金山湾的漂亮的山顶四居室可能售价几百万美元。但如果把同一幢房子、同一块土地搬到山脚，放在消防站旁边，最多只能卖到一半的价钱。

不过，房地产巨头在谈论房产价值和地理位置的重要性时，不会做这类比较。他们会谈论在考虑购房者主观需求与喜好的前提下，地理位置所具有的力量。对于家有幼童的父母来说，一套普通的三居室学区房比一套很棒的四居室非学区房更好，或者说更有价值。对于正在寻找梦想中的海边别墅的退休人员来说，海边的小房子比三个街区外的大房子好。

对于试图寻找立足点的年轻企业来说也是同样的道理。根据公司的需要，某些位置就是比其他位置更好。如果你是做冲浪板的，也许佛蒙特州并不是最适合你的地方。但如果你生产的是滑雪板，就像伯顿滑雪板（Burton Snowboards）创始人杰克·伯顿·卡彭特（Jake Burton Carpenter）在1977年创办企业时所做的那样，也许佛蒙特州就是一个合适的地方。这当然比杰克的居住地曼哈顿东86街要好。他在曼哈顿东86街制作出第一批滑雪板原型，并意识到只有搬家才能让业务蓬勃发展。有趣的是，本·科恩和杰瑞·格林菲尔德也在同一年离开纽约去佛蒙特州创办了本杰瑞冰激凌，不过却是出于另一个原因。他们在参加冰激凌制作函授课程时，有人在他们首选的纽约州萨拉托加温泉市附近开了一家冰激凌店。这给他们带来巨大的竞争压力，于是他们搬到了佛蒙特州的伯灵顿市。

作为一家新公司的创始人，你的工作就是找到适合企业的地点，以便充分发挥其潜力。有没有一些特定的地方是你应该去的？就像杰克选定佛蒙特州那样？你是否身处一个拥挤的空间，需要像本和杰瑞那样选择离开萨拉托加温泉市？还是留在原地，就像独立站（Shopify）的创始人托比·卢克（Tobi Lütke）留在安大略省的渥太华那样？

现在，当你大声念出"位置，位置，位置"这句话的时候，好像感觉不太对劲，对吧？渥太华？世界上最大的电商平台之一所在地？独立站这样的公司不应该在硅谷这种地方吗？事实上，2008年托比去沙丘路融资的时候，每家风投公司都是这么想的。

"没有人可以在硅谷以外的地方做任何新鲜事。"托比在描述当时的想法时这样说道。即便他面对的不是十足的傲慢，也会看到投资者对于一款帮助人们开展在线零售业务的电子商务软件解决方案持怀疑的态度。他们会说："我们不是在20世纪90年代就搞定电

11
选址很重要

子商务了吗？"或者"我们不是在 21 世纪初就发现电子商务不可行了吗？"托比理解这些人犹豫的原因。毕竟，"电子商务与网络公司的出现和崩溃有着千丝万缕的联系"。就在他骑车进城①，试图筹集资金的时候，另一个巨大的泡沫刚刚破灭。

那些持怀疑态度的风险投资者看不到的是，他们在 21 世纪初对电子商务所做的评价并不完全正确。电子商务只是尚未成功而已。"2001 年，网上商店的数量比愿意在网上使用信用卡的人还要多。"托比解释说，"不是风险投资者的想法不对，而是时机尚未成熟。"技术也是如此。购物者和商家都严重缺乏电子商务方面的经验。这就是托比在着手创建后来成为独立站的解决方案时想要解决的问题，不过他最初是想为 2004 年在岳父岳母车库里创办的一家名为雪魔（Snowdevil）的在线滑雪板企业设计店铺页面软件。

当时的电子商务网站基本上只是将以前的零售产品目录放到网上而已。一个静态的产品网格可能长达数十页。即便有搜索功能，也是非常初级的。图像质量很差，而且付款极不方便。"我们感兴趣的不是创建这种毫无特色的产品网格，"托比说，"而是讲故事——用优秀的故事来包装人们感兴趣的产品。这很容易，尤其是讲关于信用卡的故事。"

经过四年的完善，托比随后将核心业务从滑雪板转向软件，独立站便诞生了。令托比感到惊讶的是，尽管最初持怀疑的态度，但还是有不少风投公司签了投资意向书。有一些风投公司甚至是今天

---

① 托比是真的骑车进城。在为期两周的硅谷之行中，他买了一辆自行车，骑着这辆车参加了所有的会议。

的创业者梦寐以求的（红杉资本就是其中之一）。但是每笔交易都有附加条件。"所有投资的前提都是必须将公司迁到硅谷。"托比说。

他不可能因为完全与生意无关的原因而答应迁址这件事。"我从根本上怀疑正统观念。"托比说。几年前他决定从头开始构建电子商务软件，然后放弃 Java，改用 Ruby on Rails 作为编程语言的做法就证明了这一点。"我不太理会那些对我指手画脚的人，"托比在谈到自己接到的各种风投邀约时说道，"所以我很努力地想出了一个不用迁址的方法。"

鉴于一年中大约有六个月的时间渥太华都算不上一个有趣且宜居的城市，他不迁址的想法令人诧异。招募关键人才前往渥太华工作的难度大过请他们前往硅谷的难度，因为在加拿大漫长、难熬并且历时六个月的秋冬两季，硅谷的日均气温要比渥太华整整高出 30 华氏度。

但在托比看来，渥太华具有很多优势。几年前，他从德国搬到加拿大首府渥太华，与女友（现在的妻子）菲奥娜·麦基恩（Fiona McKean）一起生活，她的理想是成为一名加拿大外交官。他们与她的父母一起生活了十年，租金分文未付（创业成功后也是如此）。他从一位名叫约翰·菲利普斯（John Phillips）的天使投资人那里拿到了 40 万美元，而菲利普斯的父母正好住在渥太华。除此之外，托比认为，渥太华在知识型人才方面的实力堪比其他人才强市。毕竟，这里汇聚了加拿大最优秀、最聪明的人，他们来到这里投身政府工作。不能仅仅因为他遇到的大多数风投公司不知道渥太华在哪里，就认定渥太华是一个落后的地方。

11
选址很重要

在拒绝接受风投公司的要求时，托比还有另一个优势：其实他并不想要它们的钱。尽管独立站最后发展成为价值数十亿美元的后端巨头，但是他对这种扩张不是很感兴趣。因此，能够拿到风投的资金固然不错，但在 2008 年的那个时候，这笔钱可有可无。

"我觉得从某种程度上来说，企业的目的确实是赚钱，但可持续发展也是一个目标。"他说，"这正是我所希望的，我的目的是建立一家世界上最优秀的 20 人公司。"

事实上，托比之所以要见这些风投公司，是因为在联合创始人斯科特·雷克（Scott Lake）看来，即使公司只有 20 人，这个数字也太大了。在此之前，斯科特一直在履行这家初创公司首席执行官的许多职能并决定辞职去做其他事情。"有趣的是，最终他意识到他比我更喜欢小型公司。"托比说，"我想他也意识到软件行业的发展方向，大部分首席执行官其实都是创始团队中技术水平很高的一员。"斯科特不是技术人员，他负责处理业务、销售以及公关。而托比首先是一位程序员，他说："我想玩技术，这是我擅长的，符合我的身份。"现在回想起来，他非常适合经营一家软件公司，但是 2008 年的时候，他对此兴趣索然，这也是他最终来到硅谷找风投公司的原因。有人告诉他，如果能够找到一家优秀的风投公司来投资他的公司，只要需要，风投公司就可以帮他找到合适的首席执行官，因为风投公司通常人脉很广。

托比认为自己需要一位优秀的首席执行官。在一次旅行中，他在酒席上见到了几位值得考虑的候选人，这要归功于几家最终签署了投资意向书的风投公司的引荐。但是没有一个人（或是一份意向书)能够说服托比把公司从白雪皑皑的加拿大东部搬到阳光明媚的美国西海岸。

虽然没有证据,但我认为,也许正是托比的固执才帮助独立站避开了那些投资意向书中提出的搬迁条款。渥太华给了托比足够的空间,让他能够如自己希望的那般,在打造软件的过程中尽情发挥自己的创造力。现在,这款软件已经为超过 82 万家商户提供支持,这些商户在 175 个国家销售了价值超过 1 000 亿美元的商品和服务。如果 2008 年托比接受了某笔投资并同意搬迁,很有可能硅谷的机构传承(由于电子商务在互联网崩溃中起到了重要作用,硅谷因创伤后应激障碍而对其避之不及)早已将托比计划中的棱角磨平,并把他的软件强行塑造成不那么有活力的模样。我不是在诋毁公司迁址或是迁到硅谷这件事,而是说,试图以一种全新的方式重塑一些东西的本质就是如此,总会遇到阻力,金钱和记忆的引力总会把你拉向熟悉的事物。因此,如果在你看来,你要去的地方更好,就必须拒绝这股引力。

不过,有时候你需要向这股引力屈服,任由它把你拉往另一个方向,拉往一个不同的地方,拉往里德·霍夫曼所说的"风口浪尖"。与托比·卢克不同,卡特里娜·莱克(Katrina Lake)就搬到了硅谷。搬迁发生在 2011 年初。在此之前的两年里,卡特里娜一直住在波士顿并在哈佛商学院就读。她不仅即将获得工商管理硕士学位,还将真正创办一家企业。公司最初叫 Rack Habit,企业创立后不久,卡特里娜就把它改成了 Stitch Fix,因为正如她告诉我

11
选址很重要

的那样,"很明显,若不改名字诺德斯特龙(Nordstrom)① 可能会起诉我们"。

Stitch Fix 的想法相当简单。每月支付 20 美元,你就能收到一个装着五件衣服的盒子,这些衣服是造型师根据你在注册时填写的个性化调查问卷为你精心挑选的。如果你决定留下这五件衣服,就能享受折扣价,而这 20 美元的"造型费"可以用来抵扣总货款。如果你一件都不喜欢,只需把盒子寄回去,支付每月 20 美元的费用就可以了。

卡特里娜意识到,在"越来越多的资金正在流向网店"的同时,"零售业中的个性化特征正在大规模消失",如果说这种组合因素对哪个类别的产品不起作用的话,那就是服装。于是,她想到了这个点子。购买服装是"极其个性化,具有极其细微的差别,并且超级情绪化"的体验。因此,她的目标是帮助在线服装购物再现个性化——"提供服装方面的个性化体验,利用数据和技术使其具备可扩展性并有更优异的表现"。

等到真正建立起 Stitch Fix 并且开始运营的时候,卡特里娜才发现波士顿并不适合开展这类业务。作为一家服装公司,它显然应该开在纽约,那里是美国的时尚中心。关于公司的最初想法将她带到了纽约。但是随着 2011 年春天的临近,她的想法发生了改变。"我意识到,我们不一定非得去纽约。很多品牌在洛杉矶,很多公司在湾区。"她还意识到,也许 Stitch Fix 实际上并不是一家服装公司,而是一家科技公司。

---

① 诺德斯特龙的奥特莱斯专营店叫诺德斯特龙折扣店(Nordstrom Rack)。

虽然 Stitch Fix 销售的产品的确是衣服，支撑公司运转的关键却是技术，而在 2011 年，全美只有一个地方聚集了可以帮助卡特里娜迅速扩大规模的技术人才，就是硅谷。几乎在一夜之间，引力发生了变化。"人才就在这里。"她说，"我们需要很多很多数据科学家和工程师，如果我们想实现利用技术来提供服务的愿景，其他地方很难满足我们的要求。"

几年后，多宝箱（Dropbox）首席执行官德鲁·休斯顿（Drew Houston）在母校麻省理工学院的毕业典礼上发表了毕业演讲。和卡特里娜一样，德鲁在波士顿上学期间就提出了自己的想法并创立了公司，后来又搬到旧金山开展业务。德鲁在演讲中谈到为了事业将企业迁址的想法，呼应了里德·霍夫曼对所指导的企业家的建议。

"你住在哪里很重要。"德鲁在演讲中说道，"无论你身处哪个行业，顶尖人才聚集的地方通常只有一处，你应该去那里。不要考虑其他因素，如果人才聚集在其他地方，就搬去那里。"

不难想象，正是出于这个原因，自千禧年以来，成千上万的人从世界各地前往硅谷创业。2010 年，生鲜杂货代购平台 Instacart 的创始人阿普瓦·梅塔（Apoorva Mehta）辞去亚马逊的工作后也是这样做的。"随着我阅读的关于创业的书籍逐渐增多，我发现这些多产的企业家和投资人有一个共同点，那就是他们都在硅谷。"他说，"对我来说，就像是，如果你是一名足球运动员，你最好去巴西；如果你是一名演员，你最好去好莱坞。所以，为什么不搬去旧金山呢？"

11
选址很重要

当然，这种现象早已有之，而且不仅限于硅谷。这也是 1983 年简·沃万绕了半个地球，从南非的开普敦搬到洛杉矶（这是唯一一个护肤沙龙聚集的地方），进入护肤品行业的原因。这也是六年前大名鼎鼎的杂志出版商詹恩·温纳（Jann Wenner）离开旧金山，并将《滚石》杂志业务全都转移到纽约的原因。"这是明智之举。"他告诉我，"如果你想得到所有的人才资源，那么去纽约，那里是行业中心所在地。"

然而，在某些情况下，你可能不想去行业中心所在地。本·科恩与杰瑞·格林菲尔德将店开在了佛蒙特州伯灵顿市，因为用本的话来说，"那里没有多少冰激凌店"。才华横溢的作曲家和制作人安东尼奥·里德（Antonio "L.A." Reid）与"娃娃脸"肯尼·埃德蒙兹（Kenny "Babyface" Edmonds）于 1989 年在洛杉矶组建了 LaFace Records 唱片公司，后来由于他们当时并不完全理解的原因离开洛杉矶，但是当他们在佐治亚州亚特兰大市挂出招牌之后，这个原因突然变得异常清晰。"我们通过试镜来寻找人才。"里德谈起初到亚特兰大时的日子说道，"没过多久，人才便接踵而至，因为我们是那里唯一的一家唱片公司。"

将近 20 年后，萨迪·林肯（Sadie Lincoln）也离开了加州，只不过她选择北上，去了俄勒冈州的波特兰市，创办了一家名为 Barre3 的健身房，主要教授芭蕾把杆训练和脱胎自芭蕾舞的等距运动。如今，把杆健身已经非常流行。包括 Barre3 在内，许多受欢迎的健身品牌在全球的大中城市开设了数千家健身房。但在 2007 年，当萨迪和她的丈夫克里斯（Chris）以及两个年幼的孩子搬家时，波特兰尚未掀起把杆健身的热潮。和很多潮流以及精品健身理念一样，比如瑜伽、普拉提、动感单车、高强度间歇训练，把杆健身集中在沿海大城市，比如纽约以及萨迪工作的旧金山等。基于对相当同质化的客户群的期望，这些地方的健身体验开始变得标准化。波特兰为萨迪提供了一种新的健身受众类型与一片净土。

"搬到波特兰是一个明智的决定，因为我们周围没有人练习把杆。"萨迪说，"我喜欢芭蕾把杆，喜欢等距运动，喜欢小运动与音乐。我们脱离健身、瑜伽、传统的芭蕾训练，决定用全新的眼光去看待芭蕾把杆训练。"

萨迪希望将把杆训练重塑为更全面、更自主的东西，这与当时纽约和洛杉矶的把杆训练品牌想要将训练系统化的倾向背道而驰。"我想创办一家健身房，而不是寻找一种'答案'或方法论，我只想提供一种健身体验。"她说，"课程开始时，所有教练都会说：'欢迎来到 Barre3。你完全可以做一些与我所说的内容不一样的事情。你唯一的任务就是倾听，不是听我说，而是要倾听你自己的身体。我是你的向导。在这里，我会给你提供一个平台。我们会听着音乐训练。我会告诉你如何调整你的身体。然后，我希望由你来掌握训练的主动权。'"

在与萨迪交谈的过程中，你能够感觉到，只有在波特兰，像她这样的尝试才能生根发芽，然后发展壮大，直至在全美范围内出现"140 多家由女性企业家开设的特许健身房"。事实上，这也是我从本章介绍的每一位创始人那里得到的关于地理位置在其企业发展过程中所起到的重要作用的感受："只在 _____。"

11
选址很重要

也就是说,只有在渥太华,没有硅谷的质疑者插手托比·卢克的软件,独立站才能成为独立站。只有在湾区,Stitch Fix 才能找到自己作为一家科技企业的立足点,完成重新赋予在线服装销售个性化的使命。也只有在比弗利山庄、纽约、伯灵顿、亚特兰大或波特兰,那些令人惊叹的企业才能实现它们所寻求的发展。

无论实际情况是否如此,在这些创始人的心目中都有一个可以让他们启动并发展事业的理想之所。恰好有三种不同的方式可以到达那里:有些人为了进入特定行业不得不搬家;有些人不得不搬家以摆脱特定行业;有些人正好就身处行业所在之地。你的工作就是要弄清楚你的企业属于哪个阵营。

12

吸引注意（一）：制造话题

舒洁（Kleenex）、谷歌、可口可乐、施乐、邦迪、冰棍（Popsicle）、俏唇（Chap-Stick）、摩托艇（Jet Ski）、脱脂棉签（Q-tips）、思高胶带（Scotch）、便利贴（Post-it），这些经典品牌无处不在，因此常常被用于指代同类产品，有时甚至可以当作动词来用。如果要擤鼻涕，你会抓起一张舒洁而不是一张纸巾。如果要查找一个地址，你会用谷歌进行搜索。如果觉得嘴唇干燥，你会涂上俏唇而不是润唇膏。这些经典品牌已经成为我们日常生活的一部分，以至于很多人根本没有意识到它们其实是品牌的名字。我们不可避免地会忘记，在过去的某个时刻，有人创造了这些东西。

事实上，任何品牌都能在全球范围内达到这种具有传奇色彩的地位，这其实是一个奇迹般的壮举。一个品牌能够生存下来，本身就是一个小小的奇迹。想听一些疯狂的数据吗？每年，美国大约有85万家新企业成立。其中，80%的企业能够撑过一年，它们大多数是无雇主企业，这意味着整个企业只有一个人，他们在众所周知的车库里努力实现自己的梦想。

12
吸引注意（一）：制造话题

如果继续深入探讨，单看移动应用等单一业务类别，这个数字就更疯狂了。目前五大应用商店中有超过 500 万款应用可供下载。2018 年，这些应用的下载次数达到近 2 000 亿次，实现了 3 650 亿美元的收入。2019 年，仅 iOS 应用商店每天就有超过 1 000 款新应用上架。

接下来说的是一个好消息。移动应用已经成为一个蓬勃发展的市场的一部分，在中国、印度和巴西等国家，其巨大的潜力仍有待挖掘。而在一般业务领域，人们依然对新事物怀有浓厚的兴趣。对于那些有勇气向世界展示自己想法的人来说，市场不断为他们敞开大门，提供空间。说得直接一些，就是还有足够的机会。

不太好的消息是，每年有近 80 万家企业关门大吉。尽管 80% 的新企业都能撑过创业的第一年，但是到了第五、第六年，企业存活的概率只剩下 50%，和掷硬币出现正面朝上的概率差不多。应用市场呢？它受制于幂律法则，在这条陡峭的曲线面前，旧金山的街道看起来就像是缓坡（最大的应用大多是在这里开发出来的）。[①] 例如，排名前五的应用占用户移动设备应用程序使用总时间的 85%。这意味着剩下的 500 多万款应用都在争夺用户剩余 15% 的时间。这可不是什么好事。

不过，我所了解到的是，幂曲线顶端应用和底端应用之间的差异——或者说，能够挺过五年生存期的企业与那些只能存活一年的企业之间的差异——与想法的质量、创业者的激情，甚至市场的规

---

① 旧金山是一座山城，那里的街道几乎都是笔直延伸的，而不是盘旋而上的。因此，有的街道十分陡峭，最大坡度甚至到达了 37 度。——译者

模没有多大关系。

一家新企业能否成功往往取决于其获得关注的能力——具体来说，就是制造话题、打造口碑的能力。虽然这两个概念经常互换使用，但我认为它们是不同的，如果创始人想有效地吸引客户的注意力，发展业务，就应该区别对待。

第一步是制造话题，原因不言自明。[①] 其目的是让人们谈论你的产品；让人们普遍意识到市场上有这样一家公司，正在做一些很酷、很有趣或是很新颖（或是以上几点兼而有之）的东西。

但是，不言自明并不代表容易或简单。事实上，很多公司都不擅长制造话题，因为从本质上来说，它们所在的行业并不具备特别令人兴奋的特质。这也是美则的创始人必须克服的最大障碍之一，只有这样，他们才能实现突破。我的意思是，怎样才能让人们对肥皂产生浓厚的兴趣？埃里克·瑞安也承认，之所以把所有研究结果都藏在床底下，是因为他们打算进军一个"人们不怎么感兴趣，而且觉得十分无聊"的行业，就连他自己都觉得有点傻。撇开枯燥不谈，制造话题的妙处——也是我认为它是获得关注的第一步的原因——在于你往往可以先制造话题，再推出业务，在人们有机会决定是否购买你的产品之前就开始制造话题。

好莱坞就非常擅长通过这种方式来制造话题。如果一家电影制片厂想要支持一部电影，吸引公众注意力的最佳操作就是制造话题。例如，限制级公路喜剧《宿醉》（The Hangover）就是2009年春季最受关注的电影之一。影片上映前的几个月里，华纳兄弟将主角

[①] 第二步，打造口碑，是下一章的主题。

12
吸引注意（一）：制造话题

们的搞笑照片贴满了美国所有城市的广告牌和公交站牌——最为知名的就是剧中头发蓬乱、满脸迷茫，还掉了一颗门牙的艾德·赫尔姆斯（Ed Helms）和戴着墨镜、用婴儿背带背着婴儿的扎克·加利费安纳基斯（Zach Galifianakis）。之后，又陆续推出了一系列预告片，每一部都有越来越多不可思议的疯狂行为，拳王迈克·泰森（Mike Tyson）与一只宠物老虎同时出现在拉斯维加斯一家被毁的酒店房间内的场景则将一切推向了高潮。

待到6月2日影片首映的时候，每一个人都在谈论《宿醉》，很多人在影片上映的第一周就走进了影院。上映后的第一周和第二周，《宿醉》稳居票房冠军的宝座。仅一周，票房就超过了7 000万美元。这部影片连续上映了六个月，对于一部喜剧片来说，这几乎是绝无仅有的。这一切都建立在电影公司通过海啸式的大规模付费广告所制造的话题之上，而随着电影的口碑越来越好，这种声势只会越来越大。

大多数初创公司显然不可能像华纳兄弟那样砸这么大一笔资金，但是制造话题所涉及的原则是一样的。我们只需要换一种战术就可以了。事实上，仅仅一年以后，照片墙（Instagram）的创始人凯文·斯特罗姆（Kevin Systrom）和迈克·克里格（Mike Krieger）就想到一个办法，让人们在这款照片分享应用正式上市之前就开始热议它——不是通过公共广告牌，而是通过私人邀请。

"在苹果商店上架之前，我们邀请了100位用户试用照片墙。"迈克·克里格解释说，"直觉告诉我们，如果你想开派对，发布一款应用的真正意义就和开派对差不多，你希望人们能够了解他们应该怎么做，还有谁会参加派对，所以我们必须想清楚怎样利用这 100 位试用用户。"从本质上来说，必须确定谁最适合与世界分享他对于这款新的照片分享应用的感受。

他们决定向两个群体发送邀请函：记者和设计师。记者绝对是不二人选，对吧？他们的平台可以覆盖成千上万的人，甚至是数百万人。但是为什么选择设计师呢？选择摄影师不是更有意义吗？迈克觉得并非如此。"我们认为摄影师可能不会立即喜欢上这款应用，因为如果其他条件受到限制，他们会希望照片有超高的分辨率。"他说，"而设计师喜欢摄影，但摄影又不是他们的主要工作。"总的来说，专业摄影师往往看不上普通人拍的照片，而照片墙的目的就是展现普通人拍摄优秀照片的能力。在这里，设计师也可以假装自己就是摄影师。

前几年，凯文和迈克在推出他们的第一个想法——一款名为 Burbn 的签到应用时认识了一批湾区的记者。他们打算利用这些人脉。然后，为了寻找设计师，他们浏览了一个叫 Dribbble 的网站。"设计师通常会在那里展示他们最优秀的作品。"迈克说，"于是，我们挑选了十位顶级设计师，给他们发送了邮件。有些人没有理会我们，这很正常，但也有些人回信说，'我肯定会试试你的应用程序。'"

事实证明，记者和设计师是传播有关照片墙的信息的最佳组合。一方面，凯文和迈克可以利用在科技领域拥有一定权威的记者的受众。另一方面，设计师拥有一群高素质的用户，这些用户以自己的方式，通过自己的图片向世界展示这款应用。

12
吸引注意（一）：制造话题

"这很棒，因为从你使用照片墙的第一天起，就能看到我们展示的一个页面，上面是整个社区最受欢迎的照片。"迈克在谈到最早一批用户看到设计师发布的照片时这样说道，"他们就会问，'哇，你是用手机拍的吗？'"

市场的反应立竿见影。"前24小时，就有2.5万名来自全球各地的用户注册了账号。"凯文说。此后不久，他们以大约3 000万美元的估值获得了800万美元的融资。一年之内，注册用户达到1 000万，想要帮助他们进一步发展的投资人几乎踏破公司的门槛。

事实上，邀请设计师和记者，凯文和迈克所做的就是展示和讲述。设计师向人们展示了他们可以用手机完成一些非常神奇的事情，而记者告诉潜在用户这个东西到底是什么。这是展示和讲述的完美结合，我认为这就是制造话题，从而脱颖而出的秘诀——无论你的产品是应用程序还是消费品，是服装系列还是实体零售店。简而言之，你需要向人们展示你所拥有的东西，你需要告诉人们它是什么。

根据你的人脉和资源，你接触一个群体的机会比另一个群体——示范者或讲解者，展示者或讲述者——更多。即便如此，你接触到他们的机会也可能是有限的。但幸运的是，并不总是需要公众有高涨的热情才能成功创造话题。有时，你只需要找对地点，找对人。

对于前海豹突击队队员、TRX悬吊训练系统的创造者兰迪·赫特里克来说，这个地点就是在圣迭戈举行的IDEA世界健身大会，而这个人就是日后入选美国职业橄榄球名人堂的四分卫德鲁·布里斯（Drew Brees）。

每年，IDEA 世界健身大会都能吸引来自世界各地的一万多名健康和健身行业的专业人士。2006 年，兰迪带着几十条考杜拉尼龙训练带参加了 IDEA 世界健身大会。这些训练带是他跟随海豹突击队在海外服役时开发的，后来在他就读斯坦福商学院的那几年里孵化成了一家初创企业。兰迪在会场搭建了一个 10 英尺乘 10 英尺的展位，组装并固定了一扇假门，并在上面挂上他的 TRX 悬吊训练带。在接下来的三天时间里，他为每一位在展位前驻足的私人教练和健身房老板示范如何使用并提供指导。

"这是一个重要的时刻。"兰迪解释说，"因为这些教练持怀疑态度，如果他们认为这是一种很棒的健身方法，那就万事大吉。现在，我找对路子了。"然而，如果他们不喜欢，如果他们认为这种方法很愚蠢、很危险或者没有效果，那么兰迪的想法反而会给他自己挖个坑，很可能会毁掉他从第一次提出 TRX 这个想法以来试图建立的一切。

这就是话题的棘手之处，有好有坏。有的可以将你捧上云端，有的可以让你坠入深渊。这就是演示和解释如此重要的原因，尤其是在兰迪这样的情况下。想象一下，如果他仅仅试图用语言向别人解释 TRX 系统会出现怎样的情况。该系统由两条结实的可调节尼龙带组成，末端配有把手，可以挂在门框或横杆上，用来完成各种自重训练——引体向上、俯卧撑、臂屈伸、划船、平板支撑。如果你足够幸运，拥有大多数人所没有的能力，才可以想象出兰迪所描述的东西，然而这一切可能听起来好得不够真实。

但是，如果你能够看到这些训练带，能够看到兰迪一边解释用法,一边亲自演示,情况就完全不一样了。或者说,至少对于在 2006 年的 IDEA 世界健身大会上刚刚接触这种训练体系的健身专业人士来说是这样的。

第一天结束的时候,兰迪的 TRX 训练带就销售一空。当天晚上,他打电话回公司,让助手把他们位于湾区的店里所有的存货全都运到他下榻的酒店。展会第二天,人们对 TRX 的兴趣越来越浓厚,兰迪向那些在会场上听说了这款产品的教练打了白条。他们都是来看训练带的实际使用情况的,而且全都迫不及待地预订了训练带。"可以说,我是在卖纸质期货。"兰迪回忆道,"谢天谢地,第三天的时候,货到了。人们可以用白条来换训练带。"

不久之后,可能是由于在展会上声名大噪,一些著名私人教练开始介绍兰迪,TRX 进入一些运动员的视野。其中最为知名的便是德鲁·布里斯。他的投掷臂受伤,这对他的职业生涯构成了威胁。这场伤病也确实结束了他与自己的第一支职业球队圣迭戈闪电队(Chargers)的合作,当时球队试图以自由球员的方式低价与他签订合约。

"当时他正在做康复训练,他爱上了悬吊训练带。"兰迪说。2006 年春,布里斯与新奥尔良圣徒队(New Orleans Saints)签约并联系了兰迪。"他说:'嘿,兰迪,给我半打这玩意儿,我要把它们也带过去。看看能不能让圣徒队的球员们也开始这种训练。'"

这是一个惊人的表态。对于兰迪和 TRX 来说,当《体育画报》(*Sports Illustrated*)决定为布里斯的复出推出一个专题报道时,真正的机会来了。"布里斯要求杂志刊登自己利用悬吊训练带训练的照片。"兰迪说,"突然之间,所有阅读了《体育画报》的肌力与体能教练和运动员都开始关注这款疯狂的训练带,心想'也许我们也应该买一副试试'。"

到了 2007 年,对于 TRX 的议论已经从海豹突击队训练室延伸到斯坦福商学院的教室,到世界上最大的健身博览会之一的会场,再到美国最重要的体育刊物。此时,兰迪关注的重点不再是如何获得关注,而是如何满足需求。

这才是我们追求的目标吧?不只是获得关注而已。制造话题的目的是将获得的热度转化为产品需求,从而提高销量。主流媒体和社交媒体都是这一转变过程中的重要组成部分。兰迪·赫特里克与照片墙的创始人显然是依靠媒体渠道让世人了解他们的产品,我们目前遇到的很多创业者也是如此。丽莎·普莱斯借助《奥普拉脱口秀》进行宣传。戴蒙德·约翰及其合伙人登上了拉尔夫·麦克丹尼尔斯的《视频音乐盒子》节目。2008 年民主党全国代表大会期间,爱彼迎的创始人接受了 CNN 的采访。

即使是加里·埃里克森,也曾在 20 世纪 90 年代初利用传统媒体为自己的克里夫能量棒创造话题,尽管这种颠覆传统的方式几乎适得其反。他在自行车杂志上刊登广告,向当时市场上唯一的对手动力棒发起挑战。"标题是'你的身体,你说了算'。"他说。广告询问读者,他们喜欢包含精制成分还是全成分的能量棒,还配上了两组成分的对比图片。"我们立即遭到了起诉。"加里说,"但这在自行车行业制造了话题,人们开始谈论:'嘿,你听说过克里夫能量棒吗?'"

12
吸引注意（一）：制造话题

在我接触过的企业家中，有那么一位真正懂得如何利用各种形式的媒体来制造话题、推动需求、带动销售的企业家，这个人就是詹·卢比奥。创立 Away 之前，她是在线眼镜电商瓦尔比派克的首任社交媒体主管。在她离职的时候，公司所有的社交媒体业务都由她运营。2011 年，她在公司的推特、脸书、汤博乐（Tumblr）与照片墙账户上回复每一条消息，无论是正面信息还是负面信息（她入职的时候，这家网站刚刚上线），努力营造出一种持续对话的感觉，并创建一个不断发展且充满活力的社区。顾客订购五款镜架中的一种，就可以参与瓦尔比派克推出的家庭试戴计划，上传佩戴镜架的照片。詹会把这些照片转发到公司的官方汤博乐和脸书页面上，鼓励人们为自己最喜欢的照片投票。"我们基本上众包了人们应该购买的镜架。"她回忆道，"我们建立了一个极其忠诚、参与度很高并且一直在发展壮大的社区。"

詹已经找到一种将社交媒体上的热度转化为在线订单的方法。她也目睹了企业在获得传统媒体关注后可能发生的事情。加入公司几个月前——事实上，当时瓦尔比派克尚未成立——创始人就聘请了一家公关公司为公司网站的推出制造一些新闻。创始人瞄准了《时尚》(*Vogue*) 和《智族》(*GQ*)。"我们真的很想登上这些顶级杂志，这是一种认可。"瓦尔比派克联合创始人戴夫·吉尔博（Dave Gilboa）说，"但我们其实是把它们作为独家发布合作伙伴来推介的。"他们的推介奏效了。在电商网站上线之前，《智族》就刊登了一篇文章，将瓦尔比派克比作眼镜界的网飞（Netflix）。结果，他们卖出了几万副镜架。"在四周内，我们最畅销的款式销售一空，还有两万名顾客在排队等待。"戴夫说。

不过，詹·卢比奥从那次经历中学到了"没有人在乎一个品牌对它自身的评价"，几年后，她将这条经验运用到自己的创业之中。从朋友和家人那里筹得第一轮资金后，詹与合伙人斯蒂芬·科瑞原本可以将没有投入打样的资金全都投到广告和营销之中，但是，她们借鉴了瓦尔比派克的做法，聘请了一家公关公司。

"我们知道，如果想要脱颖而出，一件重要的事情就是让人们信任的其他渠道替我们讲述我们的故事，无论那是媒体还是有影响力的个人。"詹解释道。这也是她们在推出产品前所采取的指导策略，即试图登上《智族》和《时尚》等知名杂志的节日礼品购买指南。然而，这一策略因起步太晚而未能奏效，因为这些杂志已经列好了礼品推荐清单，而她们的行李箱要等到第二年 2 月才能上市。詹和斯蒂芬受到启发，创作了一本以旅行为主题的书。这本书以亮光纸四色印刷，可以摆放在茶几上，书中介绍了 40 位美食家具有异域风情的故事和照片。这本书只印刷了 2 000 册（这也是 Away 生产的第一批行李箱的数量），定价 225 美元（Away 第一款行李箱的零售价）。每一本书本质上都是一张可以免费兑换一只 Away 行李箱的优惠券。

"几大箱子书送来的时候，"詹回忆道，"我和斯蒂芬面面相觑，我们都觉得，'要么我们想到的是个好主意，要么这些书就在办公室里积灰。'"

出版一本昂贵的旅行书，以此来吸引人们关注一家销售行李箱的公司，这显然是一场赌博，但是这种做法建立在制造话题的明智策略之上。"邀请品鉴者撰文,或是通过公关公司联系编辑,或是给社交媒体上颇具影响力的人士发消息,请他们发布关于我们的消息。"詹说,"从一开始,我们就努力让别人谈论我们,这样我们就不必过多谈论自己了。"

她们赌赢了。2015年11月9日,詹和斯蒂芬一觉醒来,发现《时尚》的网站上发表了一篇介绍一个名为Away的新旅游品牌的专题报道。那天结束时,有多家媒体转载了这篇文章,詹和斯蒂芬卖出了数百本售价225美元的旅行书。几周之内,2 000册图书销售一空,这意味着她们的第一批行李箱也全部售罄。在传统媒体、社交媒体、品鉴者与创始人私人人脉共同制造的话题之下,Away获得了将近50万美元的收入。

有趣的是,当兰迪·赫特里克告诉我,德鲁·布里斯在《体育画报》上展示了他的TRX训练带时,我能感觉到一种发自肺腑的宽慰感涌上了他的心头,即便这件事已经过去了很多年。这让我更加深刻地体会到,对于一个怀有新想法的人来说,要想找到一席之地是多么困难。他在接下来的谈话中阐述了这种感受:"你也知道,对于一个刚开始创业的人来说,尤其是准备推出一款前所未有的产品的人来说,最大的挑战就是籍籍无名,创业者试图摆脱这种状态,进入人们的视线。"

这让我想到了那个古老的哲学思想实验:如果一棵树在森林里倒下,没有人听见它倒下时所发出的声音,那么,它在倒下时真的发出声音了吗?

我觉得商业中也存在类似的情况:如果一家公司开门营业,却没有人听到相关消息，那么，这家公司真的存在吗？还是说，它只是未能熬过一年便已关门大吉，你只能从联邦劳工统计局报告的一张表格中推断它是曾经存在过的那 17 万家新企业中的一家？

我相信，答案一定是：当然存在！如果你在试图建造属于自己的飞机时跃下创业之崖，你就应该为人所知。但是作为那架飞机的建造者，让飞机的引擎能够发出声响，从而吸引人们的注意也是你的工作。

你的工作是确保开门的声音能够越过门前的台阶，传到足够远的地方，让潜在的顾客听到。你的工作是让人们关注你打算推向市场的产品或服务。

通常，这并不是一件容易的事，你需要各种媒体的帮助，因为就像詹·卢比奥所说的，没人想听你谈论你自己。但寻求媒体帮助是可行的，尤其是当你能够在许多潜在客户中制造话题，同时在理想客户中打造口碑的时候。

13

吸引注意（二）：打造口碑

2012年，在社交网络平台、智能手机和大数据的爆炸式增长中，统计学家内特·西尔弗（Nate Silver）出版了一本名为《信号与噪声》(*The Signal and the Noise*) 的著作，书中论述了作出准确预测的难度。在那之前，"信噪比"主要是科学家和工程师用来描述所需信息与其周围环境关系的对比的术语。然而，这本书大获成功之后，这个短语就成了普通人谈论交流、价值及相关性等问题的便捷且简略的表达方式。换句话说，面对海量信息，我们究竟应该听取哪些信息？哪些信息值得我们记住？哪些信息真正重要或可靠？

在茫茫的噪声中，信号在哪里，信号又是什么？

几乎每一位创始人都需要解决这个问题。如何才能在无穷无尽的日常琐事中杀出一条路来？如何才能从竞争中脱颖而出？如何才能让消费者关注你和你的产品？如何才能从噪声中突围，成为信号？

正如我们在第 12 章中所看到的那样，制造话题是朝着这个方向——微调频率、放大声音——迈出的重要的一大步，却不是唯一的一步。还有一个可以说更为重要的步骤，那就是打造口碑。

制造话题是利用特定的关系（与品鉴者、媒体人的关系）和资源（别人的钱、专业知识），让你的名字出现在尽可能多的人面前。它与广告牌、博文、播客采访以及名人的宣传有关。它要创造出投资者兼畅销书作家蒂姆·费里斯（Tim Ferriss）所说的"环绕立体声效果"。制造话题让你感觉自己无处不在，而实际上你只是在核心客户会去的几个地方扬名。2011年，蒂姆在一家名为ZURB的产品设计公司总部演讲时，在问答环节告诉观众："我会营造一种感觉，从某种程度上来说也是一种现实，那就是我如影随形，无处不在。蒂姆·费里斯无处不在。其实，我只出现在了科技博客TechCrunch、Gizmodo和Mashable上，不过这没关系。"

打造口碑就是要把刚刚通过制造话题获得的知名度转化为销量，将产品送到人们手中，这样他们就可以向所有朋友安利这款产品。我们就是依靠这种方式推动了"我的创业历程"播客不断发展，成为一个每周收听人数近300万的节目。我们的听众会将节目推荐给他们的朋友。顺便说一句，我们鼓励他们这样做！因为口碑不是广告牌，也不是文章或采访，而是对话，是交谈，是一个朋友给另一个朋友发的短信，告诉他们"你得试试这个"。

"简简单单的一句话却隐藏着一种力量……就像'芝麻开门'一样。"里德·霍夫曼在其主持的播客"规模大师"（Masters of Scale）的一期名为"为什么你只需要得到顾客的爱就够了"的节目

13
吸引注意（二）：打造口碑

中说道，"从长远来看，世界上所有的金钱和营销技巧都无法维持一款成功产品的长期增长。你需要的不仅仅是顾客的关注，你需要的是他们不懈的投入。"

的确，制造话题与打造口碑之间的区别是向品牌意识迈出一大步与随后实现客户获取和长期圈粉的量变式飞跃之间的区别。

还记得第 12 章中提到的《宿醉》吗？它几乎完全依靠早期的制造话题，在第一个周末就取得了 4 500 万美元的票房。但是推动这部电影最终走向成功的，是观众从第一个周末开始便掀起的个人代言浪潮。朋友告诉朋友，这些朋友又告诉更多的朋友。他们结伴去影院，往往会去很多次。《宿醉》首周票房达到 7 000 万美元，连续两周登顶票房冠军，随后连续上映了六个月，仅在美国就获得了超过 2.75 亿美元的票房。对于现代喜剧片来说，这是闻所未闻的纪录。

就在《宿醉》上映之前的两年，马克·扎克伯格在宣布脸书推出的以用户为中心的新广告计划时，就曾告诉参加发布会的科技记者和广告商："没有什么比来自值得信赖的朋友的推荐更能影响人们的选择了。"

《宿醉》系列电影在接下来几年里的表现证明扎克伯格是正确的。它培养了一批忠实的粉丝，因此该系列的前两部电影均跻身史上票房最高的十部限制级影片之列，两部电影的全球票房均超过 10 亿美元。

"圣杯就是一种口口相传的可信推荐。"扎克伯格在描述什么才是口碑营销的真正内核时说道。

创业历程
HOW I BUILT THIS

只要和一位得益于这种传播的创始人,一个举起圣杯啜饮的人,一个像杰瑞·穆雷尔(Jerry Murrell)这样的人交谈过,你就会明白口碑的价值和力量。1986年,杰瑞决定和妻子及四个孩子在弗吉尼亚州的阿灵顿开一家名为"五兄弟"(Five Guys)的汉堡包店。

如今,五兄弟已经成为全美最受喜爱的快餐连锁品牌之一,在全球拥有超过1 500家门店。要知道,它原本没有成功的机会。20世纪80年代是快餐业扩张的黄金时期。与此同时,1986年是美国自四年前出现经济衰退以来经济发展最为缓慢的一年。杰瑞几次创业失败,属于那些企业没能活过一年的不幸的20%。

"我开过几家公司。"杰瑞谈到自己在20世纪70年代中期和80年代初的早期创业经历时说道,"我是一名财务规划师。我在得州开过一家石油公司,我曾试图创办一家水务公司,我和妻子涉足过房地产行业。我们总是在最高点买入。我真的不知道自己到底在做什么。"

接下来他在五角大楼和阿灵顿国家公墓的马路对面开了一家汉堡包店。"谁都不会留意那个位置。"杰瑞这样描述那个地方。一个偏僻、简陋的小汉堡包摊……这是个好点子!我在开玩笑呢,不过他和妻子珍妮(Janie)当时确实是这么想的。

"直觉告诉我们,这么做是对的。"他说,"出于某种原因,我们似乎都同意这样做。"于是,他们从为孩子准备的大学教育基金中拿出3.5万美元,修理了一些旧设备,找到一个租金很低的地方,然后将剩下的钱投入到开业中。他们的想法是:"如果我们将店开在很难找到的地方,还能让人们慕名而来,就能有所收获。"

13
吸引注意（二）：打造口碑

这听起来很疯狂。新店老板要做的第一件事往往是找到一个尽可能显眼、客流量尽可能大的店面。这是零售业的入门知识，也是最基本的知识。就像制造话题一样，只不过它所建造的是实体店。

然而，回过头来看，这是一个精明并且幸运的选择。如果他们的汉堡包店开在一条人流量更大的主干道上，杰瑞和珍妮不仅需要与占主导地位的大型快餐连锁店竞争，而且永远也不可能知道，在那些关键的早期发展中，食客们究竟是偶然发现了五兄弟，还是根据早期的话题和口碑主动找到了它。由于将五兄弟的店铺开在了偏僻之所，杰瑞其实已经创造了条件，可以更准确地确定消息是否得到了传播，如果是，传播的速度有多快。

他没有等待太久。"11点开门时根本没有生意。直到11：45，终于有一个人走了进来。到了12：30，汉堡包店里已经座无虚席。"他说。

第二天的情况也差不多。之后的一天，再之后的一天，也都是这样。很快，杰瑞就明白是怎么回事了：人们离开五兄弟后或是回家或是返回工作岗位，然后告诉亲朋好友这条路上新开了一家店，虽然位置有点偏僻，但是如果他们喜欢美味的汉堡包和薯条，绝对应该去尝一尝。"只有通过这种方式，人们才能发现它。"回想起最初手头的资金只够生产产品和支付工资，根本没钱做广告和开展营销活动的那几周，他这样说道。

幸运的是，五兄弟从开业第一天起就赚了钱。他们甚至支付给自己的儿子们一份不错的起薪（1986年），让他们在放学后和周末与几位早期雇员一起工作。没过多久,杰瑞就开始寻找投资者,打算开第二家店——这种情况和他们早期的成功一样,不太可能,却出乎意料。当杰瑞和珍妮去银行申请贷款开第一家店时,他们遇到的每一位银行家都认为他们疯了。当他们再去找那些银行,说自己想开第二家店时,得到的支持就更少了。

"他们嘲笑我们。"杰瑞说。

不过这并不重要,因为用杰瑞自己的话来说,很多人"想砸钱投资我们的项目",其中就包括他儿子的一些朋友的父母。他们从自己孩子那里听说五兄弟生意不错,于是想支持它的发展。口口相传的不只有汉堡包,还包括这家公司本身。

"最终,有 150~200 人愿意为我们提供资助。"杰瑞说。他们从这些投资者那里共筹集到 15 万美元,在一个类似的小空间里开了第二家店——这家店开在弗吉尼亚州亚历山大市一条破旧的商业街上,逐步发展起来。

杰瑞的故事与龙佳丽(Carley Roney)、刘德维(David Liu)的故事大同小异。龙佳丽和刘德维在 1996 年与来自纽约大学电影学院的两位朋友共同创立了爱结(The Knot)。最初,爱结的资助商是 AOL,爱结主要为其会员提供婚礼内容服务。1997 年 7 月,爱结脱离 AOL,龙佳丽和刘德维创办了全方位的婚礼策划网站 Theknot.com。当时,每月已有 25 万访客,而且日新增用户达到 300 人。这一切只花了不到一年的时间。

"一旦你找到我们,就会向你认识的所有打算结婚的人推荐我们。"龙佳丽说,"人们对这个品牌非常忠诚,也很喜欢它,因此我

13
吸引注意（二）：打造口碑

们依靠这种方式发展壮大起来。"

她所说的"这种方式"就是口口相传。"我们的营销就是打造口碑。"龙佳丽说。刘德维，她的联合创始人，现在成了她的丈夫，选择了一种更为恰当的说法："我们没在广告上花一分钱。"

事实证明，他们根本不需要花钱打广告。第二年，也就是 1998 年，爱结的收入达到了 100 万美元。之后的一年，QVC 公司① 投入 1 500 万美元，帮助它拓展产品系列。三年内，爱结快速发展，其背后的主要推动力就是口碑。

爱结大获成功十年之时，艾莉·韦布（Alli Webb）的吹发业务（后来的 Drybar）经历了同样的增长，尽管此时她连一家发廊也没有。2008 年，她在雅虎一个名为"桃源"（Peachhead）的妈妈群上发帖，推出了"足不出户"（Straight-at-Home）的上门服务。该群为洛杉矶地区约 5 000 位妈妈提供在线资源。"我说：'我是一名从业多年的造型师，我打算推出一项流动吹发业务，收费 35 或 40 美元。有人感兴趣吗？'"艾莉告诉我。

妈妈们都很感兴趣。"我收到了大量电子邮件。"艾莉说。这些邮件很快就转为预订，随后变成值得信赖的推荐，延伸到"桃源"妈妈群之外。"我很快就忙得脚不沾地，这全靠口碑。"她说，"我为一位妈妈吹完头发之后，她会告诉六七个朋友。突然间，她们都会给我打电话。甚至到了拒绝的订单比接受的订单还要多的地步。"艾莉·韦布通过一个论坛帖子开始营业，并建立了知名度，启动了口碑营销机制。最终在两年后的 2010 年，Drybar 第

---

① 美国 QVC 公司是全球最大的电视与网络百货零售商。——译者

一批4家分店开业。两年后，25家分店的年收入超过2 000万美元。

这三组令人惊叹的创始人来自三个截然不同的行业，跨越了三个年代。他们全都在不搞噱头也没有巨额广告支出的情况下，推动销售，刺激增长——靠的仅仅是用过并爱上他们的产品的人的口头推荐。太神奇了！这不就是我们梦寐以求的吗？你做了一些东西，把它送给别人，他们喜欢它，把它推荐给所有朋友，这些朋友又把它推荐给自己的朋友。不知不觉间，你已经像杰瑞和珍妮那样开了1 500家分店，或是像龙佳丽与刘德维那样拥有了25万月度用户，或是像艾莉那样获得了2 000万美元的收入。

但是如何做到这一点呢？

我估计，你在听完这些故事之后一定会有这样的疑问。这也是2016年秋"我的创业历程"首次推出时，我心中的疑问。我知道，在美国国家公共广播电台推出一档播客会产生一定的轰动效应，从一开始就能提升节目的影响力。我知道消息很快就会传开。你听说了吗？盖伊·拉斯开了一个讨论创业的商业播客啦。相当多的美国国家公共广播电台听众和"TED广播时间"（TED Radio Hour）播客的粉丝至少会听上一两集。

但我也知道，如果仅仅依靠节目推出前制造的轰动效应，我们所能取得的成功始终有限。早在2013年初，我就在"TED广播时间"的发展中发现了这种情况。人们喜欢TED演讲，开始真正爱上播客，若把这两个元素放在一起，就能掌握从一开始就吸引数量可观的听众的秘诀。然而，虽然一开始"TED广播时间"的下载

13
吸引注意（二）：打造口碑

量十分可观，但在一段时间内并没有什么增长。直到节目开始几周后，当人们开始向朋友介绍这个播客并推荐他们收听时，下载量才开始沿着增长图的 Y 轴和 X 轴攀升。尽管我们都相信它的潜力，但如果想要实现这种潜力，就需要复制"我的创业历程"的这种口碑传播。

那么，回到最重要的问题：要怎么做呢？我们知道口碑十分重要，但是如何打造口碑呢？如何打造口碑才能让更多的人购买我们的汉堡包，访问我们的网站，前往我们的沙龙，或者，就我而言，下载我们的新播客？

我倒是希望可以告诉你某种可以打造口碑的公式，或是某种可以加速其传播的简单技巧。但是，根据我的亲身经历以及各路创业者所讲述的经验，我发现只有一种方式可以可靠地打造口碑：制作出一款真正优秀的产品。

其实，这并不完全正确。产品优秀还不够，必须好到有人愿意推荐。没有人愿意推荐平淡无奇的东西，因此你的产品必须既新颖又特别，还具有一些很容易让人们通过推荐与朋友分享的特征。

这就是我和我的团队在策划"我的创业历程"每一期节目时的想法。这位创始人的故事有什么独特之处？我之前谈到的可以让这一集与众不同且值得与人分享的惊艳时刻在哪里——最终帮助一个人登上维基百科页面的可靠的旅程记录在哪里？[①] 我之所以用这种方式来处理播客，不仅是因为我希望听众能够喜欢它，还因为我不想浪费他们的时间。

---

① 这种情况比你想象的要多。

试想：我们每天只有 16 个小时处于清醒的状态。在这 16 个小时中，你会花 8 个小时工作或学习，1～2 个小时做准备和通勤，另外 1～2 个小时吃喝，还有 1～2 个小时跑腿或做家务。假设你没有孩子，那就只剩 2～4 个小时的自由支配时间。我知道，就日常生活来说，我们会觉得时间很宽裕，但是还不够。因此，当我们在每周一早上发布新的一集"我的创业历程"时，实际上是要求听众花 45～60 分钟时间，也就是他们近 25% 的宝贵的自由时间来收听节目。责任重大！如果我推卸责任，就意味着我也浪费了一个吸引新粉丝的机会，也许他们会把自己刚刚在播客上听到的故事与伴侣、同事或最好的朋友分享。

无论有意还是无意，每一位成功的创始人在设计和建立自己的企业时都做过这样的分析。他们想出一个办法来做一些新鲜、特别、重大的事情，让人们愿意谈论，向外传播。

用龙佳丽和刘德维自己的话说，他们创建了"世界上最酷的婚礼杂志与在线社区的结合体"。当他们意识到"真正令准新娘烦恼不已的，似乎是整个登记过程"之后，又增加了一个在线礼物登记功能。和电子商务一样，这在 1997 年是一个全新的概念。他们减轻了准新娘的巨大压力，并为她们创建了一个平台，可以与同在"婚礼工业综合体"中摸索前进的其他人分享信息。

相比之下，艾莉·韦布试图通过 Drybar 提供的服务并无新意。多年来，如果朋友家打算举办派对、婚礼和其他重要活动，她都会去为他们做发型。她的想法之所以很特别，是因为它解决了似乎所有朋友都面临的一个非常具体的问题：如果艾莉不在，而他们又需

13
吸引注意（二）：打造口碑

要吹头发，他们要么不得不去昂贵的美发沙龙，为一些她们不需要的东西掏钱，要么前往很远的一家折扣连锁店，接受十分普通的服务。

"真的只有这两种选择，就是这样。"艾莉当时想。没有折中的方案：以合理的价格提供沙龙品质的造型服务。这就是 Drybar 的过人之处，也是它与众不同之处。艾莉要做的就是让一个女性看起来风姿绰约，但又不掏空她的钱包。因此，艾莉的第一批客户中有很大一部分人向所有朋友推荐了她的服务。

从表面上看，汉堡包和薯条的搭配也没有什么新意。事实上，自杰瑞和珍妮于 1986 年创办了五兄弟之后，汉堡包和薯条才日益成为美国饮食中的常见食物。就在前一年，麦当劳创纪录地新开 597 家门店，其门店总数达到近 9 000 家。温迪汉堡（Wendy's）继著名的"牛肉在哪里？"活动之后，年收入创下新纪录，卡乐星（Carl's Jr.）也终于开了特许经营店。快餐业正处于上升期。那么，杰瑞做了什么？他反其道而行之，放慢了脚步。他的汉堡包比别家的贵三四倍，准备时间也要长很多。

"我们曾经在一家店里挂了一块牌子，上面写着：'如果你赶时间，这附近有很多很好吃的汉堡包店。'"杰瑞回忆道。所有人都觉得他疯了。"但是，这块牌子起效了。"它之所以起效，是因为这是向客户公开表明，五兄弟做的事情和其他人不同，是独一无二的。

杰瑞和珍妮所做的就是使用他们所能找到的最好的原料，尽可能制作出最美味的汉堡包和薯条。不是最便宜的，不是最快的，也不是最复杂的，只是最好的。更特别的是，他们让自己的孩子来决定什么才是最好的。

"我们当时的想法是，如果让他们选择自己喜欢的东西，他们就会挑选最好的。"杰瑞说。所以，他们买了最贵的腌菜。他们从当时阿灵顿最好的小面包店购买了小面包。他们从纽约的一个供应商那里采购蛋黄酱，这个供应商几乎不可能和他们打交道，一位采购代理甚至恳求他们放弃这个想法。但他们还是坚持自己的选择，因为那个供应商的蛋黄酱比其他替代品更能粘住面包和其他原料。他们用花生油来炸薯条，这是所有食用油中最贵的一种，能制作出最美味的薯条。

用来做薯条的土豆呢？采购自爱达荷州里格比的一家小农场，因为马里兰州大洋城的 Thrasher's 薯条就从那里采购原料。Thrasher's 是一家小小的海边薯条摊，是杰瑞和孩子们刚搬到华盛顿特区时发现的。"海边薯条摊肯定不止 20 家，"杰瑞说，"但是只有一家门口排了长队，那就是 Thrasher's。所以我觉得他们的土豆一定很好吃。"

杰瑞和珍妮用最好的食材，制作出了最美味的汉堡包和薯条，立刻吸引了那些从未在华盛顿地区接触过类似食物的人。的确，汉堡包和薯条本身毫无新意，但是其质量上乘绝对令人感到新鲜。这就是他们的特别之处、非凡之处，值得推荐给所有喜欢吃汉堡包的人。对于爱漂亮又不想花光积蓄的女性来说，艾莉的吹发服务也是这样。对于打算结婚，却又不知该去何处寻找相关信息的人来说，龙佳丽和刘德维的在线新娘登记和婚礼策划网站也是一样。

人们经常引用沃尔特·迪士尼（Walt Disney）的一句话，

13
吸引注意（二）：打造口碑

"无论做什么，都要尽量做好。怎样才算做好？当人们看到你在做这件事的时候，愿意回来看你再做一次，愿意带着其他人一起来见证你做得有多好。"在我看来，这是我遇见的所有创始人的共同特点，他们都把积极的口碑看作成功的主要原因之一。他们每个人都制作出了非常伟大、非常特别的东西。他们是如此优秀，以至于他们成了从竞争的噪声中突围而出的信号，其影响力远超他们的想象。

14

经受考验

在创业的过程中，总有一天你会想到放弃。这很正常，我采访过的每个人几乎都在某一时刻想到过放弃——哪怕这个念头只是一闪而过。

你不愿意放弃，你将来一定会取得许多惊人的进步，但是看着外面的风景，看着眼前的道路，最简单的选择似乎就是放弃。有些人甚至会告诉你，放弃是最明智的选择，任何一个头脑正常的人都会这样做。当然，这些人全都忘了，头脑正常的人不会选择创业，所以，这条建议到底有什么用呢？

事实上，这条建议确实有些用处——不过不是作为建议，而是作为一个信号提醒你，你已经正式迎来了创业历程中的严峻考验。你已经造好了飞机，发动了引擎，但是飞机无法爬升，而你也不知个中缘由。这时，你需要作出抉择：回头，还是勇往直前；在飞机坠毁前弹出机舱，还是继续寻找更多动力。颇有些生死攸关的感觉。

诗人罗伯特·弗罗斯特（Robert Frost）一定会选择勇往直

14
经受考验

前。你可能早已在无数的励志马克杯、海报和照片墙红人的账号上读到了他的名言:"最好的出路永远都是走完全程。"这是弗罗斯特在 1915 年所写的诗歌《仆人们的仆人》(*A Servant to Servants*)中的一句话。诗歌讲述的是一位与丈夫一同在湖边经营寄宿公寓的女性的故事,她已经厌倦了"那些似乎永远都做不完的杂事"。她开始沉溺于逃入大自然的幻想——她想"放下一切,脚踏实地地生活"——她的丈夫莱恩(Len)却"凡事都往好的方面想",并说"只要再稳妥地拉一把应该就可以了……最好的出路永远都是走完全程"。她最终同意了这个观点,也许只是因为对于她来说,"除了走完全程,看不到其他出路"。

也许你还没有走到那一步,但是正如我从采访过的创始人那里了解到的,总有一天,这句话会让你产生深深的共鸣。我想,每一位成功的创始人都曾在某一时刻与诗中的两位人物有些相似。如果无法取得任何进展——如果无法继续完成工作——他们可能会想要抛开一切,躲进林中小屋。但是当他们看到自己所创建的一切,看到他们所走过的路程,以及所有依靠他们生活的人时,他们会决定"再稳妥地拉一把",因为这将是最终帮助他们摆脱困境、走到终点的拉力。

这就是加里·赫什伯格(Gary Hirshberg)在 20 世纪 80 年代大部分时间里的处境。他与合伙人塞缪尔·凯门(Samuel Kaymen)努力带领他们的公司石原农场(Stony-field Farm)扭亏为盈。从一开始,石原农场就是酸奶行业的佼佼者。自加里和塞缪尔进入零售市场的那一天起,只要市场有售,石原农场就是原味奶盖全脂酸奶这一类别的销量冠军。然而，无论他们做了什么，似乎都无法盈利。

起初是因为他们只有一种产品——一板六盒的原味全脂牛奶——而且为了能够在新罕布什尔州威尔顿市当地的杂货店哈伍德市场（Harwood's Market）立足，他们基本以成本价销售。这一举措立刻为他们带来了收入，但是永远不足以让他们获得成功。"这款产品的销售状况一直不错。"加里说，"但是所有的销售所得都用来购买谷物以饲养奶牛，或是购买润滑油、设备、燃料、木材什么的。"我猜你会把这些叫作典型的酸奶企业启动成本。

五个月后，二人已经实现了 5 万美元的销售额，却欠下了 7.5 万美元的债务。由于资金短缺，他们无法满足仍在增长的产品需求。"哈伍德打电话来说：'天哪，你们的产品很不错，非常畅销。'"加里回忆道，"所以我做了任何一位有自尊心的企业家都会做的事情：我打电话给我妈妈，借了 3 万美元。"

他还会继续借钱，无数次以各种理由向他的母亲、未来的岳母以及其他几百人借钱，到最后他的债务总额已经超过 200 万美元。

公司成立的第二年，也就是 1984 年，加里和塞缪尔找到了打入新英格兰其他连锁杂货店和天然食品合作商店的方法。他们每周生产 360 箱酸奶，销售额达到 25 万美元。但是到了夏天，他们再次几近破产。加里的解决方案是筹集 50 万美元来扩建工厂，这样他们就可以从一板六盒的原味酸奶拓展到可单独食用的小杯装酸奶和调味酸奶。有足够的钱来支付账单，并不能让加里和塞缪尔摆脱困境。他们必须通过发展来摆脱这种困境。（很像弗罗斯特的风格，对

14
经受考验

吧？）于是，加里在那年的感恩节开始筹款，他从未来的岳母多丽丝（Doris）那里借到了5万美元，而他未来的妻子梅格（Meg）刚在那个周末把他介绍给多丽丝！

1985年，石原农场的销售额再次增长到50万美元。为了满足需求，他们开始从其他乳品厂采购牛奶（矛盾的是，这一决定涉及出售他们自己的奶牛）。然而，公司依然必须挺过每周一次的难关。"我总在周四早上发工资，当时的工资支出大约是5 500美元。"加里说，"而前一天晚上，我的银行账户里总是一分钱都没有。"因此，很多时候，他都会在半夜偷偷下床，走到门厅那头的办公室，然后给岳母打电话，看看能否再借几千美元来维持一周的生活。这种情况太糟糕了，而且经常发生，最终还是被梅格发现。"一天晚上，我听到岳母的电话里传来'嘟嘟嘟嘟'的呼叫等待音。"加里回忆道，"梅格正在用家里的电话给她打电话，劝她说：'妈妈，别再这样做了。'"

如果你是加里·赫什伯格，你已经在这一行做了两三年，而且产品颇受欢迎，但你似乎无法让自己的事业更进一步，而你的配偶举起双手说"别再发疯了！"你还能继续吗？尤其是当你赞同她的观点时。

"她生活在噩梦之中，"加里说，"她看到了这有多疯狂。烟囱着火，井泵坏了，电力中断，我们所在的这个山顶农场，离任何地方都很远。太疯狂了。"

然而，加里将坚持下去，事情只会变得更加疯狂。1986年，石原农场酸奶的受欢迎程度仍在上升，销售额超过100万美元,他们从十几家不同的当地供应商那里采购牛奶,而他们筹集了 50 万美元加以扩建的农场也达到了生产能力的极限。因此,他们与位于马萨诸塞州西部的一家乳品厂签订了合同,这家乳品厂还有剩余产能,可以接管生产。在一年半的时间里,一切都很顺利。"我们铺了路,电力供应正常,我们真的开始发展了。"加里说。销售额从 110 万美元增加到 170 万美元。"我们以为要摆脱困境了。"

随后,1987 年 10 月,那场举世闻名的股灾——黑色星期一突然降临。周四前,银行打电话给加里,告诉他小企业管理局正在撤销对马萨诸塞州乳品厂的贷款担保,并问他是否想要买下乳品厂。这是一个不错的提议,但还没有好到"仅凭一通电话就能买下一家乳品厂"的程度。加里婉言谢绝了。周一,股市触底,银行将这家乳品厂纳入破产管理的范围,"砰"的一声锁上厂门,将加里的杯子、盖子、水果和酸奶全都锁在了里面。随后,州政府要求加里和塞缪尔支付 10 万美元的未支付的代加工费之后,才让他们领回了所有材料。

你会在这时候放弃,对吧?

加里没有。他回到了起点。他向投资者——包括他的母亲和岳母——借了更多的钱。不仅是赎回东西所需的 10 万美元——他需要在几个小时内取回这些原料,这样水果和酸奶的混合物才不会变质。他还另借了 10 万美元,好让石原农场的老厂房能够恢复运转,这样他和塞缪尔就可以接管生产了。

"还能怎么办?"加里反问道,"我们看了看山顶农场里的老酸奶厂,现在那里已经成了鸡窝,然后说'哥们儿,我们得回来'。"

他们也正是这样做的,尽管现在的订单已经超过了工厂产能的100%。"为了跟上订单的增长,我们必须24小时不停歇地生产。"加里说,"每隔一晚,塞缪尔或我都得制作酸奶,这种情况整整持续了20个月。"

20个月!

这场股灾仿佛是一台时光机,将他们送回了两年之前。加里和塞缪尔又回到了用自己的双手制作酸奶的时候,而且像以前那样烧钱。"除了借来的20万美元外,每周还要再借2.5万美元。"到了圣诞节,他们已经欠下60万美元的债务。到1988年圣诞节,这个数字已经膨胀到近200万美元。到1989年圣诞节,他们已经亏了270万美元,近300名异常紧张的个人投资者开始心生质疑。在这场混乱中,他向岳母借了100多万美元,这是"她绝对不能失去的"一笔钱;梅格怀了他们的第一个儿子,面对起起落落,她全然不知所措。加里和塞缪尔花了三个月的时间与佛蒙特州的一家新乳品厂谈判,希望这家乳品厂能够接管生产,并解决他们所有的产能问题,结果这家乳品厂在最后一刻更改了协议,想要抢走他们的生意。这场鸿门宴结束之后,加里在早春的暴风雪中开了两小时的夜车,在当天的原料送到后做完当天的酸奶,最后回到家中,不得不告诉他的妻子这条消息。

好吧,现在该放弃了吧。哪个头脑正常的人会继续忍受这一连串的可怕事件,尤其是在孩子即将出生的情况下?

"我知道,一切都结束了。"加里意识到他们不得不签署这份不公平的协议。"这是最黑暗的时刻。我们每周都要烧掉 25 000 美元。我们拿着永远也还不上的钱。我们没有办法解决这个问题。"

创业界有一个词形容的就是这种平淡、绝望、无利可图的中间地带,加里·赫什伯格与它抗争了十年,现在他发现自己被它吞噬了。这就是所谓的"低谷忧伤期"(trough of sorrow)。这是保罗·格雷厄姆创造的一个术语,描述的是新公司因产品与市场不匹配而陷入的时期。正如马克·安德森(Marc Andreessen)在其 2007 年创业指南系列[1]中所描述的那样,此时,"客户并未从产品中获得价值,口碑未能传开,使用率的增长还不够快,媒体评价有些'乏善可陈',销售周期过长,很多交易永远也无法达成"。

2008 年民主党全国代表大会之后,爱彼迎就处于这样的境地。爱彼迎在短短四周内就签下了 800 套房子,得到了一堆订单,然后,正如乔·吉比亚所记得的那样,"大会结束后,所有这些数字瞬时跌回原点"。这让乔·吉比亚和他的联合创始人布莱恩·切斯基与内森·布莱卡斯亚克十分沮丧,因为他们觉得自己已经解决了所有问题,正处于筹集资金和真正发展这家初创公司的黄金时期。然而公司的所有数字都趋向于零,似乎验证了风险投资界相当一部分人对他们的怀疑,即他们没有一个清晰的思路。他们通过电子邮件向 20 位投资人发送了融资材料,只有 10 人回复了邮件,而这些人中没有一人选择投资。如果他们在那时决定放弃这个疯狂的房屋共享租赁的概念,我想没有人会责怪他们。就像加里·赫什伯格和塞缪尔·凯门,如果他们在那个寒冷的夜晚驱车穿越白茫茫的原野返回

---

[1] 该系列第四部分的标题正是"唯一重要的事情",这绝非巧合。

14
经受考验

农场时，决定放弃酸奶这个行业，也不会有人责怪。

即便如此，两组创始人都没有放弃。他们依然勇往直前，努力拉升机身的高度，直至找到解决问题的办法。加里和塞缪尔恰好在从佛蒙特州回家的路上找到了出路。"我转身对塞缪尔说，"加里回忆道，"'就当我说着玩，我们在什么地方建一家最便宜的酸奶厂来满足我们的产能，怎么样？'他说：'你知道吗，我也是这么想的。'于是他打开顶灯，掏出笔记本，我们就开始设计酸奶厂。"

加里和塞缪尔是在当晚11点左右回来的。加里帮塞缪尔做了当天的酸奶，然后回家告诉梅格这条消息。"她醒来后说，'你们签了协议？'我说：'没有，那不可能……不过我们想到了一个更好的主意！'"

那天晚上，加里一个人睡在办公室里，不过，他的判断是正确的。建立自己的工厂，一家能够满足和适应他们不断变化的产能需求的工厂，是一个好主意。这是他们创业拼图中一直缺失的一块。这块拼图需要耗费18个月的时间和597 000美元（新罕布什尔州联邦小企业管理局提供了85%的贷款担保）才能建成。

1989年底，石原农场开始在新罕布什尔州伦敦德里的新工厂开工，至今，它的总部依然设在那里。1990年，公司亏损了140万美元，但销售额达到了340万美元，趋势开始转好。1991年，公司的收入几乎翻了一番，石原农场只亏损了90万美元。接下来的一年，也就是1992年，销售额超过1 000万美元，石原农场历史上第一次真正赚到了钱。

和石原农场一样，爱彼迎的问题不是创始人的想法有问题（这类服务是有市场的),而是他们的执行力有问题。爱彼迎的问题包括两个方面:第一,很多房东提供的照片质量不佳,因此房子看起来很丑,甚至有点简陋;第二,租客入住时必须使用现金支付,这让租客觉得很不习惯。递给别人一叠现金以便能够住进他们家中,这种做法有点奇怪。我感受到了。乔、布莱恩和内森也感受到了。他们很快在爱彼迎网站上增加了一个支付系统,然后挨家挨户教授最早的一批房东如何拍摄和发布他们家的漂亮照片。

结果立竿见影。马克·安德森所列的所有和产品与市场的契合度相关的指标都开始向好的方面发展。他们看到回头客和推荐数量开始增加;人们开始不停地谈论这家公司;网站访问量、用户注册数和预订量激增;媒体对他们进行了新一轮的报道;不久之后,他们开始与大牌投资人签署有意义的投资条款。

可见产品与市场的契合度对于一家新企业的成功而言是多么不可或缺,而要实现两者之间的契合又是多么简单。仅仅一两件边缘事件就能改变一切,无论是针对用户体验,还是针对企业本身的长期愿景都是如此。"当你直面问题的时候,几乎可以忽略其他一切。"安德森说。

石原农场解决了一件事:他们建立了自己的酸奶工厂。这确实是帮助他们熬过"低谷忧伤期",步入产品市场契合期,并开始飞速增长的全部原因。他们在 1992 年扭亏为盈,1995 年销售额达到 4 400 万美元,1998 年达到 7 800 万美元,2000 年前总收入达到 1 亿美元。

爱彼迎做了两项调整:提高照片质量和改变支付方式。在短短

14
经受考验

几年内，他们从三个怀揣奇怪想法的人（这个想法似乎只有在酒店预订一空的时候才会奏效）摇身一变成为亿万富翁，领导着一家有可能颠覆整个酒店业的科技独角兽。

在与加里·赫什伯格以及乔·吉比亚这样的创始人交谈时，我总是能被他们在这段严峻的时期所做的决定吸引。但我最感兴趣的却是他们如何知道该怎么做。如果你问他们，他们会告诉你，他们也不知道；他们只是做了在当时看来有意义的事情。他们从摆在面前的选项中，选择了最不糟糕的选项。但我认为，还不止于此。

2008年，我还在做尼曼研究员的时候，就试图通过新闻职业发展中所面临的严峻考验（那年早些时候，一位有权势的高管告诉我，我没有成为电台主持人的潜力）。我修读了哈佛大学肯尼迪政治学院的一门领导力课程，授课教师是罗纳德·海菲兹（Ronald Heifetz）教授。他曾在谈到领导者如何在组织中实现有意义的变革时，概述了如今知名的"舞池与看台"的比喻。

这个比喻说的是，当你身处舞池之中时，你的注意力往往集中在舞伴身上，努力避免与身旁翩翩起舞的其他舞者相撞，这往往会给你留下一种印象，即舞厅拥挤、混乱，你必须准备好对此作出反应。但是如果你离开舞池，走上看台，然后俯瞰舞池，舞池内的场景就会以一种你未曾想象过的模样呈现在你的面前。有时，舞池并不像你感觉的那样拥挤。有时，它确实会在特定情况下变得拥挤。于是，关于舞池的模式出现了，不久之后，舞池里起初令人感觉混乱的行为似乎变得可以预测了。

这就是海菲兹的策略：无论你是在参与体育比赛，指挥军队，还是经营企业，都要通过危机，历经充满挣扎和不确定性的时期来应对领导力的挑战。要知道该怎么做，你就需要真正了解自己的处境。而正如海菲兹所写的那样，"既能进一步认清现实，又能掌握一定大局观的唯一办法就是让自己远离这场争斗"。诀窍就在于把这种"让自己远离争斗"的视角带回到舞池之中，然后将它应用到当初将你逼上看台的挑战之中。

别搞错了，这是项技巧，因为当你身陷斗争之中时，你的本能是拒绝抽身事外。你需要有足够的资金或手段让某人或某物把你带到看台那里。

爱彼迎的创始者得到了 Y Combinator 的保罗·格雷厄姆的帮助。是他让他们站在远处看问题，认识到他们最大的用户群在纽约，如果他们要解决增长问题，解决方案很可能在那里，而不是在硅谷。加里·赫什伯格和塞缪尔·凯门没有保罗·格雷厄姆这样的导师，但是他们拥有创业企业濒临死亡的体验，这种体验让他们背水一战，重新审视石原农场。在那时，他们才跳出每天的繁杂工作，抛却每周的薪资焦虑，认识到他们能够创建自己的工厂，解决自己的产能问题。

当那一天来临的时候，当你第一次认真考虑放弃的时候，认清现实将带给你前进的勇气。在《仆人们的仆人》的结尾，那位寄宿公寓的女主人公终于对自己，也对与之交谈的访客承认，她不会放弃一切，逃入森林。她不能这样做，也没有这种能力。这不符合她的性格。

"祝福你，当然，你让我没办法干活。"她说，"但问题是，我需要留下来。有很多活儿要做——总有这么多的活儿要干。"

在我看来,这就是将所有经历过成长的残酷考验,熬过了"低谷忧伤期",为产品与市场的契合度而奋斗,并且选择勇往直前而非转身放弃的成功创始人联系在一起的力量。为了让企业能够活下去,为了让它能够再挺过一天,为了让自己的产品能够上架,为了吸引客户进门,为了让供应商付款,为了让投资者开出支票,他们全都尽了最大努力。当他们站在看台上观察下面的舞池时,所有人都希望,无论他们意识到今天必须做什么,或者明天可能要做什么,都是最终能够帮助他们摆脱困境的又一个拉力。

15

筹集资金（三）：专业资金

不是所有创始人都能创建独角兽公司。他们也不需要这样做。例如，经营一家只有几个员工的小企业，退休之前始终采用靴襻法筹集资金，之后要么传给子女，要么转手卖掉，这种做法并没有错。这不仅没有错，其实也是一种常态。

绝大多数美国小企业的员工人数不足20人（如果有员工的话），年收入在30万～200万美元之间。事实上，这些年来我遇到的大多数企业家都致力于获得这种成功。他们并未特别关注企业规模化能够带来的所有益处，如无限增长、完全颠覆市场、筹集大量的专业资金等。

但如果你的目标是实现规模化，而银行贷款和现金流无法帮助你实现这一目标，你就会在某个时候接触风险投资。毕竟，资源密集型企业的起步方法只有这么几种。对许多创业者来说，这可能令人望而生畏，因为风险投资界是一个出了名的封闭世界，它在美国东西海岸（硅谷和曼哈顿中城）的小范围内运作，有着不成文的规则和对于习惯使用简明语言的人来说难以理解的陌生术语。

15
筹集资金（三）：专业资金

例如，天使投资人（angles）和种子轮（seed round）；股权结构表（cap table）和撤出（exit）；A、B、C轮稀释（Series A, B, and C dilution）和优先股（preferred share）；资金损耗率（burn rate）和运转率（run rate）。例如，风险投资人（VC）和私募股权投资（PE）人；美国金融业监管局（FINRA）、美国证券交易商协会（NASD）和美国证券交易委员会（SEC）。例如，股份兑现、投资和普通风投基金。如此多的基金，足以让创始人晕头转向。而这也是问题的关键所在。风投界刻意让这些术语处于模糊不清、定义不清的状态，以营造并维持其晦涩性，以免他们不想让你知道的某些关于风投的事情被你发现：投资人也是人，和我们并无不同。他们与你我一样，既不是先知，也不是超级英雄。事实上，最成功的投资人往往是最幸运的那一批人——幸运地在早期就能接触有前途的企业，幸运地能够接触大笔资金，即便作出了许多错误的选择，也能在最后获得成功。

简单地说，风险投资人——即使是最有经验的投资人——作出的错误选择也比正确的选择要多。我提这些并不是要在你的心中埋下怀疑的种子，不是要吓唬你，而是要让你做好准备。因为这一章讲的并不是如何筹集专业资金，而是一旦确定你可能需要专业资金，如何考虑筹集专业资金这件事；讲的是站在经历过这一过程的人的角度来理解专业资金的世界和专业投资人的心态，这样你就知道当你踏进他们的房间之后，可能会出现怎样的状况，无论结果是好是坏。

詹・海曼（Jenn Hyman）就是一个例子。2009年，她试图为一家名为 Rent the Runway 的在线礼服租赁公司进行 175 万美元的种子轮融资。女性只需花很少的钱就能通过这家网站租到原本可能需要花费数千美元才能买到的礼服。随后,这件礼服就会被送到客户家中,客户会穿上它参加活动,之后再把礼服寄回去。这就像是 Zipcar 遇上网飞之后又遇上了美捷步(Zappos),Rent the Runway 最终成为美国最大的后端干洗服务公司。

如今,Rent the Runway 拥有 1 200 多名员工,收入超过 1 亿美元,但在 2009 年,詹与联合创始人珍妮弗·弗雷斯(Jennifer Fleiss)从投资人那里得到的反馈却不容乐观,有时甚至令人震惊。

"有几位投资人在交谈中显露出高人一等的态度。"詹告诉我,"有一次,一家非常有声望的公司的合伙人拉着我的手说:'太可爱了。你可以穿上这么漂亮的礼服。这对你来说一定很有趣。'"

她们再也没有和这位投资人或是他的公司接触,但这次经历只是她们从由男性主导的风险投资界收到的各类回应中最傲慢和不屑的一例。

"大多数投资人说,'我回去问问我妻子''我回去问问我女儿'或是'我得问问主管'。这是我们面对的三类目标客户。"詹说。表面上看,这种反应很合理,不是吗?一群四五十岁的男性能有多了解礼服?可能什么都不懂,但他们应该懂商业,可是他们在回复詹和珍妮弗的时候,却忽略了这部分内容,好像商业模式或者商业计划书都无关紧要。好像仅仅由于潜在投资人不熟悉底层产品便否定了詹所提想法的商业价值。不仅如此,这些投资人在将责任推到他

15
筹集资金（三）：专业资金

们生活中的女性身上时，甚至都没有找到正确的咨询目标。

"让我来告诉你为什么每一类目标客户都有问题。"詹说，"第一，风险投资人的妻子都是千万富翁。她买得起任何她想要的礼服，所以她不是我的目标客户，对吧？在大多数情况下，风险投资人的女儿只有 12 岁左右，因为大多数处于事业黄金时期的风险投资人都在 45～50 岁之间。所以他们的女儿也不是一个很好的目标客户。而风投行业的管理岗位是一份很有声望的工作，因此任职的往往都是五六十岁的女性——同样，她们也不是我的目标客户群体。"

如果投资人没有此类产品的相关经验，也不认识任何目标客户群体，那么这个想法似乎就不适合他们——更糟糕的是，这个想法似乎根本就不值得一试。在与足够多的投资人交谈之后，詹和珍妮弗开始预先阻止投资人可能会作出的反应。"我们向他们展示视频，邀请他们参加我们的一些快闪店的活动，向他们展示我们的客户是谁，让他们真正了解我们在迎合谁的需求。"詹说。

这些快闪店的活动很有启发性。正是它们在早期说服詹相信，这个想法是有根据的，也是它们最终帮助詹赢得了不少投资者的认可。"你看到女性的面部表情发生了变化。"詹在谈到自己目睹了快闪店的客户试穿礼服的经历时这样说道，"她们肩膀后仰，撩起头发，走起路来充满自信。"看到这一点，那些对她的客户一无所知却自以为无所不知的投资者终于了解了足够多的信息，开始将 Rent the Runway 作为一项商业提案来对待。至此，种子资金终于开始源源不断地注入。

然而，这并没有打开专业资金库的闸门。对于这两个 20 多岁的年轻人以及她们的"漂亮礼服"库，仍然有很多人持怀疑态度。直到她们的故事刊登在《纽约时报》(The New York)商业版上，她们的照片出现在头版的显著位置上，情况才有所转变。网站注册用户达到10万，她们在几周内就实现了第一年的销售预期。"一大群风险投资人涌进我们的办公室，推销他们的A轮融资。"詹说道，"我们已经从一个非常不受欢迎的投资项目，变成了一块香饽饽，人们不请自来，出现在我们大楼的电梯里，与我们见面，因为他们都想签下这笔交易合同。"

要说明的是，尽管詹·海曼的故事里存在令人沮丧和厌恶的性别歧视和大男子主义的因素，但是她吸引专业资金的方式并非特例。风险投资人懂钱，但他们未必比你更懂你的企业，有时他们也不见得比你更懂你的行业。许多创始人都告诉我，他们不得不为潜在投资人灌输所需的行业背景知识，将所有点串联在一起，好让潜在投资人看到摆在他们面前的机会。

当然，并非所有投资人都是如此，即使他们并不是完全"明白"。也并非所有创始人都会面对詹·海曼所经历的事情，即使她们也是女性，也身处服装行业。总部位于得克萨斯州奥斯汀的运动休闲公司户外之声（Outdoor Voices）的创始人泰勒·哈尼（Tyler Haney）就是一例。2014年，她在试图进行首轮种子轮融资时所面临的来自（主要是男性）投资人的审视，并不是对女孩玩装扮游戏的冷嘲热讽，而是对市场是否还有空间接纳这类品牌持有的合理怀疑。

"我会收到一封回信，或者他们会在会议上说：'我们已经有了安德玛（Under Armour），有了耐克，为什么还需要另一个运动服

15
筹集资金（三）：专业资金

装品牌？'"泰勒告诉我，"我开始意识到，我现在面对的都是男性，这些传统的运动服装品牌全都是由男性打造的，它们真正迎合的是竞技运动员的需求。而我在这里推销的运动服装品牌迎合的是运动的需求以及将健身从表演中解放出来的需求，对于这些曾经从事竞技运动的人来说，这个品牌毫无意义。"

她不再前往这些由男性所主导的办公室，进行同样的对话。这么做不会有任何结果。所以泰勒采取了与詹·海曼相同的做法，预先堵住了困惑的投资人想要拉出自己秘书和女儿当借口的路径。她甚至在参加会议之前，直接去见了这些投资人的女性后勤人员以及他们的女友或妻子。

"我开始向办公室里的女性，以及其中一些投资人的妻子派发产品。"泰勒说，"我发现，在把产品送到办公室里的女性和投资人的妻子们的手中之后，我开始遇到愿意听我说完，并且明白这个想法可以实现的投资者。他们开始花更多的时间听我阐述我的想法。"

她争取到的第一个投资人是总部位于马萨诸塞州剑桥市的大型风险投资公司通用催化风投（General Catalyst）的彼得·博伊斯（Peter Boyce）。"他看到了产品，也看到了推销宣传。"泰勒说，"他的女朋友娜塔莉亚（Natalia）收到过我们的产品而且很喜欢。他说：'我喜欢这个概念。我想支持它的发展。'"最终，通用催化风投在种子轮融资中投入了110万美元，泰勒用这笔钱增聘了三名员工，设立了一间办公室，当然，也生产了更多的产品。

詹·海曼和泰勒·哈尼筹集第一笔专业资金的经历相隔五年，在风格和内容上有很大的不同，但是她们的相似之处在于，两人遇到的专业投资人对于她们的融资前景都产生了巨大的影响,无论她们的专业知识或商业经验如何。事实证明,有些影响虽然令人沮丧却十分有益。但有时候,对某些人来说,情况却并非如此。

2019年9月,我在华盛顿特区的舞台上采访了特里斯坦·沃克。特里斯坦是沃克公司(Walker & Company)的创始人,该公司为有色人种生产保健和美容产品。正如丽莎·普莱斯在20世纪90年代初创建"卡罗尔的女儿"时认识到护肤品市场并未满足非洲裔美国女性的需求一样,特里斯坦在2013年意识到,有色人种男性,尤其是非洲裔美国男性,在剃须方面的需求同样没有得到充分的满足。市场上没有任何一款专门解决他们所独有的问题的产品——尤其是须癣——即便有,这些产品也十分陈旧,而且被分到了"民族美容产品"的货架上。事实上,在大多数商店里,这是个积满灰尘、无人问津的货架。

特里斯坦的想法是创造一套设计和包装都很精美的产品,将有色人种获得理想剃须体验所需的所有东西集中到一起:一把安全剃须刀、一包刀片、一把刷子、剃须膏、剃须前后使用的油。他把自己的产品线称为贝弗尔(Bevel),并认为需要筹集240万美元的专业资金来启动这个项目,因为考虑到耐用品与非耐用品的制造成本,如果他通过合理使用靴襻法或向亲朋好友求助来筹集资金,只会使其演变成难以掌控的混乱局面。

但与詹·海曼不同的是,特里斯坦知道自己将要面对的是什么。他对风险投资界了如指掌。之前几年,他一直在硅谷,在斯坦福大学商学院就读,在推特公司实习,作为定位签到应用软件

15
筹集资金（三）：专业资金

Foursquare 的首批员工负责业务拓展，随后离职，以驻场企业家的身份加入风险投资公司安德森·霍洛维茨基金，专门负责提出和评估新想法。"当时正是很多电商公司开始出现的时候。"他说，"我听过他们的推销。我知道什么样的公司拿到了资金，什么样的公司没有。创办这样的公司恰好占据了天时和地利。"特里斯坦甚至得到了本·霍洛维茨（Ben Horowitz）本人的祝福与指点，及其给出的两条重要的建议。首先，霍洛维茨告诉他："通常看起来好像不错的点子其实都是坏点子，而那些看起来像坏点子的都是好点子，因为好点子的问题在于，人人都想做这件事，所以它们无法创造价值。"其次，他说："你需要做的是你认为自己是不二人选的事情。根据你的故事，你可以提出一个独特的方案来解决一个问题。"因此，霍洛维茨鼓励特里斯坦放弃他最早的几个想法——一个是改革货运业务，另一个是通过游戏解决儿童的肥胖问题——而去追求他凭独特经验可以完成的事情。

贝弗尔正是在这样的背景下诞生的，特里斯坦开始拜访沙丘路上的各家公司，筹集资金。从专业投资人用来评估机会的所有指标来看，特里斯坦的想法都获得了很高的分数。"风投们表示，他们希望创始人是过去曾经合作过的人，这些人既有渊源又有经验，还有蓝海机会。"特里斯坦说，"就这样，检查，检查，再检查。"他为投资人描绘了市场前景，"有色人种在保健和美容方面的花费比其他人都要多。"他向他们展示了机会，"有色人种，尤其是黑人，是全球最具文化影响力的群体。"随后，他阐述了自己的产品将如何解决这个影响着有色人种中 80% 的群体和余下人种中 30% 的群体的紧迫问题的愿景。整个过程中他始终认为，贝弗尔是在竞争激烈的保健和美容领域中所能做的最有把握的事情。"如果你是一个谈论创新之类的风险投资人，你为什么不投资这个项目呢？"他说。

特里斯坦见了60位投资人。除了3个人之外，其他人都拒绝投资，即便是找到这3个人，也花了他很长的时间。57位专业投资人拒绝了他——一位斯坦福大学出身的风投老手，曾在两家早期主要的科技初创企业工作过，而且十分清楚这些公司会根据什么理由选择是否投资。这种一连串的拒绝可能会让人完全丧失斗志。它可能会让特里斯坦质疑自己所做的一切，怀疑自己所有的直觉。但是出于几个方面的原因，特里斯坦并没有。

"我知道这60位投资人的后面还有60位投资人。"特里斯坦说，"我知道，如果他们不打算投资我的想法，也不会投资别人的类似想法。"他的观点就是，问题不在于想法本身，而在于投资人并不认为存在有待解决的问题。"直到他们开始反驳我的想法，我才意识到他们不明白问题所在。"他说，"我试图向这些风险投资人解释，人和人是不同的，但是他们根本听不进去。"特里斯坦正在创建一系列产品，以解决他们未曾接触或是根本看不到的一系列问题，因此，这些问题一定不存在，或者至少没有严重到值得他们耗费时间和金钱的程度。矛盾的是，这也是特里斯坦从未怀疑过自己的另一个原因。"硅谷，尤其是那些从未经营过公司的风险投资家都有一种有趣的世界观，他们认为自己永远是对的。"特里斯坦告诉困惑的听众，"但风险投资家的工作就是在90%的时间里犯错。这确实是他们的工作。而我知道这个坏点子好得不得了。"

15
筹集资金（三）：专业资金

现在，如果再与投资人会面，特里斯坦可能会采取不同或是更好的做法，从而使整个过程可以进行得更加顺利。也许他的融资讲稿可以准备得更好——第一版用的是 PowerPoint，而且使用了剪贴画——或者可以更直接地点明项目与投资人的切身利益之间的关系。"我兜售的是希望和梦想。"他说。但也许他应该只谈金钱和收益。"我的增长图是向上、向右延伸的。"也许他可以说得慢一点或快一点，多一点或少一点。也许他什么也做不了。也许他的做法挑不出任何错处。谁知道呢？我当然不知道。就像我之前说的，这不是本章的内容。本章讲的是理解应该如何看待风险投资。

首先要明白的是，筹集风险投资就是许下承诺。承诺你有一款人们愿意花钱购买的产品或服务，承诺你有一项能够接触尽可能多的客户的计划，承诺为了换取大笔投资，你会竭尽全力接触这些客户。

接下来要明白的是，优秀的投资人明白你对他们许下的承诺——只是一个承诺。他们明白你无法作出任何保证。你可以做好每一件事，但如果周围的世界发生了变化，你根本无力扭转乾坤。风险投资本质上是一场赌博——这一点单从名字上就能看出来——所有赌博都面临着损失惨重的风险。专业投资人清楚并接受这一事实，这就是他们也会在开出巨额支票之前，尽一切可能降低风险的原因。

他们采取的主要方法之一就是抛出大量问题，尤其是当他们不熟悉你所在的行业时。

你打算如何扩大规模？

增长来自哪里？

目标客户是谁？

已经有同类产品了吗？

你打算如何降低成本？

你打算在哪里生产？

你会将公司设在哪里？

你的营销策略是什么？

为什么有人需要这个？

为什么有人会这样做？①

2012年，澳大利亚在线平面设计平台可画（Canva）的联合创始人梅勒妮·珀金斯（Melanie Perkins）在三个月的时间里，遇到的100多位投资人提出了无数的这类问题。从珀斯到旧金山，到毛伊岛（梅勒妮参加了一场假借技术会议的名义举办的风筝冲浪之旅，在珀斯的另一场会议上结识了会议主办者投资人比尔·泰（Bill Tai）），再到珀斯与旧金山之间的任何地方，只要是投资人出席的活动，梅勒妮都去参加。

在美国期间，梅勒妮几乎将时间全部花在了筹集资金以建立和推出可画上，然而她依旧一无所获，至少在说服别人开支票这一方面是如此。不过，这些努力也并非一无所获，因为每一次被拒绝，她都能学到更多东西。

"真的令我受益匪浅，因为我们接触到很多不同的问题和评价。"梅勒妮说，"这意味着我们真的必须清楚我们在做什么，真正完善我

---

① 这是几乎所有投资人都问过爱彼迎创始人的问题。

15
筹集资金（三）：专业资金

们的策略。"每一天，在向每一位投资人推销之后（通常都是以失败告终），她都会回去修改融资讲稿，将自己从投资人所提的问题中学到的东西反映出来。

"每次被问到一个特别棘手的问题之后，我们都会把针对这个问题的回答添加到融资讲稿的前面。"梅勒妮回忆道，"所以，我们会先回答最难回答的问题。"

最终，投资人已经提不出任何尚未在梅勒妮讲稿的前半部分得到回答的问题了。没过多久，这些答案就打消了投资人的疑虑和担忧，他们也许并不完全了解可画的业务，但他们已经认识到设计和发布工具网络化之后所萌生的机会。当梅勒妮因旅游签证到期不得不返回澳大利亚的时候，她已经筹集了 75 万美元，并最终超额完成了 150 万美元的种子轮融资。我想，梅勒妮会说，这一切都是因为她能够回答一个持怀疑态度且对风险敏感的投资人可能提出的所有问题。

作为一名创业者，你必须预料到会有这些问题。你必须知道，你将面对这些问题。詹·海曼做到了，特里斯坦·沃克也做到了。你必须准备好面对这样一个事实：当你面对的是一个似乎没有正确答案的提问时，投资人的疑虑会自然而然地悄悄钻进你的心里，让你开始怀疑："我是不是疯了？也许这个想法真的很傻。也许它根本不可能成功。"

这是你在筹集资金的过程中需要面对的日常斗争。如果你的目标与我在本章开头所说的一致，即扩大业务规模，那么你就需要格外努力地抵制这些难以摆脱的自我怀疑。然而，如果你发现自己并不在意能否尽可能扩大企业规模,那么结束这场斗争的办法很可能就是抽身而退。

特里斯坦在创建沃克公司的过程中最大的遗憾就是竟然拿了专业投资资金。他在种子阶段不得不忍受的事情已经让他倍感艰难——克里斯·洛克(Chris Rock)的电影《好发型》(Good Hair)则与之形成了鲜明对比,克里斯·洛克在影片中自信地表示自己正在解决的问题根本算不上是真正的问题——但是当他几年后回到沙丘路打算扩大公司规模,要把公司做大的时候,才真正体验到了挫败感。无论他怎么说、怎么做,都无法筹集3 000多万美元。听起来这似乎是一大笔钱,但是鉴于风险投资者在价值远低于他们的公司以及与沃克公司同年成立的Harry's这样的竞争对手的身上投入了数亿美元,这无法筹集到的3 000多万美元就像是最终的不信任票。筹集不到更多的资金,特里斯坦就无法投资营销、产品研发与生产。他必须另辟蹊径来发展公司。

特里斯坦所能做的就是记住"如果谁有资格实现这个想法,那就是我";他拥有全宇宙最棒的"坏"点子;他有得天独厚的优势可以实现这个想法;他比风险投资者更了解自己的业务和市场。风险投资者懂钱,但是特里斯坦懂自己的生意。幸运的是,他还可以做另一件事来支持公司的长期愿景。2018年12月,他以远低于自由市场的价格将沃克公司卖给了宝洁。

作为交易的一部分,特里斯坦将公司迁到亚特兰大,自己也成为宝洁公司在180年历史中投资的所有公司中第一位非洲裔首席执行官,并在这一过程中严格限制了A轮融资中对其进行投资的风险投资公司的资金回报。因为特里斯坦希望能够按照自己的方式发展公司,退后一步,以便怀着更大的信心踏上前进的道路,同时告诉未来的创业者——尤其是有色人种——尽管风投公司可能掌握着所有资金,但这并不意味着他们一定比你聪明,也不意味着他们永远是对的。无论你是否选择拿他们的钱,你的判断都有可能是对的。

16

保护现有成就

我大半辈子都生活在城市里。但在仅有的几次使用独轮车的经历中,我不止一次将轮胎卡在了不平坦的路缘上,导致整辆推车翻倒。你有没有试图将装满货物的独轮车推上路缘石或是推下台阶,结果独轮车的轮胎弹了一下,整辆车翻倒,货物散落一地的经历?太让人抓狂了!

如果有更好的方法解决这个问题呢?如果独轮车安装的不是轮子,而是一个球呢?如果这个球可以 360 度旋转,从而增加操纵的稳定性,并且连接到重新设计后可以轻松拖动并具有无与伦比的稳定性的手推车前部,那会怎样?无须再想,因为"独球车"(Ballbarrow)出现了!它将改变你的生活,就像它本该改变发明者詹姆斯·戴森(James Dyson)的生活一样。然而,由于一个投机取巧的销售经理、一个靠不住的董事会和一场失败的诉讼,詹姆斯·戴森近十年的努力打了水漂。

如今,詹姆斯·戴森最为知名的产品是以他的名字命名的无袋飓风式吸尘器。这款产品使他成为英国最富有的人和最大的地主之

16
保护现有成就

一。但在 20 世纪 70 年代初，远在他花了五年时间在马车房里造了 5 000 多台吸尘器原型——其实马车房更像是美化的工具房——从而成为家喻户晓的人物之前，戴森就买下了马车房所在的老农场。正是在这个农场，他发明了独球车。

"我当时正在修整房子，照料花园。"他告诉我，"我注意到窄轮金属独轮车的不足之处。它很不稳定，车轮会陷进软地里，车脚踏板也会陷进软地里。所以用过一辆独轮车之后，我就开始重新设计。"

詹姆斯最终推向市场的产品解决了他在翻修新家时遇到的所有问题，但也带来了其他一些问题。五金店和园艺中心不想销售这款产品。"他们觉得它看起来很奇怪。"他说，除此之外，"没有多少人会买独轮车。所以市场很小。"

想一想：你一生之中买过多少辆独轮车？一辆，也许两辆。詹姆斯的解决办法是在当地报纸上刊登广告，直接面向消费者销售。"广告总是紧挨着尿失禁裤或秃顶疗法。"他说，"不过我开始接到不少生意。人们真的寄来了支票。"

事实上，他收到了大量支票，以至于在几年内，他的独球车已经占据了英国市场 50% 的份额（不管这值多少钱），但这显然还不够，因为他仍然没有赚到什么钱。因此，他需要接受投资。

他和一群投资者成立了一家名为 Kirk-Dyson 的合伙公司，利润五五分成。作为融资过程的一部分，詹姆斯还将独球车的专利转让给了这家公司。这一直是大多数行业的标准做法。詹姆斯的问题是，当资金再次耗尽，因此有更多的投资者入股时，他的股份稀释到了 30%，这意味着他实际上不再拥有自己所设计的产品的专利权，而这款产品恰恰是整个企业的核心。相反，另外 70% 的股份握在谁的手中，这款产品就归谁所有。

更糟糕的是，当他们决定进军美国市场以期能够实现盈利时，负责合作关系的销售经理决定将这款设计卖给一家美国塑料公司，这样该公司就能以自己的名义生产和销售独球车。为了保护自己的知识产权，詹姆斯自然提起了诉讼。然而，尽管专利上有他的名字，但那已经不是他的财产了。他输掉了所有官司以及数十万美元的律师费。1979 年，又一场官司败诉之后，他回到英国，董事会把他从他一手创办的公司中解雇了。

詹姆斯不会再犯同样的错误。几年后，安利（Amway）抄袭了他的双气旋真空吸尘器的设计，并且推出了自己的版本，名为 CMS1000。十年之后，胡佛（Hoover）也开始步安利的后尘，甚至懒得掩饰。他们把自己的产品叫作三重漩涡清洁器，很有创意。面对这两场挑战，詹姆斯都做好了准备。这一次，他有了自己的公司，并且将这项发明的基础专利权握在了自己手中。这一次，他打赢了侵权的官司。在美国法院与安利打了五年的官司后，双方达成了和解，安利成为戴森吸尘器的联合授权销售商。胡佛在英国高等法院的审判中败诉，然后又在上诉中败诉。2002 年，经过三年的较量，胡佛以 600 万英镑的赔偿与戴森达成庭外和解，这在当时是英国专利诉讼中由法院判决的最大一笔赔偿。

这些年来，詹姆斯似乎一直在反复思考自己在独球车这件事上的失误。1994 年，他说这是一个"可怕的错误"。三年后，他在自

16
保护现有成就

传中说:"这就像生了孩子之后又失了它。"但是随着时间的推移以及多次专利辩护的成功,他对整个事情的态度变得更加乐观。(几十亿美元就能让人做到这一点。) 2018 年我们聊天的时候,他说:"有时候,一个人只有在经历了这些成长的仪式之后才能明白知识产权的重要性,才能明白拥有公司的多数股份甚至是所有股份的重要性。"

他的话当然没错(我们有什么资格和一个比英国女王更富有的人争论呢?),然而想要保护你的成就也不是一件简单的事情。拥有和掌控自己的知识产权是一回事;在法庭上捍卫它又是另一回事。

如果说我从采访这么多企业家的过程中了解到了关于知识产权的什么信息,那就是知道什么时候不要起诉和知道什么时候需要起诉同样重要。而知道为什么要起诉甚至比这更加重要。

这是柯特·琼斯(Curt Jones)从自己 1988 年成立冰激凌公司得意点(Dippin' Dots)的辛酸经历中学到的一课。过去 20 年间,得意点在体育馆、音乐厅、购物中心或游乐园里随处可见,得意点是一种彩色珠子大小的冰激凌球,通过将风味冰激凌混合物滴入液氮中瞬间冷冻而成。它们既像其他冰激凌一样美味,又像跳跳糖那样有趣。我的孩子们很喜欢得意点。

20 世纪 90 年代中期,全美甚至是国外的孩子们都爱上了得意点。柯特将业务转为批发商 – 经销商模式,这种模式当时已经帮助得意点这个品牌传播到了田纳西州纳什维尔的奥普瑞兰之外的地方,他们最初就是从那里的实体零售店与小摊起步的。这也帮助得意点赚到了第一桶金。"你总是在花你赚到的钱。"柯特谈到企业起步时说道,"但我们开始通过批发获得了一些收入。在五年左右的时间里,我们的批发销售额达到了 100 万美元。"

根据经销许可证,经销商除了购买产品还需要购买一只大型的品牌冰柜。运输时,需要将五个热封袋装的一加仑冰激凌装入一只旧牛奶箱,再将牛奶箱装入一个装满干冰的保温容器。经销商也有权在他们的杯子、袋子以及相关的包装和营销物品上使用得意点的标志。这些都没什么问题,只是"这份合同不是非常严格,我们从 20 世纪 90 年代末开始慢慢失去了对品牌的控制"。柯特说。经销商以得意点的名义生产各种产品,但是这些产品的颜色和尺寸各不相同。正如柯特所说的,就像是一个"大杂烩"。

其他合理使用该品牌的经销商也通过得意点赚取了丰厚的利润,但他们抱怨说,由于只签订了一年的合同,他们不可能积累财富并作出改进。因此,柯特在 1999 年将业务模式改为特许经营模式,在这种模式下,合同期为五年并可续签五年,因此给经销商提供了更多的保障,但是这种模式要求他们向柯特支付销售专利税(而不是简单地采用固定的批发费率),并允许柯特参与"关于如何使用得意点标志的更多规定"的制定等活动。这是一项双赢的提议——在接下来的六年里,113 家经销商中有 105 家转为特许经营,得意点的年销售收入翻了两番。

剩下 8 家没有签署特许经营合同的经销商则另有打算,他们参与了几年来一直在背地里发生的一些事情。自 1996 年以来,柯特就与得克萨斯州达拉斯市一位名叫托马斯·莫西(Thomas Mosey)

16
保护现有成就

的人打起了一场专利侵权官司,因为莫西决定用液氮自创"圆点冰激凌"并称之为"点点乐"(Dots of Fun)。得意点的广告语是"来自未来的冰激凌"。莫西为点点乐设计的广告语是什么呢?"今天就享用明天的冰激凌。"

基于柯特在1992年申请的冰激凌专利,得意点在1996年获得了针对点点乐的禁制令,双方的竞争一度被搁置。但在1999年,就在得意点转型为特许经营公司的时候,该专利案的特别专家裁定,如果点点乐只是将一块普通的冰激凌放入装饰有自己公司圆点的杯子,那么点点乐就不再构成侵权。

这时,八位持抵制态度的经销商"主谋"找到莫西,希望能够赢得更好的交易。"他们找到莫西说:'嘿,我们觉得你可以根据这项新的裁决来制作冰激凌。'"柯特说,"而事实也正是如此。莫西又开始制作冰激凌并将名字改为'粒粒雪'(Mini Melts)。"

这只是柯特·琼斯漫长噩梦的开始。他与托马斯·莫西又在法庭上斗争了六七年。他起诉莫西和粒粒雪公司,要求他们赔偿1 600万美元。莫西提出反诉,要求1 000万美元的赔偿,并在这个过程中对柯特专利的有效性提出了质疑。这是一场旷日持久的诉讼大战,诉讼细节此处就不多言了,但是最终双方都没有胜诉,柯特的专利因涉嫌欺诈而宣告无效,也正因为如此,最终他除了要支付自己的律师费外,还要承担莫西的律师费。他的账单高达1 000万美元,这还不包括他为了上诉欺诈认定和洗脱罪名而不得不花的75万美元。

在读到这段文字之前,你听说过粒粒雪吗?你吃过粒粒雪冰激凌吗？你知道这家公司还在经营吗？如果你给出的是肯定的回答，那你可以算得上是少数派了，反正在美国是这样。那么，得意点呢？你听说过它吗？见过它的摊位吗？吃过吗？如果家中有小孩，我猜至少有一项答案是肯定的，不仅因为它的冰激凌好吃，还因为这个品牌真的很强大。

正如柯特在采访中所承认的那样，事实证明，起诉托马斯·莫西和点点乐／粒粒雪的决定是严重的误判，尽管在原则上这种做法合情合理。即使法院没有驳回柯特的专利诉求，得意点的价值也不在于其知识产权，而在于其品牌。一开始最成功的经销商都是依靠品牌化获得了发展，这绝不是巧合。一旦公司转为特许经营模式，对品牌的要求更加严格，整个企业就会腾飞，这也并不奇怪。孩子们去看棒球比赛或是去游乐园玩时，他们要的不是圆点冰激凌，而是得意点。你根本买不到这种品牌资产，也不可能依靠抄袭或起诉得到它，莫西最终明白了这一点。

显然，1996年柯特第一次提起诉讼时不可能预见到这一切。当时，他的立场和意图完全合情合理。"我们觉得莫西侵犯了一项有效专利。"柯特说，"我们只是想让这家伙停止他正在做的事情。"但是后来情况发生了变化。从1999年可以规避最初的禁令到2006年诉讼结束，得意点发展迅速。那时，公然盗用柯特专利的竞争对手似乎根本无法对得意点产生太大的影响。我认为，作为一家企业，它的坚固性几乎完全归功于它作为一个品牌所具备的实力。

这就是兰迪·赫特里克与柯特作出起诉这一决定的不同之处。

16
保护现有成就

柯特在像兰迪那样捍卫自己的知识产权时（这是理所当然的事情），最终却将自己真正建立起来的东西——品牌、业务——暴露在潜在风险之下，而不是像兰迪那样保护它免受死亡威胁。柯特的出发点是好的，但他没有思考自己为什么要起诉以及真正需要保护的是什么。

现在，关键就在于：柯特仍然有机会经受住这场风暴的考验，并在事后看来属于战略失误的情况下幸存下来。2006年，也就是诉讼结束的那一年，得意点迎来了迄今为止最辉煌的一年，销售额达到4 700万美元。只是随后他的世界开始崩塌。牛奶价格飙升了34%，燃料价格上涨，液氮价格也上浮了10%。"突然之间，在销售额与前一年几乎持平的情况下，我们从净挣两三百万美元陷入了亏损。"柯特说。除此之外，他们还背负着1 300万或1 400万美元的债务——由于还要支付律师费，他们的债务是平时的两倍。随后，就在债务到期的时候，全球金融危机爆发。与柯特合作多年的当地银行给得意点三个月的时间，让他们想办法偿还或重组债务。

但在这三个月里，金融危机明显恶化，在这种环境下，银行决定收紧银根，把过去张开的援助之手收拢成拳头，给了柯特重重一击。就像1987年股灾之后加里·赫什伯格和石原农场的遭遇一样，在得意点的债务延期到期、需要付款的那天，柯特也收到了银行发来的违约通知邮件，他在银行的其他贷款也全部违约。

接下来的三年里，柯特一直在抗争。与债权人抗争。销量下降时，与市场抗争。如果人们担心自己的贷款会违约，就不会再购买那么多新奇的冰激凌。他尽量偿还银行贷款,而且往往支付的是高得离谱的利息。他尽其所能维持公司的生存。"我们原本可以一走了之,然后就没事了。"柯特说,"但我在伊利诺伊州第二贫困县的一个农场里长大。在那里,如果不务农,你可以当老师,也可以在监狱工作,但是其他工作机会就不多了。我们有 200 名员工。我们为那个地区提供了 200 个工作岗位。所以,如果事情变得糟糕,我们会将大量个人资产重新投入到业务中,以保证它能够继续生存下去。我们在想:'我们必须熬过这一关,一切都会变得更好。'"

有一段时间,情况看起来似乎向着好的方面发展。"实际上,我们已经挺过了 2007 年底开始的经济衰退和一直延续到 2010 年的销售低迷的那段最艰难的时期。"他说,"2011 年,我们真的觉得我们可以彻底摆脱困境。"然后,银行取消了他们的抵押品赎回权,柯特和得意点不得不根据破产法第 11 条提交破产保护申请——作为一个将偿还债务作为骄傲和原则问题的老派人士,柯特认为他永远不会这样做。

就在那时,就像詹姆斯·戴森逐渐失去独球车一样,公司真正开始从柯特手中溜走。在得意点申请破产保护的三天后,一对名叫马克·费舍尔(Mark Fischer)和斯科特·费舍尔(Scott Fischer)的父子主动联系他,表示有兴趣作为投资者加入公司。他们拥有一家名为查帕拉尔能源(Chaparral Energy)的家族石油企业,他们打算从公司中剥离一部分资金投入其他地方。柯特从未想过自己会破产,多年来银行一直催着他卖掉公司。对于他来说,接

16
保护现有成就

受费舍尔父子成为合伙人且利润五五分成的选择非常具有吸引力。

要是真有这么简单就好了。

"本来有很多积极的理由可以让我继续做下去。"柯特在谈到完成第 11 条要求的重组过程时说道,"费舍尔父子不仅会加入公司成为合伙人,还谈到要向公司投入更多资金,加速公司的发展。他们提出了很多正确的建议。"

不久,很多正确的建议都出了问题。"我们的交易变得越来越糟糕。他们没有成为五五开的合伙人,而是拿到了更多的所有权,因为他们要承担一些财务风险。"柯特回忆起费舍尔父子当时的理由时说道,"因此,在大约六个月的时间里,我最终没有在这笔交易中得到任何所有权。可以说,他们用债权买下了公司,让我又当了三年首席执行官。"为期三年的协议结束时(协议中包括柯特赢回所有权的条款),得意点的新东家选择不再续约,柯特正式出局。

要保护自己建立的东西不受外界威胁非常困难,当这种威胁来自内部,来自那些在你最需要帮助的时候通过承诺提供帮助来获得你的信任的合作伙伴时,更是难上加难,因为这些人往往会觉得自己就像是守护天使与救世主。面对前来拯救你的人,你又该如何防御?柯特不知道。"要是经历了重组,我也许还有很大的机会能和公司一起挺过难关。"但别忘了:他们提出了很多正确的建议。但不幸的是,最终,这些建议里都没有他。

尽管商业世界充满了不确定性,但是当竞争对手开始模仿你或起诉你,有时是两者兼而有之时,你就可以确定自己已经建立了一个能够成长和扩大规模的伟大的东西。或者像全盛时期的詹·海曼与落魄时期的柯特·琼斯一样，在投资者主动上门准备开出支票的时候达到这一状态。在这两种情况下，作为创始人，你需要能够站在看台上俯视舞池，知道哪些东西需要保护，以及如何才能提供最好的保护。你需要知道什么时候应该扣动扳机，什么时候应该收起手中的武器。这一点不容易判断，也不容易实现，不过建立一家伟大的企业也不是一件容易的事。既然你能够白手起家，那也应该能够做到这一点。

17

灾难降临时

  1982 年,制药业巨头强生公司步入了辉煌的一年。即便全美陷入经济衰退,强生的利润依旧同比增长超过 16%。作为一家价值数十亿美元的跨国企业集团,强生公司旗下有 140 多家公司,至少有同等数量的产品在市场上销售,强生公司的蓬勃发展在很大程度上得益于其中一款产品的表现:非处方止痛药泰诺。1981 年,经过几年的稳步推广,泰诺成功占领了 1/3 以上的止痛药市场,销售额超过 5 亿美元,在强生公司总利润中所占的比重接近 20%。公司高管普遍认为泰诺的增长潜力不会立即消失,他们预计泰诺将在五年内占据 50% 的市场份额。

  随后,在 1982 年秋,芝加哥地区有七人在几天内相继神秘死亡。调查很快发现,受害者的共同特征是最近服用了泰诺胶囊。对泰诺药瓶的检测和追踪发现,这些泰诺被人做了手脚,做手脚的人从当地药店和杂货店购买了一些瓶装泰诺,打开一些胶囊,然后在对乙酰氨基酚里掺入了氰化物。

  投毒的消息引发了恐慌。警车在芝加哥市区的街头巡逻,通过扩音器警告居民不要服用药柜里的泰诺。不出两天，芝加哥市长就开始敦促人们将家里的泰诺交给当地警局和消防部门。两天后，全面禁止市内的商店销售泰诺。其他城市和州也迅速跟进。这件事连续六周占据新闻头条。泰诺的销量下滑了80%。对强生公司来说，这绝对是一场灾难。

然而，强生公司首席执行官詹姆斯·伯克（James Burke）随后的处理方案成了领导力和危机管理的典范，在几十年后的今天，依然是商学院的教学内容。

几天之内，伯克召回了全美境内销售的所有泰诺胶囊——共计3 100万瓶。此外，他还宣布强生公司将用更安全的片剂替换召回的所有胶囊，而且分文不取。伯克在一个月内公布了重新上架泰诺的计划，新上架的产品采用新的"三重密封"防盗包装，包括一只胶粘盒、瓶颈安全塑封条、瓶口的铝箔封口，并且在瓶身上印制了警告，提醒消费者如果发现铝箔封口已被破坏，则应退回产品。这种防盗包装是当时的市场首创。而这件事之所以能够连续六周占据新闻头条，其中一个重要原因是伯克几乎每天都与全美各大媒体的新闻主管联系，确保公众能够获知所有的最新信息。

如今，伯克采取的这些措施似乎成为企业在面对此类灾难时的标准做法。但在1982年，这些做法非同一般。"1982年前，从来没有人召回过任何产品。"一位在危机期间为强生公司出谋划策的公关主管在2002年刊登在《纽约时报》的一篇题为《一切始于召回》（*The Recall That Started Them All*）的周年纪念文章中这样说道。事实上，召回的阻力更多来自董事会之外的人士。美国食

17
灾难降临时

品药品监督管理局（FDA）和联邦调查局（FBI）都反对这项提议。"联邦调查局不希望我们这么做。"伯克在 1982 年 11 月对《财富》（*Fortune*）杂志说，"因为这相当于对幕后黑手说：'嘿，你赢了，你能打垮一家大公司。'美国食品药品监督管理局则认为，这可能会引发公众更多的焦虑，而不是缓解焦虑。"

尽管如此，伯克还是向前迈进了。他为坚持这条道路付出了高昂的代价。待到事件平息之时，强生公司已经花费了 1 亿美元用于召回产品和重新推出防篡改包装的产品。中毒事件发生后，公司第一季度的净收入降幅超过了 25%。年底，泰诺的市场份额从 37% 的高点暴跌至 7%。"很多员工都觉得这个品牌已经回天乏力，泰诺的日子已经走到头了。"伯克说。

当然，最终事实并非如此。泰诺起死回生这件事本身并不引人注目，令人震惊的是它复苏的速度。两个月内，强生公司的股价就回到了中毒事件前的高点。八个月内，泰诺就已经收复了 85% 的止痛药市场份额，到 1983 年底，泰诺几乎夺回了所有的市场份额。

泰诺奇迹般的复苏完全归功于詹姆斯·伯克及其以符合公司价值观的方式迅速、果断、透明地采取行动的能力。自 19 世纪 80 年代末强生公司成立以来，这种价值观就已经融入公司的信条："我们相信，我们首先要对患者、医生和护士，对父母以及所有使用我们产品和服务的人负责。"

"这个信条非常清楚地表明了我们的目的。"伯克在谈到七起悲剧发生后的头几天时这样说道，"它给了我说服股东和其他人花 1 亿美元召回产品所需的有力论据。"这也让他在强生公司努力度过危机的几个月中赢得了消费者的信任。"公司的信条是为消费者服务。"伯克说。

信任是伯克一切工作的核心。他相信强生的内部团队能够做正确的事，也相信公众能够作出相应的回应。伯克相信，信任是他们能够将泰诺打造成这样一家"庞大且重要的特许经营权授权商"的原因。信任是他日常生活中的"一个关键词"，它体现在"几乎所有你为之奋斗并有助于获得成功的东西上"。

时间会证明詹姆斯·伯克是对的，但即便连他也知道，在承受这次致命的产品篡改所带来的财务冲击与声誉损害时，强生公司处于特权地位。"社会常常会抨击大型企业。"伯克当时说，"但是，这件事情说明，企业的规模对企业有益。如果泰诺是一家独立的公司，决策会更加艰难。"

这也是珍妮·布里顿·鲍尔（Jeni Britton Bauer）在 2015 年 4 月所做的选择如此引人注目的原因。

2015 年，珍妮的美味冰激凌（Splendid Ice Creams）已经经营了近 13 年。当时，它在珍妮的家乡俄亥俄州中部一带已经非常有名气。它的收入只有泰诺这类企业的收入的一小部分，但是就其规模、概况和特色而言，它的盈利水平却意义非凡——有些人可能会认为相当惊人。珍妮与三个合伙人有六七家大球冰激凌店，客户主要是高端百货店，与此同时，邮购业务也蒸蒸日上。然而，他们之所以与众不同，他们的成功之所以如此引人注目，是因为珍妮对质量有着近乎狂热的追求。她对食材的采购方式和采购地点要求严苛。她花了大量时间对牛奶蛋白质的分子结构进行实验，以确保冰激凌

17
灾难降临时

有非常独特的口感。她执着地关注着所有既耗费了大量金钱又削减了企业利润的小事，而自 20 世纪 70 年代末的本杰瑞冰激凌兴起以来，这个行业未曾经历任何手工业复兴，因此一直承受着商品化和价格持续下降所带来的压力。尽管如此，珍妮依然没有放弃对于完美的冰激凌口感的追求，并于 2011 年撰写了一本引人瞩目的关于冰激凌的书籍。2015 年 3 月，公司推出了一系列以纽约现代艺术博物馆举办的亨利·马蒂斯（Henri Matisse）剪纸展所呈现的色彩为基础的冰激凌，再度引发全美瞩目，同时，第一家门店在洛杉矶开张。洛杉矶是竞争最激烈的市场，也是迄今为止离俄亥俄州哥伦布市的总部最远的市场。

"我们正在高歌猛进。"珍妮说，"但是突然有一天，一颗炸弹落在我们身上。内布拉斯加州林肯市的一品脱冰激凌被检测出李斯特菌阳性。"

李斯特菌是一种食源性细菌，会引起发烧、肌肉酸痛、恶心和腹泻，甚至会造成免疫抑制人群如老人、慢性病患者或孕妇死亡。你绝对不想听见自己的产品被检测出李斯特菌的消息，尤其是当你觉得企业的状况正在好转，在它经受了早期的痛苦成长的历练，创建了一个响亮的品牌，并且似乎为长期成功做好准备的时候。

"谁都没有预料到我们会接到这通电话。"珍妮说。

她立刻发现自己陷入了 33 年前詹姆斯·伯克所面临的境地。芝加哥的死亡事件与泰诺有关的消息传出的当天，伯克和他的团队聚集在强生公司位于新泽西州新不伦瑞克市的总部，商定下一步行动的方案。珍妮的合伙人、公司的首席执行官约翰·劳（John

Lowe)接到林肯门店有一品脱冰激凌被污染的电话当天,珍妮的团队就聚集在总部商定行动方案。

"我们必须在很短的时间内迅速作出很多决定。"珍妮说。这让人想起了詹姆斯·伯克的观点。"据我们所知,还没有人因此生病,但我们需要防止病情暴发。我们必须决定接下来需要做些什么。"

他们选择停产并召回所有产品。起初他们甚至不知道应该如何召回,因为如果这种事情从未发生在自己身上,为什么要召回产品呢?

"我们想好了怎么做,提交了文件,并获得了美国食品药品监督管理局的批准。不出几个小时,265吨在各地销售的冰激凌就回到了我们手中。"她说。这意味着,在找到李斯特菌的来源之前,市场上已经见不到他们的冰激凌,也没有办法制造新的冰激凌,他们不得不关闭所有的门店。

1982年,泰诺的销售额下降了80%,但还没有降到零,因为他们还有其他非胶囊产品可以售卖。但在2015年,冰激凌是珍妮的唯一产品。他们的销售额瞬间归零。门店关闭,机器停产的时候,每天损失15万美元。

"那时,倒计时便开始了。"珍妮说。滴答滴答,逐渐向零逼近。"我们有600名员工,他们无所事事,事实上,我也不例外。我们开始环顾四周,意识到一切就这样了,什么也没有剩下。"

然而事实上,还有一些东西保留了下来:珍妮、她的丈夫查理·鲍尔(Charly Bauer)、小叔子汤姆·鲍尔(Tom Bauer)以及首席执行官约翰·劳在过去十年中建立起来的忠诚社区。

17
灾难降临时

"我们把公司当作一个社区,和社区一起慢慢成长。"珍妮说。2005年,他们的第一家独立的大球冰激凌店开业。此前三年,他们一直是俄亥俄州哥伦布市北部市场美食馆的主力军,珍妮的美味冰激凌就是在那里创立的。在接下来的三年里,他们又在哥伦布市区及周边地区新开了三家门店。直到2011年,他们才将业务拓展到哥伦布地区以外的地方,即便如此,也只是在不到150英里外的克利夫兰开设了门店。珍妮的美味冰激凌属于哥伦布市。[①] 珍妮和她的公司是哥伦布市的一员。

"这其中包含了很多信任。"珍妮说,"正是这种信任拯救了我们。"

又是这个词:信任。詹姆斯·伯克在处理泰诺中毒危机时,立刻与消费者建立了信任。珍妮·布里顿·鲍尔巧妙地将信任融入品牌之中,这很快就给了她信心,只要作出正确的决定,事情就不会像其他情况下那样糟糕。

顾客立即在当地紧闭的珍妮门店大门上贴上了鼓励的纸条,第一次显示出他们对珍妮的信任。"我们有这些很棒的顾客,他们在商店里贴上便利贴,他们简直是太美了。"2018年初,珍妮回忆道,当时距离李斯特菌污染事件不到三年。"我们当时就想:'你知道吗?我们正在为此而战。'"

最终,他们找到了李斯特菌的来源。它源自位于2 000平方英尺的工厂中一台设备后面的墙壁上一条细如发丝的裂缝。珍妮的

---

① 我在哥伦布的舞台上现场采访了珍妮·布里顿·鲍尔。她上台后,观众席中立刻爆发出我们做过的所有现场节目中最热烈的欢呼声。

团队迅速解决了这一问题，并准备恢复以前的生产水平。但与詹姆斯·伯克一样，对于珍妮·布里顿·鲍尔来说，仅仅解决问题是不够的。毕竟，她不仅仅生产冰激凌，还赋予了冰激凌新生。她不满足于用桃子罐头来制作脆皮蜜桃冰激凌，她在全美范围内寻找她能找到的最好的桃子供应商。

伯克为所有泰诺产品都换上了三重密封防篡改包装，而珍妮于2015年8月底在公司博客上发表了一封公开信，概述了其间发生的每一件事；描述了冰激凌的制作过程，让消费者了解完整的生产流程；宣布聘请一位新的品控负责人，她称之为"食品安全领域的绝地武士"①；她透露，作为新制定的李斯特菌控制计划的一部分，他们"在两个月的时间里每天进行近200次采样，以了解李斯特菌的来源并将其消灭"。

这既是有关透明度的终极姿态，也是一种基于相互信任的行为。这与公众给予詹姆斯·伯克的信任不谋而合，正是这种信任促使他对新闻媒体秉持开放的态度，这不仅不是当时的主流，也与强生公司的特色不符，因为强生公司一向以在涉及任何他们认为敏感的信息时都与媒体保持一定距离而著称。

无论他们的自然反应如何，珍妮和詹姆斯都知道，他们在这些危机时刻的决定至关重要，因为这样的时刻往往会成为企业发展轨迹中的拐点，无论好坏。

NBC新闻的一篇报道中，珍妮将这一时刻描述为"在我的记忆

---

① 绝地是《星球大战》中的重要组织。他们学习、研究和利用原力，保卫和维护银河共和国和银河系的安定。——译者

17
灾难降临时

中,它是一种分界时刻。危机发生之后(以此为界),你就会以一种与之前完全不同的方式向前迈进"。确切地说,如何或者说能否向前迈进,在很大程度上取决于你对这一时刻本身的反应有多迅速,多果断,多透明。

在危机面前,詹姆斯·伯克和珍妮·布里顿·鲍尔都展现了快速、果断、透明的领导力。这种领导力在短期内拯救了他们的企业,并使企业走上了长期持续增长的道路。今天,泰诺公司已经身价 10 亿美元;珍妮的美味冰激凌拥有 30 多家门店,年销售额达到 4 000 万美元。

只需看一看在面对灾难性问题时,其领导者采取了截然相反的做法,试图隐瞒、拖延或混淆视听的公司,就能明白如果缺乏有效的领导力,公司及其周围的社区会发生什么。

自 1996 年起,处理人身伤害索赔的律师与交通安全顾问就已经发现,由福特探险者越野车上安装的凡士通(Firestone)ATX 轮胎出现故障而导致的翻车事故激增,其中一些事故中有人员死亡。在长时间高速行驶和路面高温的情况下,胎面会与轮胎侧壁分离,甚至会导致越野车翻车。

1982 年,在詹姆斯·伯克的领导下,泰诺在几天内就迅速召回了所有胶囊。珍妮·布里顿·鲍尔在几小时内就下架了所有冰激凌,所有门店火速停业。但是在事件发生后的四年里,凡士通 ATX 轮胎始终没有召回涉事轮胎。直至 2000 年 2 月联邦监管机构展开调查,才促使福特和凡士通领导者采取行动。

最初未能采取行动的过错并不在福特或凡士通身上。最初几年,尤其是 1996 年和 1997 年初，准备代表事故受害者提起诉讼的律师都尽量避免向福特和凡士通透露有关探险者稳定性和轮胎完整性的信息，因此他们对联邦监管机构隐瞒了相关信息，而联邦监管机构的调查原本可以提醒汽车制造商和轮胎制造商留意。此外，他们不相信监管机构会进行善意调查。他们担心监管机构会像过去那样敷衍了事，而且调查结果不会发现任何错误。如果案件进入审判阶段，这将削弱律师能够争取到的赔偿金额。

然而，到 1997 年底，一位原告的律师说，他提起的一系列与轮胎相关的死亡诉讼本该引起福特和凡士通的重视，促使它们注意到这个问题。即便没有，那么到 1998 年，ATX 轮胎不断增长的保修申请也应该引起凡士通的重视。到了 1999 年，福特根本不需要额外的"提醒"，因为公司的主要领导者已经得知一些国际市场上销售的探索者出现的凡士通轮胎故障。

然而，福特和凡士通什么也没有做。轮胎事故依然在发生，死亡人数依然在攀升。2000 年初，美国国家公路交通安全管理局（NHTSA）终于对这一问题展开第一次调查，审查了 200 多起与轮胎有关的死亡报告，发现几乎 95% 发生在 1996 年之后。即便如此，直到六个月后，福特和凡士通才同意大规模召回仍在使用的近 1 450 万只受影响的轮胎。之所以耗费了这么久的时间，是因为两家公司的领导者花了大量时间争论这些事故是谁的过错，谁应对受害者所遭受的痛苦和折磨负责，而不是采取适当的措施尽快结束未来的痛苦和折磨。

福特指责凡士通的轮胎结构有问题，凡士通指责福特车顶设计

17
灾难降临时

不当、过度转向、工厂轮胎压力标准设定过低等。福特建议的胎压为 26 磅/平方英尺；凡士通建议的胎压为 30 磅/平方英尺。

最终，谁才是真正的罪魁祸首只对轮胎相关事故的受害者及其家属有影响。对于了解如何领导公司度过危机而言，更重要的是全面了解领导层出现空白时会发生什么。

福特与凡士通的情况不容乐观。到 2001 年底，调查结束、召回工作完成时，与轮胎有关的翻车事故已造成 270 多人死亡、800 人受伤。福特当年亏损 55 亿美元，普利司通①将耗资 20 亿美元进行重组。在遭受损失、经历变动的过程中，福特最终更换了首席执行官，凡士通的首席执行官和总裁引咎辞职，凡士通关闭了其在伊利诺伊州迪凯特的工厂，所有问题轮胎都是在那里生产的，这给公司造成了 2 亿美元的损失，并导致 1 500 人失业。

最终，两家公司联手处理了数千起索赔和诉讼，赔偿金额远超 10 亿美元，普利司通终止了与福特之间长达百年的合作关系。普利司通新任首席执行官约翰·兰佩（John Lampe）在寄给福特首席执行官雅克·纳赛尔（Jacques Nasser）的信中（这封信是在他下台前六个月寄出的）宣布解除双方的合作关系，并表达了听起来应该很熟悉的一种情绪："商业关系与私人关系一样，都建立在信任和相互尊重的基础上。我们得出的结论是，我们无法再为福特供应轮胎，因为我们关系的基石已被严重侵蚀。"

又是那个词：信任。

现在，如果这些领导者能够像要求商业伙伴那样，给予公众、

---

① 普利司通是凡士通的母公司。——译者

给予客户同样程度的信任和尊重，也许丧生在车轮之下的人就会少一些，保住饭碗的人就会多一些。显然，无论如何，无论是拥有百年历史的传奇跨国企业集团，还是刚刚在全国范围内站稳脚跟且斗志昂扬的企业新星，一旦灾难来袭，唯一可以帮助他们安然度过珍妮·布里顿·鲍尔口中那段"之前和之后"时刻的可靠方法就是采取快速、果断、透明的行动，将人放在第一位，将公众的看法放在第二位。

18

转换的艺术

两个相互竞争的学派一直主导着现代进化论。一派是渐进主义,他们与达尔文一样,认为物种层面的巨大变化是长期以来较小的变化缓慢逐渐积累的结果。另一派是间断进化论,他们相信20世纪70年代初由奈尔斯·埃尔德里奇(Niles Eldredge)和斯蒂芬·杰伊·古尔德(Stephen Jay Gould)提出的"间断平衡"假说,认为物种变化在短时间内迅速爆发,两个爆发期之间存在漫长的稳定期。

现实情况是,两种学说可能都对。进化既可以缓慢发生,也可以迅速出现。有时,在同一物种的谱系内这两种变化都有可能发生。事实上,我们似乎早在理解进化本身的细节之前,就已经理解了人类经验中的这一部分基本真理。

1926年,在间断平衡概念问世的45年前,海明威就借《太阳照常升起》(*The Sun Also Rises*)中一个次要人物迈克·坎贝尔(Mike Campbell)之口表达了上述想法。当被问及如何走上破产之路的时候,迈克答道:"两条路,缓慢的和突然的。"

85年后，受海明威书中这句话的启发，约翰·格林（John Green）在《无比美妙的痛苦》（*The Fault in Our Stars*）中写道："我爱上了你睡着的样子，慢慢地，然后突然地。"

同年，诺贝尔经济学奖得主、心理学家丹尼尔·卡尼曼（Daniel Kahneman）出版了他的代表作《思考，快与慢》（*Thinking, Fast and Slow*），本书的核心前提是人类的大脑在两个相互依存的思维系统上运行：一个是缓慢、善于计算、有逻辑、深思熟虑的系统；另一个是快速、冲动、突然的系统。

进化，财富，爱情，睡眠，思想。

这些都受制于起先渐进、随后突发的变化过程。商业也是如此。这种变化发生时——无论发生变化的是市场或行业、消费者的口味，还是天气（对于史黛西的皮塔薯片而言，天气的变化至关重要）——如果想让自己的企业能够继续生存和发展，受影响的创始人必须做好充分的准备，以应对变化。

1996年，史黛西·麦迪逊（Stacy Madison）和联合创始人马克·安德鲁斯（Mark Andrus）正在波士顿市中心的街道上引领三明治浪潮的前沿，这股浪潮将在2000年初席卷美国人的午餐桌。他们在一辆标有"史黛西低热量食物"字样的改装翻新的热狗车上售卖定制的健康的皮塔三明治。当时，"满大街都是卖皮塔卷的摊子。"史黛西说，"但是人们可以选择的范围很小。你只能买到鸡肉凯撒卷。我们提供了十几种三明治，都配了更高档的食材。"

多样的选择，再加上企业电子邮件的兴起，使他们立即在波士顿赢得了口碑。"我们就在金融区旁边，有人回到办公大楼后会给

18
转换的艺术

自己办公室的同事发邮件,一个办公室又会告诉另一个办公室。"史黛西回忆说,"最后,整个午餐时段我们的摊位前排起了20人的长队。"

为了让人们更容易接受排长队,史黛西开始在每天结束营业时将剩下的皮塔饼切开,烤成不同口味的薯片(最初的两种口味是肉桂糖和帕玛森干酪大蒜),在顾客等待三明治时免费分发给他们。

"最初,这只是一种留住客户的方式,但是人们很喜欢这种薯片。"史黛西说,"这段时间彷佛成了减价供应饮料的时间,他们不介意排队等待三明治,因为他们可以津津有味地品尝这些美味的免费皮塔薯片。"不久之后,人们就开始询问史黛西,如何才能买到她的薯片,好在聚会或办公室会议上享用。有些人建议她着手生产这些薯片,作为一款独立的产品来销售,她照做了,但也只是将薯片装在袋子里,用金丝带扎好,摆在热狗车上和三明治一起销售,一美元一袋。

当时,史黛西认为他们不可能靠薯片发财,但这不是重点。"回头客很多。"她在谈到产品的演变及其对顾客的影响时说道,"因为现在他们还可以买一些薯片作为下午的茶歇或零食。"

与此同时,秋天到了,天气开始发生变化。

"9月和10月的新英格兰有点冷。"史黛西轻描淡写地谈到那一年,"那时,我们决定要做一些别的事情。"

她并不是说要做别的生意,至少最初没有这样的打算。1996年,"史黛西低热量食物"的生意很好,那是他们开业的第一年。他们赚了2.5万美元,听起来不多,但对于一个只靠两个人经营,每周只营业五天，而且客流会受到严寒和酷暑影响的热狗摊来说，这已经算得上是真正的成功了。史黛西的意思是，他们需要换一个地方来经营生意——具体来说，就是转战室内。

史黛西和马克根本不需要多大的店面。他们只想要一个足够制作三明治、烤皮塔饼的地方，这样他们一年四季都能为市中心的客户提供美食。他们开始联系房地产经纪人。当史黛西告诉房地产经纪人自己的需求时，被他当面嘲笑。

"如果你想在附近找一个小店面，"房地产经纪人说，"可以排在欧邦盼和唐恩都乐（Dunkin' Donuts）后面等着。"史黛西不知道的是，那年随着天气逐渐变冷，大城市中小店面的商业地产市场也开始发生转变。史黛西和马克所乘的浪潮并非只有三明治，房地产经纪人的反应告诉他们，这是即食食品行业的普遍现象，而在背后推动这一浪潮上岸的，正是大型连锁企业。"当时，星巴克刚刚诞生。"史黛西解释说，"人人都想要那些小店面。"

由秋入冬，寻找店面的过程并没有变得更容易。市中心靠近他们摆摊点的店铺很快就被抢购一空，或者超出了他们能够承受的价格范围。他们一直想在梅西百货公司（Macy's）内开一家咖啡馆的事宜——她给它起了一个巧妙的名字，"史黛西梅西百货分店"（Stacy's at Macy's）——但是这个项目比他们最初的预想大了很多，而且由于纽约梅西百货公司把事情搞得太复杂，整个项目谈崩了。

于是，1997年1月，史黛西和马克注册成立了皮塔薯片公司，开始想办法将薯片推向市场。与此同时，他们继续经营"史黛西低热量食物",寻找小店面的工作也没有中断——这两项业务他们整整经营了一年——平日里在改装热狗车中制作皮塔三明治,其余时间则用于完善薯片的配方、设计包装、获得所有必要的许可,以及向商店推销产品。

最终,他们意识到,必须选择其中的一条路。"两者兼顾太难了。"史黛西说。

他们之所以选择史黛西的皮塔薯片,主要出于几个方面的考虑。"到了冬天,待在冰天雪地里真的很难受。"史黛西说,"如果我们能够把这些薯片卖给商店,而不是试图将流动餐车的覆盖范围扩大,我们可以更快地壮大起来。"

确实如此,这不仅是因为建立实体零售企业所需的资本远超消费包装商品企业,也是因为在 1997 年,通过转向"零添加"的全天然零食——史黛西就是这样描述她所生产的不含防腐剂的薯片的——她从一波即将吞噬她的浪潮(即食食品)跳到另一波刚刚开始聚集巨大力量的浪潮(天然食品)。事实上,加里·赫什伯格就是在这波浪潮中帮助石原农场实现了 1 亿美元的销售额。

"人们都喜欢天然食品,这正是我们一直在做的事情。"史黛西说,"所以刚起步的时候,我们把产品卖给小型美食店,随后卖给天然食品市场。"事实上,石原农场的产品也是卖给这样的市场——新英格兰全食超市的前身——面包马戏团(Bread & Circus)商店,当时只有六七家店面。

"我走进波士顿市中心的面包马戏团商店,然后说:'嗨,我是史黛西。这些是我的薯片,希望你们能够尝一尝。'"史黛西回忆道。

经理很喜欢她的薯片,不仅为自己的门店订购了一些薯片,还给面包马戏团总部送去一些,总部给所有门店都订购了薯片。

到2001年,史黛西的皮塔薯片的营收达到100万美元。到2003年,开市客(Costco)和山姆会员店(Sam's Club)也上架了她的产品。到2005年,距史黛西和马克在波士顿金融区旁边推出小三明治流动车不到十年的时间里,他们已经销售了价值6 500万美元的薯片,而这些薯片最初只是免费分发给食客的小食。2006年年初,百事正式收购了史黛西的皮塔薯片,据说收购价格达到2.5亿美元。

史黛西和马克在最初几年的发展是对变化的渐进性和突发性的研究。前一秒,他们还觉得自己在不断发展的浪潮中冲在了前面,而下一秒,他们的雄心壮志似乎就会被规模庞大的竞争对手压垮,这些竞争对手想尽快占领自己以及史黛西的市场,吞噬史黛西和马克唯一能负担得起的零售空间。

从皮塔三明治转向史黛西的皮塔薯片,既出于需要,又着眼于机会,这一选择本身就是教科书般应对市场变化的例子,似乎是所有成功转型的秘诀——不仅要认识到想要发展或生存就不能继续手头正在做的事情,还要找到其他要做的事情或可以做这件事的其他地方。

贾斯汀·坎(Justin Kan)和埃米特·希尔(Emmett Shear)创办Twitch就是如此。视频直播平台Twitch的前身是2007年3月创立的Justin.tv,是一个24小时不间断直播创作者生活的平台。与"史黛西低热量食物"一样,Justin.tv一经推出便大获成功,而且影响力远超"史黛西低热量食物"。因发起了"生活博客"革命,美国全国性媒体竞相报道其创作者。它很快就吸引了数十万独立月度用户,然后增至数百万。然而到那年夏天,贾斯汀再也忍受不了持续不断的曝光,不得不停止网站的运营。幸运的是,Justin.tv 的首席执行官埃米特·希尔说:"很多人都想做直播,而我们为支持直播视频流而开发的技术应用十分广泛,因此我们转而提供任何人都能使用的服务。"

结果,业务飞速增长。到第二年 4 月,平台已有三万个播客账号和多个类别可供用户搜索和探索。接下来的几年里,Justin.tv 一直沿着这个思路发展,新增数百万用户和几十个频道。

然而,到了 2011 年,"增长已经到了顶点,不知道下一步该怎么做。"希尔在 2019 年初《财富》杂志举办的头脑风暴科技大会的晚宴上讲道。与此同时,他们意识到,平台中有一个视频类别——游戏直播——吸引的用户数超过了其他类别用户数的总和。希尔丝毫不觉得意外。"Justin.tv 的节目中,我只看游戏直播,因为这是我唯一真正喜欢的东西。"他告诉头脑风暴科技大会的观众。于是他们决定将其分拆成一个名为 Twitch.tv 的姊妹网站。与史黛西·麦迪逊和马克·安德鲁斯的薯片业务不同的是,他们保持两个网站同时运营。2014 年前,他们一直是这样做的,直到 Twitch 日益强大,他们才再次进行调整,将整个重心转移到 Twitch,并将其更名为 Twitch Interactive,同时彻底关停了 Justin.tv。

有一点需要明确,他们不是因为 Justin.tv 失败才将它关停的。Justin.tv 只是不如 Twitch 那样成功,也赶不上 Twitch 的发展速度或规模。这是迄今为止，我直接从创始人那里听到，或是已成为商学院和硅谷传说的许多转型故事中最耐人寻味的一个方面，我认为也是这些故事最重要的特征之一。似乎很少有公司能够从失败走向成功。他们不可能把一个坏主意变成一个好点子。他们只是把一个好点子变成了一个伟大的点子。

即使是最为知名的转型故事之———照片墙——也不是因为它的前身，一款名为 Burbn 的签到应用的失败或本身即是一个坏点子而激励公司去转型。当然，Burbn 的用户群很小，但它的创始人已经筹集了 50 万美元的风险投资，而且这款应用确实有一个大家都喜欢使用的功能（当然是照片功能了）。凯文·斯特罗姆和迈克·克里格面临的问题仅仅是 Burbn 不够好，或者说增长不够快。而且，就像 Justin.tv 曾出现过的游戏类直播独占鳌头的情况一样，人们对应用中某项功能的喜爱程度超过了应用本身。正是这一点激励他们转型。

简·沃万和德美乐嘉的故事也是如此。她的护肤学校——国际皮肤研究所从来没有失败过。"课程全都选满了，还有人在等待名额。"简说，"人们从旧金山飞来，从凤凰城飞来，从内华达飞来。他们结识了彼此，住在一起，建立了友谊。"这个想法奏效了。正如特里斯坦·沃克说的那样，她的问题是"无法规模化"。简·沃万单枪匹马，皮肤研究所也只开在一个地方，因此这项业务的增长潜力本来就有限。

另外，护肤品系列几乎拥有无限的潜力，因为当时在美国，"美容院行业一片空白"，她的学生回到美容院后，使用的都是来自欧洲的产品。市场的空白，即缺少美国护肤品牌，就是一个"巨大的机会"。简说，这立即引发了转变，几乎在一夜之间改变了她的业务。

这些转变之所以令我印象深刻，是因为它们也反映了作出这一决定的企业家的心态的转变。到目前为止，我们谈论的很多事情都是独自一人为实现梦想不惜一切代价；希望你的脑海中萌生想法的种子，不受怀疑者或竞争对手的影响，有一天开花结果，成为真正的企业。而史黛西和马克、凯文和迈克，以及简在各自的关键时刻意识到的是，他们为发展自己的想法所做的工作与他们现在为发展业务所做的工作有着根本的不同。

2012年，斯图尔特·巴特菲尔德遇到的就是这种情况，当时他作出了一个痛苦的决定，关闭了一款名为Glitch的大型多人在线游戏。几年来，他一直得到风险投资的支持，在由工程师、设计师和程序员组成的团队的帮助下开发出了这款游戏——所有这些，无论是资金还是人力，都是凭借他作为成功的在线照片共享服务Flickr联合创始人的身份获得的（2005年，雅虎收购了Flickr）。这本身就是2002年斯图尔特首次尝试设计网络游戏时的一个转折点——一款永无止境的大型多人在线游戏，他称之为"游戏永无止境"（Game Neverending）。

与埃米特·希尔一样，游戏才能真正点燃斯图尔特的激情，就像当时的Justin.tv一样，"游戏永无止境"在网络2.0的早期具有令人难以置信的创新性。十年后，斯图尔特对Glitch怀有同样的抱负。"它完全不同于人们之前见过的任何东西。"斯图尔特说，"它更加开放与合作。看起来有点像苏斯博士（Dr. Seuss）、巨蟒剧团

（Monty Python）[1]与现代图形小说之间的碰撞。我们鼓励个体的创造性。"

他们的鼓励很有效。据斯图尔特估计，数千名忠实的游戏玩家从一开始就十分喜欢 Glitch，甚至从 2009—2010 年推出最早版本开始就爱上了它。"我们收集到一些非常积极的早期迹象，于是开始收费。"他说，"平均每人每年 70 美元。"

还有几十万人注册了游戏账号。矛盾的是，正是从这个时候开始，那些早期的积极迹象开始逐渐走向消极，因为玩家之所以对他们的游戏感兴趣，有相当一部分原因其实只是对网络游戏的普遍迷恋。"同时，与我们完全不同的开心农场（FarmVille）、星佳（Zynga）等休闲游戏开始火了起来。"斯图尔特说。有利的一面是"投资者开始真正相信"在线游戏的价值。"它突然身价数十亿美元"，这意味着，对于这位游戏创业者以及 Flickr 的创始人来说，获得风险投资并不困难。他不费吹灰之力就筹集到 1 750 万美元。不利的一面是，随着人们对在线游戏的兴趣的激增，那些获得巨大持续成功的游戏比 Glitch 更受欢迎。

"对我们来说，让人们坚持玩完游戏的前几分钟都非常困难，因为它实在是太不一样了，太奇怪了。"斯图尔特说，"大多数尝试过的人都会说：'这到底是什么鬼玩意儿？'三分钟后他们就会放弃。"他们坚实的销售漏斗已经变成了人们常说的销售"漏桶"。而这个漏桶根本起不了什么作用。漏斗的工作原理应该是这样的："首先人们听说了你的事情，然后他们登录网站，注册账号，再试玩游戏。

---

[1] 巨蟒剧团是英国的超现实幽默表演团体。——译者

在每一个阶段，都会有人放弃——这就是这一过程被称作漏斗的原因——但是最终，总会有人愿意掏钱。"

但是，对于 Glitch 的漏桶来说，还没等人们靠近流程中某个他们愿意掏钱的位置，就已经从漏斗的顶端掉了出来。"坚持到最后一步的人不够多。"斯图尔特说，"总是需要依靠下一件事——我们添加的下一条游戏动态，下一次的定制化设计——才能解决当前的问题。但是当我们不断尝试时，始终没有找到能让他们坚持玩下去的神奇公式。"

到了 2012 年，斯图尔特意识到 Glitch 不可能成功。"它永远不可能成为那种能够说服人们投入 1 750 万美元风险投资的业务。"他直言不讳地说道。于是，他在一天晚上起草了一封信，将自己的决定告诉了联合创始人和 Glitch 董事会。第二天早上，他走进办公室，召开了全体员工会议。"还没来得及说完第一句话的前半部分，我就哭了。"他说，"我曾说服在场的几乎每一个人，让他们相信他们应该来这家公司工作，应该接受我们的股票期权，应该相信这个项目，应该相信我。我真的感觉自己辜负了这些人。"

史黛西·麦迪逊和马克·安德鲁斯读着挂在墙上的警句，在他们的命运被唐恩都乐与星巴克封杀之前就采取了行动；简·沃万发现了市场空缺，而她正是适合进军该领域的不二人选；凯文·斯特罗姆和迈克·克里格知道，Burbn 受欢迎的功能不是签到，而是照片。但是，斯图尔特·巴特菲尔德不同于上述任何一个人，他不知道结束 Glitch 之后，除了数以百万帧游戏动画和数百小时的原创配乐之外，他还能为自己留下什么。他能用这些东西做什么呢？

他花了大约一周的时间才弄清楚公司到底还剩下些什么。

"因此，Glitch 的有趣之处在于，"斯图尔特说，"虽然作为一家企业它并不成功，但是由于我们开发了内部沟通系统，我们的工作效率非常高。"这个系统没有名字。他们从来没有讨论过这个问题，因为他们从未将内部沟通系统与借助它进行的交流割裂开。"我们甚至没有把它当作一件事情来考虑。"斯图尔特说。内部沟通系统只是他们为了实现自己的目的，围绕渠道的概念建立起来的东西，"倒置了典型的办公室沟通模式"，让任何员工都可以访问与公司工作流程相关的所有历史对话，无论他们是何时加入公司的。标准的基于电子邮件的沟通系统不可能做到这一点，新人入职时，他的收件箱几乎没有邮件。

"决定关闭游戏后，我们才意识到，我们已经离不开这样的系统了，所以我们觉得也许其他人也会喜欢它。"斯图尔特说道。

这个系统或者说这个想法后来发展成为 Slack。如今，Slack 已成为价值数十亿美元的云端协作软件。但在当时，对于斯图尔特及其团队来说，向潜在的企业客户推销这一概念的过程极其艰辛，因为他们并没有真正理解为何这个想法的核心会成为一个有机的转型点。他们认为这只是一种辅助性的东西，与他们原来的业务有联系，但在哲学上又与之无关。如何将一款复杂的网络游戏与一件企业中间件连接起来？

事实是，他们根本不需要构建这样的联系，因为这种联系一直存在，只不过它表现为自 2002 年以来，斯图尔特·巴特菲尔德从温哥华起步时所做的每一件事背后的真正动力。"两款大型多人游戏，"斯图尔特在谈到"游戏永无止境"和 Glitch 时说道，"还有 Flickr 的大型多人照片共享应用。Slack 就是工作中的大型多人通信系统。"

这就是斯图尔特所追求的想法的真正种子：大型多人通信系统。他所做的每一次转型都以这颗种子为核心。这是 Glitch 创始团队能够团结在一起，也是吸引 Glitch 面临裁员的员工最终选择加入的原因。"我就是喜欢做软件，我喜欢和这些人一起做。"斯图尔特说，"他们也都喜欢做软件。我们越是深入研究，就越发现这一切其实非常有意义。"

无论你多大，都需要极大的情绪成熟度，才能认识到你所领导的企业比作为企业建立基础的想法（你的想法！）更重要。要怀着谦逊之心去接受这个想法本身也许与你过去对它的理解并不相同，或者这个想法已经逐渐演变，然后在突然之间，在你忙于管理建立在它的基础之上的业务时，这个想法已渐行渐远。

从熟悉的事物走向崭新的事物需要真正的勇气——尤其是当好点子一开始看起来并不出彩，而且你似乎无处可去，也没有任何与业务有关的东西可带的时候。

第三部分 HOW I BUILT THIS

目的地

从很多方面来说，创业之路最可怕的一段就是成功。成功意味着你已经到达了目的地，实现了目标。其实这时才是工作真正开始的时候。你必须决定：现在该做些什么？下一步该怎么办？还要继续前进，再次创业吗？要坚持下去吗？要创建公司吗？怎样的公司？规模有多大？借助什么资源？为什么？走到这一步已经够难的了。伴随着维持成功状态的责任而产生的焦虑并没有让事情变得更加容易。为什么要让自己继续经历这一切？

这些问题很难回答，而且往往很难答到点子上。因为一开始，你只关心公司能否生存下来。你不追求完美，只希望能够避免踩坑。你没有考虑过传承，只关心能否在未知的旅途上多坚持一天。

然而，如果最终你想创建一家经得起时间考验的企业，这些问题就会变得至关重要。它们不只是盛装最初促使你前行的想法的容器，还能够反映你的使命与价值观，你付出的所有努力所带来的荣誉，你对成功路上曾向你伸出援手的人的善待。

无论下一步的行动是什么，找到这些问题的答案也会让你觉得自己很成功：你是否要留下来建设和领导团队，你是否会离开，你是否会继续前行并试图在另一个领域再次获得成功。如果不是由于真正属于你自己的原因去做这件事，如果你已经忘记了创业时的初心，那么，你刚刚经历的漫长而艰辛的创业历程很可能留下满心的遗憾，比如未能兑现承诺，忘记了成功的感觉。如果由于错误的原因来到正确的地方，不管有多少钱，你都会觉得自己是个彻彻底底的失败者，因为严格说来，真正的创业成功之路与利润无关。它也是寻找和实现更深层次目的的过程。这一直是我们的目的地。只有了解这一点并认识到你已经到达那里，才是回报真正开始累积的时候。

19

不能掉进钱眼里

2008年3月,由于大规模押注抵押贷款支持证券,美国第五大投资银行贝尔斯登(Bear Stearns)在一周多的时间里迫于巨大的压力倒闭了。六个月后,美国第四大投资银行雷曼兄弟(Lehman Brothers)也因类似的原因申请破产。人们普遍认为,雷曼兄弟的破产,推倒了市场衰退与金融危机的第一块多米诺骨牌。

也许我们会认为天真的轻率或妄想的亢奋是导致血液检测公司塞拉诺斯(Theranos)或电商初创公司Fab倒闭的原因。然而,这些原因并不能解释这些投资银行的倒闭。贝尔斯登不同于那些信奉"快速行动,破除陈规"①的现代科技独角兽,它并不是一家过于狂热的年轻巨头。贝尔斯登成立于1923年。雷曼兄弟已有150多年的历史。可以说,它们在很多方面助力美国发展,而它们所提供的服务背后却有其真正的目的。在2000年初的房地产泡沫时期,两家

---

① 脸书就将"快速行动,破除陈规"(move fast and break things)奉为公司的信条。——译者

公司都在徒劳地抗拒二级市场上交易的抵押贷款支持证券的吸引力。这个市场充满贪婪,次贷危机过后,评论家纷纷称之为赌场,因为赌博是它唯一的目的。市场参与者更像是赌徒而不是投资者或短期资本经营者。为了追求更大的收益,他们甘愿冒更大的风险,根本不顾押下这些赌注需要付出什么代价。这意味着放任贷款人向越来越不值得信赖的借款人发放越来越多的抵押贷款,这样他们就有更多筹码可以下注。

在此之前,贝尔斯登和雷曼兄弟熬过了美国内战、大萧条、两次世界大战和数十次金融恐慌。它们帮助了数百家公司,造就了成千上万的百万富翁。然而,这两家令人仰慕的公司终究还是没能战胜自己的贪婪生存下来。

披头士(The Beatles)告诉我们,金钱买不到爱情。卢梭(Rousseau)教导我们,金钱买不到幸福。这些次贷危机的受害者则向我们展示了金钱不能成为业务背后主要的推动力。

如果一家适应力强的成功企业能够在你百年之后依然是世间的一股向善的力量,那么其核心一定是拥有一个更大的目标,一项使命。作为创始人,你有责任从一开始就确定并阐明这一使命,然后在顺境时守护它,在逆境时依靠它。

秉持"使命为先"的理念经营企业的创始人往往能够更好地应对疯狂增长的诱惑,许多最初颇具潜力的公司早已在这种诱惑之下受损或沉沦。然而,在资金短缺或增长乏力时,一项明确的使命更有价值,因为这给了创始人继续奋斗的理由——对于年轻的公司来说尤其如此。相反,如果创始人抱着"金钱至上"的心态经营企业,

19
不能掉进钱眼里

金钱的匮乏会让他们更容易放弃正在做的事情，在原本不该转身的时候转身，一遇困难就放弃最初的想法，或者干脆撒手不干了。

詹·海曼体验过男性风险投资家的性别歧视、大男子主义和赤裸裸的骚扰，但是她并没有因为想借助 Rent the Runway 致富而忍受这一切。她拥有哈佛大学授予的两个学位。大学刚毕业时，22 岁的詹还是喜达屋酒店及度假村集团（Starwood Hotels and Resorts）的初级分析师。当时，她就提出了"蜜月登记"①的想法，喜达屋至今仍在使用这个想法，还对其进行了拓展。詹是人才管理机构 IMG 的业务发展总监。她是超级明星。如果只想成为百万富翁，她可以选择另外一百条更容易走的路，而不是接受一群四五十岁的富翁吹毛求疵的评估，他们既不懂女装，不懂服装对女性而言的重要性，也不懂女性。她大可以在撞到那面令人难堪的墙时选择退出。如果觉得对指手画脚的风险投资者唯唯诺诺就能筹集到资金，她大可以这样做。

但这不是詹·海曼走进风险投资者办公室的原因。她怀着一个目的，也为了这个目的敲开了他们办公室的门。"服装能让你产生某种自我认知。"她在解释这个想法背后的推动力时这样说道，"如果早上穿上一套令人惊艳的衣服，它会让你觉得自己充满力量、十分美丽、非常性感、无比放松，或是那天你希望拥有的任何感受，对你而言，这一整天都会发生变化。"她不仅从自己的亲身经历中感受

---

① 在西方，新婚夫妇通常会在举办婚宴之前拟定礼单，亲朋好友根据礼单和自己的能力，为新人选购物品。蜜月登记与传统的礼单类似，新人可以通过蜜月登记选择一项蜜月套餐，婚礼宾客可以为该套餐捐款，而非根据礼单购买实物礼品。——译者

到了这种转变的效果,还在她和联合创始人珍妮弗·弗雷斯开的一系列快闪店中,一次又一次地在女性身上看到了这种效果。这些快闪店的目的就是验证她们的假设,测试 Rent the Runway 模式的实时效果。

"我看到了这些能够增强女性自信的服装,对她们的行为举止、肢体语言与自我感知所产生的情感效应。"詹说,"在快闪店中,我看到女孩们试穿这些令人惊艳的衣服之后,感觉自己很美。她们的步伐带着一种新的自信,我真的觉得这可以成为一门独特的生意,不仅能为女性提供理性或明智的衣着选择,还能传递情感,让她们每天都觉得自己很美丽。"

这就是 Rent the Runway 的使命。詹很清楚自己和珍妮弗努力打造的是一家能够让与她们一样的女性感受到力量、权力与美丽的公司,正是这个认知赋予了詹动力和意志,让她能够克服在投资推介会上遭受的侮辱,并真正接触一些风险投资者,邀请这些风险投资者参加快闪活动,让他们亲自了解她已经掌握的信息。他们也确实发现了这些能够增强女性自信的服装所产生的情感效应。詹卖给几家风投的不仅仅是商业模式,还有企业肩负的更重要的使命。

使命不仅可以在事情不顺心的时候激起斗志,还可以给企业与你指明方向。它能帮助你发现机会。从增进企业利益的选择,到颠覆或阻碍企业发展的选择,它能帮助你在任何情况下对所选领域进行分类和优先排序。对于一家年轻的公司来说,这也许是使命最为重要的作用,因为,无论是产品开发、融资、招聘还是营销,如果周围的一切都围着你打转,那么不论是创始人还是企业,都很容易

19
不能掉进钱眼里

失去方向感。一旦失去了方向感,维持使命感的机会就会变得十分渺茫。毕竟,如果你不知道自己要去哪里,就很难知道自己为什么要去那里。

2019 年,我应邀前往由绿山胡椒博士(Keurig Dr Pepper)与安海斯–布希公司(Anheuser-Busch)在波士顿创立的合资企业 Drinkworks 演讲。从功能上讲,Drinkworks 生产的是胶囊鸡尾酒调制机。例如,如果你想要一杯莫斯科之骡(a Moscow Mule),这款机器会告诉你需要使用什么尺寸的玻璃杯,杯中要加多少冰块。然后,你只需放入胶囊,在水箱里注水,按下按钮,就能得到一杯温度理想的完美的莫斯科之骡。这确实是一项非常巧妙的工程。

我见到这个团队的时候,他们正处于发展的早期阶段。他们已经申请了所有的专利,拥有完整的产品线,并制造了大量的话题,受到关注。他们的演示视频在网上疯传,他们获得了十亿级赢得媒体(即用户口碑)的媒体印象,他们登上了《今日秀》(*The Today Show*),吉米·法伦(Jimmy Fallon)也在《吉米今夜秀》(*The Tonight Show Starring Jimmy Fallon*)中提到了他们。然而,他们很难在市场上获得真正的牵引力,因为烈酒是一个受到高度监管的行业,规则因州而异,而且当时这款产品只在佛罗里达州或密苏里州有售。许多人都听说过他们正在研究的这个东西,但是没有人买得到,就连他们公司所在的州也买不到。对于一家新公司而言,这并不是什么好事。如果监管的繁文缛节继续扼杀你的潜力,你会开始感到绝望。

因此，我在演讲结束时对前来听讲的 Drinkworkers 的员工说："让我问你们一个问题：你们的使命是什么？每天早上来办公室的时候，你在想些什么？"

第一个发言的人说，他们的使命是作为一个团队，尽可能制作出最优质的产品。

下一个人说，他们的使命感很强，他们想要成为世界上最好的饮料制造商，为消费者提供价值。

两个回答都没能让我或是他们的同事热血沸腾。我没有收到任何后续的回应。没有人在他们的回答上做文章。房间里的气氛就这样冷了下来。

我说："好吧，这样说吧：我们的使命是创造一款能为聚会提供便利的产品。有了这款产品，你可以在自家的厨房和客厅里轻松举办派对、创建小团体。无论你是住在郊区的双职工家庭，还是住在市区的年轻人，你都不会在家里单独辟出一块类似于传统酒吧的空间。对于你的家庭来说，Drinkworks 就像是办公室中的饮水机，是一个可以聊天、建立人脉和创建小团体的聚集地。哦，它还能调制出完美的鸡尾酒。"

现在，你可能会觉得这像是品牌自吹自擂的废话。不可否认的是，其中有一些确实是我边说边凭空瞎扯出来的。但其中很多都是我几天前在为与团队聊天做准备时得出的结论。当然，他们制造了一款能够调制鸡尾酒的机器。很简单。但是他们为什么要制造这样的机器与他们生产了什么产品是不一样的。就像詹·海曼的 Rent the Runway 涉及的业务是租借设计师定制的礼服，但她之所以选

19
不能掉进钱眼里

择涉足这一领域,是因为她想让客户觉得自己很强大,很美丽。

那么,Drinkworks 到底是做什么的呢?又为什么要做呢?这些都是我试图自行寻找答案的问题,也是我就企业使命向他们提出的问题的核心。他们的目的是,找到一个答案,为他们在各州政府错综复杂的官僚体制中穿行时提供一个持续的方向,因为这些官僚体制使他们的产品无法对市场进行全面渗透。

来自英国西南部的前禅师安迪·普迪科姆(Andy Puddicombe)遇到的情况与 Drinkworks 正好相反。Drinkworks 的产品已经成型,它只是苦于寻找自己的发展方向,而安迪的使命却从未改变——揭开冥想的神秘面纱,让尽可能多的人都能接触它。自 2004 年还俗之后,安迪在莫斯科进行了一次出乎意料的冥想教学,之后,他就知道自己要去往何方。只是他不知道,他会花上八年的时间,几经起伏才能创建流行的冥想应用程序头脑空间(Headspace)。

头脑空间背后的使命最早是安迪在莫斯科逗留的时候形成的,当时他正在等待苏格兰一所修道院为期四年的冥想静修名额。"我想专注于长期研究,以便更好地理解我的思想。"安迪说。但与此同时,他发现自己处于一种完全不同的体验中——学习教授冥想的意义。

起初,安迪按部就班地进行教学。"我采取的是一种非常正统的教学模式。"他说,"但是,随着对于那些来我们中心学习冥想的人的了解愈加深入,我们对于他们生活中发生的事情进行的非正式对话的次数也逐渐增多。"为了帮助人们理解这些教学内容,安迪在对话中摒弃了他原本非常支持的传统、公认的教学方法。他会告诉学生他对于这些课程的看法,以及他是如何尝试将课程所学应用于自己的生活的。"我们非常强调保护教学过程,不要把自己的感受投射到教学过程中。"安迪解释说,"但我发现,后者往往比传统的教学方法更能引起人们的共鸣。"

安迪所采用的随意的外行解释与他作为禅师所代表的传统在教学效果上存在显著的差距,正是这种差距促使他在经过十年的专门训练之后选择还俗,返回英国的家中。"我找到了一种谈论冥想的方式,虽然之前我从未体验过这种方式,但它似乎真的可以引起人们的共鸣。"安迪说,"于是,我开始考虑揭开冥想的神秘性,试图使它更容易被人接受。"

回到英国后,他迈出的第一步就是弄清楚这段经历,然后找到可以进行一对一教学的地方,就像他在莫斯科冥想中心教授第一批学生时所做的那样。"每当有空的时候,我就写点什么,试图弄清楚我想做什么。"他说。

这不是一件容易的事。安迪依然十分喜爱自己在成年后第一个十年间一直坚持的传统,并与之有着深厚的感情。他不会因为自己已经还俗就无视之前的一切。但是,即使是那些他知道绝对有效的东西,比如其他民族的人使用的故事和隐喻,他也必须进行调整。问题是,如何调整?答案当然需要在任务中寻找:任何能够揭开教学的神秘面纱并使其更容易理解的东西。

他说,目标"是给人们足够的灵感或是让他们兴奋地去尝试冥想,因为很多人都听说过也读到过关于冥想的信息,但是只有真正体验过之后,你才能让他们实现飞跃,真正为你带来好处"。所以他开始在实践中加入更多的故事。他借鉴了其他宗教传统中的很多隐喻和类比，但进行了加工，使它们"更贴近生活，容易接受"。

他在自己的第一个教学场所，伦敦一家综合健康中心的一间诊室中对所有这些进行了微调。负责运营这家健康中心的医生听说了很多关于"正念"——西方人对于东方冥想技巧的总称——的好处并且"对它可以对诊所现有的东西作出怎样的补充非常感兴趣"，安迪说。安迪有意选择从伦敦金融区的一家诊所起步。如果他想成功揭开冥想的神秘面纱，不仅要让学生容易接受他的教学方式，教学地点也应该便捷。"我特意选择了那家诊所，因为我不希望选择人们惯常能够看到别人练习冥想的地方。"他说，"我不希望把它放在另类健康诊所或类似的地方。我希望它能给人以主流的感觉。"

不久之后，安迪每天都接待 6～10 个人，每个人的问题都是主流问题。"他们正在与抑郁症、焦虑、失眠、压力、偏头痛作斗争——我们在完全超负荷的生活中所经历的许多事情。"他说。他每周给每个人诊断一个小时，持续十周，在这个过程中逐渐形成一个人人都能受益的为期十周的模块课程。这里所说的"人人"就是指我们每一个人，因为"现在，你在头脑空间应用程序中听到的一切，都建立在那段时间开发的内容和语言之上"。安迪解释道，"要理解什么有效，什么无效，什么语言能够触动人心，什么不能，这是一个非常重要的训练场。"

但在开发头脑空间应用程序之前——截至 2018 年年中，该应用程序已拥有超过 3 000 万用户和 100 万付费用户——安迪首先要弄清楚如何超越一对一诊断的体验。不是为了赚更多的钱，而是为了更快地接触更多的人，尽管他可以利用它来挣钱。"我想把冥想推广出去。我想让更多的人参与冥想。我只是不知道除了诊所之外还能怎么做。"他说。

周末的时候，安迪会在各处举办一些研讨会，不过仅此而已，直到 2009 年初，经朋友引荐，他结识了头脑空间后来的联合创始人，一位名叫里奇·皮尔森（Rich Pierson）的年轻的前广告主管，他已经厌倦了事事不离酒的艰苦的广告代理行业，正在安迪工作的同一家诊所学习针灸，以应对日益严重的焦虑。如果想要从广告行业过渡到清醒且更有目的的生活，里奇就需要更多的帮助来缓解焦虑。如果安迪想要完成自己更大的使命，就需要在诊所之外的品牌推广和建设方面获得帮助。

"我可以看到冥想给人们带来的效果，即便是以前不关注冥想，也未从中获益的人。"安迪说，"但仍然只能在诊所里进行一对一教学。我不知道：我是否应尝试培训其他人教授冥想，我是否要尝试把冥想推广到工作场所，我不知道，也没有商业经验。我只是想，里奇可以帮助我把这个想法带出诊所，传播到更远的地方。"

里奇同意提供帮助。安迪同意让里奇加入他的冥想课程。这是一个完美的组合。2010 年，经过几个月的思想碰撞，他们成立了头脑空间。请注意，当时头脑空间并不是一款应用程序，而是一家在英国各地举办冥想工作坊的公司。

正如你可能想象的那样，这并不是一个很好的创业项目。除非你是奥普拉·温弗瑞或戴夫·拉姆齐（Dave Ramsey）这样的名嘴，否则现场研讨会是一项十分艰难的业务，规模很难扩大。毕竟，

19
不能掉进钱眼里

世上只有一个安迪·普迪科姆，而他在一天内能够安排的研讨会数量有限——不是说他们没有尝试数量上的突破。但更重要的是，他们已经步入了轨道。他们正在实现安迪的使命。通过安迪在过去几年里开发的冥想课程，他们让越来越多的人越来越专注地学习冥想。最终，他们在2012年决定将十周经过测试的内容转变为一个为期365天的冥想课程，该课程能够以数字化的方式在线运行，只要按下一个按钮，数十亿人都可以通过手机学习这门课程。

安迪·普迪科姆和里奇·皮尔森知道他们一直在做什么，以及他们想在冥想方面走向何方，应用程序是通向目的地的唯一合理途径。驱动他们向前的更深层次的目的实际上已经排除了其他可能更有前途的选择。

拥有一个更大的使命对创始人及其企业来说具有巨大的力量。使命引领着一位前禅师——一个在成年后的大部分时间里放弃了所有世俗财产，发誓远离金钱的人——沿着唯一的道路走向现代创业成就的巅峰，这条路可以保护他免受轻松领取薪酬的诱惑，免受持怀疑态度的投资者的厌恶，不仅让他能够坚持自己的原则，而且使这种保护成为创业过程中的重要部分。

20

创建文化，而不是狂热的崇拜

自 2009 年以来，网络上便开始流传一份被硅谷称作《文化甲板》的著名文件。《文化甲板》由大约 130 张幻灯片组成，是创业者里德·哈斯廷斯（Reed Hastings）在与团队筹建一家名为网飞的小公司的过程中创作完成的，整个制作过程历时十年。这份文件最初只是公司的内部培训材料。网飞上市并开始盈利之后，哈斯廷斯和公司经理带领新员工学习这份文件，更加关注"我们想成为怎样的公司，我们想要如何运营公司"，哈斯廷斯说。

在最初的几年里，人们对于《文化甲板》的反应喜忧参半。一些新员工很喜欢它；一些人则完全由于个人原因而对它感到恐惧。不过，哈斯廷斯十分清楚，《文化甲板》不只是一份培训文件，还可以成为招聘和审查的工具。"我们意识到，我们应该将它介绍给所有应聘者。"2017 年，哈斯廷斯在他的播客节目《规模大师》（Masters of Scale）里告诉硅谷另一位同样名叫里德的大咖（里德·霍夫曼）。早在两年前，也就是 2015 年，哈斯廷斯曾说过，"我们想确保所有应聘者都能获得他们心仪的岗位。"他们做到了这

20
创建文化,而不是狂热的崇拜

一点。早在 2009 年,他们就在 SlideShare 上发布了《文化甲板》,此后它就像 T 恤炮①里射出的超级球一样,开始在互联网上反弹,影响深远。

通过明确界定求职者的身份、信念,以及求职者偏好的工作方式,然后将其记录下来并展现在世界面前,网飞不仅在求职者应聘之前就筛掉了不理想的求职者,还让"许多原本根本不会考虑网飞的人投来了简历"。21 世纪初,在硅谷掠夺性的招聘环境中,选择文化成为一种竞争优势。它帮助网飞成长为一家价值 1 500 亿美元、拥有全硅谷最高的员工薪酬与最低的员工流动率的媒体公司,而且在不到 20 年的时间里,以自声音和色彩问世以来前所未有的方式颠覆了影视行业。

里德·哈斯廷斯并不是自然而然地想到这种"文化至上"的做法的。对于第一家公司——纯净软件(Pure Software),他采用的是另一种方式,也就是说,"以我为先"。这不是说他自私;事实恰恰相反,他事事亲力亲为,或者至少试图亲力亲为。"我想,如果我可以多打几通销售电话,多出几次差,多写几段代码,多做几次采访,总能得到更好的结果。"他说。在他看来,如果有一个问题需要解决,或者代码中有一个错误需要修复,作为公司的创始人和首席执行官,他显然是完成这些任务的最佳人选,毕竟这家公司是他心血的结晶。最终,肩上的担子越来越重,开始让人喘不过气来。"我整晚都在写代码,白天努力完成首席执行官的工作,偶尔,我会挤出时间洗澡。"但是这一招并不奏效。哈斯廷斯必须找到更好的解决办法。

---

① T 恤炮是在棒球比赛中用以发射筒装 T 恤、炒热气氛的大炮。——译者

这是他犯的一个错误,《文化甲板》就是从这个错误中诞生的。现在,每当纯净软件遇到问题,他都会尝试实施一个流程来防止问题再次发生,而不是自己去解决问题。2018 年,克里斯·安德森(Chris Anderson)在 TED 大会上接受采访时[①],称之为"非常半导体良率导向",这是他在没有实际尝试的情况下,能够从"文化至上"中获益的极限。哈斯廷斯告诉安德森,真正的问题是"我们试图对系统进行虚拟验证,最终只有虚拟人愿意在那里工作。当然,市场随后发生了变化,公司无法适应"。

纯净软件最终被其最大的竞争对手收购,里德·哈斯廷斯利用出售公司的所得与别人共同创立了网飞。他确保不会在新公司重蹈痴迷流程、以创始人为中心的覆辙。他很幸运。然而许多创始人却没有这么幸运。所有成功的创始人都会告诉你,凡事亲力亲为,确信只有你自己最了解公司并有建立反映这种信念的流程的冲动,是创业过程中所特有的现象,并且可能具有惊人的破坏性。一旦流程不奏效,而你的结论不断被证明是错误的,你可能会假设,只要你再多承担一点,多努力一点,一切都会好起来。但这种方法会让你身心俱疲。另外,正如里德·霍夫曼在参加哈斯廷斯的播客节目中所说的那样,"增加工作量永远不是真正的答案。要想在规模化的过程中取得成功,就必须做到物尽其用,人尽其才。而要做到这一点,就必须非常用心地去打造文化"。听起来像是常识——因为这确实就是常识! ——但令我惊讶的是,我遇到的创业者常常会在公司开始发展的时候犯下包揽一切的错误,最后导致企业的一切都开始与创

[①] 我有幸聆听了该采访,这是一场引人入胜的对话。

20
创建文化，而不是狂热的崇拜

始人而非企业本身相关。

即便是最用心良苦的创业者也很难避开这类陷阱，更不用说发现这类陷阱了。在创业初期很长的一段时间里，你会感觉这只是你和你的想法。你在脑海中播下种子，用灵感浇灌它，直到它萌发出一个想法；你用研究供养它，直到它破土而出，在世人面前露面，这是它第一次感受到来自观众的热情关注；然后，如果你幸运的话，它开始开花结果，逐渐成长为一个成熟的业务。

这一路是一个全身心投入的过程，需要你投入所有的时间、精力和专注力。这就是你所想的一切，一段时间后，你和想法之间的界限就会开始模糊。你很难分清你在哪里结束，而公司又从哪里开始。很难想象有人能像你一样了解公司或是它所面对的问题，尤其是在更不景气、更艰难的时期。所以，当团队中有人指责你把一切都当成了自己的事，这的确没法明确地区分。你所做的一切，都是为了企业。你已经为企业付出了一切。如果还能付出更多，你一定不会有所保留。但是当你和企业不分彼此的时候，当你让自己的身份和企业的身份合二为一的时候，至少在外人看来，你对企业毫无保留的关注，不就是对自己毫无保留的关注吗？

陷入此类陷阱的创始人有一个共同的名字。耶鲁管理学院专门研究首席执行官的杰弗里·索南菲尔德（Jeffrey Sonnenfeld）教授将他们称作"君主型首席执行官"。"他们以自己为中心来定义企业，以企业为中心来定义生活。"他告诉《华盛顿邮报》（*The Washington Post*）记者。近年来，这类创始人中最臭名昭著的当属现已倒闭的服装零售商 AA 美国服饰（American Apparel）颇具争议的创始人多夫·查尼（Dov Charney）。

在21世纪的前十年，AA美国服饰曾是服装业和文化界的霸主。它的广告既前卫又具有挑逗性。所有适合开店的城市的最好的地段都有它的零售店。它的服装产自洛杉矶市中心一栋大型旧厂房。整整十年，它的服装无处不在，所有人的衣柜中都有。直到现在，我还有几件AA美国服饰的T恤和帽衫，轮流穿。

AA美国服饰火速从一家美国国内服装制造商和批发商崛起为一个国际零售品牌，随后又火速没落。2000年，公司迁入洛杉矶市中心的那家知名工厂。2005年，AA美国服饰成为美国发展最快的公司之一。2011年，公司拥有250多家门店，收入远超5亿美元。而后，2014年，身陷性骚扰诉讼和糟糕的财务交易的多夫被踢出了他一手创办的公司的董事会。到2015年，AA美国服饰进入破产保护程序。2017年，使多夫·查尼广为人知的这家公司已经不复存在：它切断了与创始人的所有联系；其知识产权在拍卖会上以不到1亿美元的价格卖给了竞争对手吉登运动服（Gildan Activewear）；AA美国服饰的门店关门大吉。

这是一个悲伤的警世故事。多夫·查尼就是AA美国服饰。AA美国服饰就是多夫·查尼。这就是整个问题的所在。大家都看出来了。《纽约时报》写道："除了公司之外，查尼没有任何其他兴趣。他认为自己不可或缺。"《金融时报》（*The Financial Times*）表示："几乎可以说，查尼先生认为，他经常遭到指控的不道德行为与他经常被人称赞但又颠覆传统的时尚品牌的形象密不可分。"查尼并不否认这种观点。他告诉《金融时报》记者："我是这个品牌的一

20
创建文化，而不是狂热的崇拜

部分。"

创始人与公司之间的深度同步是造成 AA 美国服饰面临的问题的根源。查尼在公司不同的发展阶段担任过首席执行官、设计师、主摄影师、男装模特广告的核心人物，同时也承担着公司最大的责任，不只是法律责任。一旦创始人迷失在自己创建的公司之中，他往往就会成为一个控制狂。他让门店店长直接给他打电话。一个众所周知的例子就是，他搬进一个出了一些问题的仓库，在那里安装了淋浴器，这样他就可以 24 小时住在那里监督工作。一次，AA 美国服饰洛杉矶总部的停车场发生了交通堵塞，查尼亲自下楼指挥交通，直到一切恢复正常。

也许这些是愿意为了公司不惜一切代价的领导者所体现的谦逊、浪漫的姿态，但查尼的做法实际上反映了随着公司的发展，创始人逐渐变成了严苛的微观管理者。"很多创始人很难摆脱这种转变。"达特茅斯塔克商学院的悉尼·芬克尔斯坦（Sydney Finkelstein）教授在查尼被赶出董事会后说道，"如果公司规模较小，微观管理未必是一件可怕的事情。可是一旦你做过了头，一旦企业想要发展，你的身边就得有管理人才。"

AA 美国服饰没有管理人才。或者说，即便有过，这些人才也很快流失了。芬克尔斯坦用"旋转门"来形容 AA 美国服饰。公司的高管告诉《纽约时报》，查尼"严苛地控制着一切"。业内分析人士在同一篇文章中评论说，AA 美国服饰"逐渐成为人们眼中一个有才华的人不愿意去的地方"，以至于随之而来的人才流失造成高层管理人员内部出现了权力真空。

高层管理人员——或者说公司发展早期的创始团队——对企业的长期成功至关重要,因为他们是企业文化发展和传播的途径。里德·哈斯廷斯在着手建立网飞的过程中对于这一点有深刻的认识,而差不多在同一时间,多夫·查尼却开始将目光转向公司内部,反其道而行。起初,这种文化固然是创始人思想的体现,但是2015年哈斯廷斯在凯鹏华盈(Kleiner Perkins Caufield & Byers)首席执行官研讨会上接受风险投资家约翰·杜尔(John Doerr)的采访时承认:"如果文化根基稳固,那么新的领导班子就会在这种模式下发展起来,他们往往也会传承这种文化。"然而,如果根基不稳,领导层不断变动,文化也会随之发生变化。查尼不断地解雇或赶走有才华的领导,从而将AA美国服饰曾经有过的企业文化连根拔起,并且用自己填补了这部分空缺,自此,AA美国服饰的文化就变成了多夫崇拜。多夫的形象轰然崩塌的同时,AA美国服饰的大厦也开始倾倒。

我不禁又想起里德·霍夫曼关于成功规模化的观点。作为一位创始人,你必须在深思熟虑的基础上有意识地思考如何创建企业文化。我逐渐明白,这一切都始于也终于共同的价值观。

1-800-GOT-JUNK?的创始人布莱恩·斯库达莫尔(Brian Scudamore)在开展垃圾清理业务五年之后才发现了这一点,当时企业的年收入约为50万美元(还在不断增长),拥有5辆卡车和11名员工。他的顿悟似乎是良性的。"我发现自己不再觉得开心了。"他说,"甚至开始避免与员工相处。"世界上当然还有比首席执行官不想在下班后与员工一起出去闲逛更糟糕的事情。"我找错了人。"

20
创建文化，而不是狂热的崇拜

他说，"我意识到，一个坏员工，带坏全公司。而我的 11 名员工中就有 9 个坏员工。"并不是说他们人品不好，而是他们不利于布莱恩试图创建的公司和企业文化的发展。"他们看不到我设想的愿景。"布莱恩说，"他们的工作就是拖走垃圾，再送到垃圾场。他们不能让客户产生因为清理了垃圾，空间再次变得宽敞而感到轻松的感觉。"

这是布莱恩对公司的愿景，也是他试图融入企业文化的价值观。这项业务应该是一种充满关怀和值得肯定的追求。公司为客户分忧，将客户从一直压在他们身上（有时甚至压了好几年）并且侵占他们生活空间的旧物什中解放出来。公司减少了客户积累的旧物，为客户的生活增添了乐趣。1-800-GOT-JUNK？所做的事情含有情感和心理因素。

但是布莱恩的第一批员工并没有意识到这一点。他们只是在扔垃圾而已，所以他们觉得自己就是垃圾工，因而他们的行为也像是垃圾工。他们的想法与布莱恩的愿景不符，所以布莱恩解雇了他们。他承担了全部的责任。"作为他们的领导，我说：'嘿，我让你们失望了，我很抱歉。但是这样下去公司不会发展。'"

当然，具有讽刺意味的是，至少在眼下，布莱恩不得不亲自完成所有的工作。"公司的运力从五辆卡车降为一辆。"他说，"我是接线员，负责登记、预订、调度、运输垃圾。我包揽了所有的活儿。"为了能够朝着正确的方向前进，并奠定一种文化的根基，他不得不向后退，退回到那个熟悉的瑞士军刀的创业阶段。25 年后，这种低调坚守的文化在加拿大、澳大利亚和美国各大城市的数百家特许经营店创造了 2.5 亿美元的年收入。"公司创立之后，一切都与人有关。"布莱恩说,"找到合适的人,善待他们。"

如何做到这一点?首先要寻找与你有着共同价值观的人。爱丽丝·沃特斯(Alice Waters)就是通过这种方式建立了潘尼斯之家(Chez Panisse),这也许是现代美国美食界中最重要的餐厅。1971年,潘尼斯之家在加州大学伯克利分校南面的一栋老式艺术和工艺品商店里开业,随后成为加州美食的发源地。它开启了我们今天所说的"农场直达餐桌"美食。爱丽丝仅仅关注食材,而非烹饪技术,从而改变了厨师处理食物的方式与顾客的用餐方式。不出所料,这并不是爱丽丝为潘尼斯之家所设定的目标。她只想复制在自己家中以及朋友家中所做的事情——创造一个空间,让人们可以聚在一起聊天,可以吃到非常简单、非常美味的食物。

20世纪60年代末70年代初,潘尼斯之家的想法成型时,这些概念与主流文化截然相反。那是罐头食品和即食食品的黄金时代,快餐加盟店遍地开花。潘尼斯之家开业两年后,罐头汤生产商史云生(Swanson)推出了"饿汉"晚餐。到1975年,美国家庭共拥有100万台微波炉。当爱丽丝在1971年向人们谈起她的想法时,人们觉得只有疯子才会为了几道简便的法式菜肴,如酥皮肉派、橄榄鸭和苹果馅饼下馆子并为之买单。更疯狂的是,爱丽丝和她的伙伴不要你的钱!

"如果一直想着赚钱,我会感到羞愧。"爱丽丝告诉我,"参与这个项目的人都不指望靠它赚钱。如果能够赚钱更好,但是我们对此不抱期望。我们是心甘情愿投入到创业中。"

这就是你在发展任何一种企业的时候需要从周围的人那里得到

的东西。"在潘尼斯之家工作的每个人都对同一个想法充满激情。"爱丽丝说。这就是她招聘员工的标准,也是她一开始聘请了许多朋友的原因。"如果每天需要工作15个小时,你一定希望能够和你喜欢的、和你有共同价值观的人在一起。"

这种共同的目标和价值观,比金钱和盈利更重要,同时也是潘尼斯之家长盛不衰的原因:它至今仍在营业,而在这个行业里,独立餐厅的平均寿命只有五年,90%的餐厅在第一年就关门了。爱丽丝并不想成为亿万富翁。她并不是想创建爱丽丝公司,将她的名字和面孔推向全球。她只有这一家餐厅。"我无法想象飞到世界各地去参观我的餐馆。"她告诉我。她的目标和她的食物一样,非常简单。

"我一直想找到一个自己想去并且始终在不断成长和变化的地方。"爱丽丝在谈到自己决定不进行特许经营,而是只开一家潘尼斯之家餐厅,同时以其他方式扩大其影响力的时候说道。"当不同的人把不同的想法带进餐厅时,餐厅的影响力就会扩大。这就是为什么我真的觉得,找到和你有着相同价值观的人十分重要。他们把不同的想法带进餐厅的时候,就是在为企业注入活力。"

仔细想想,这就是网飞《文化甲板》的全部目的。网飞希望找到相信这130张设计简单的幻灯片所传达的理念的人,这些人与组织里的其他人、与组织、与文化有着相同的价值观。网飞希望下一代领导者能够将里德·哈斯廷斯及其联合创始人马克·伦道夫(Marc Randolph)在1998年春推出的东西延续到未来。

这是一个简单的概念——通过建立一家有共同价值观的企业来创造一种持久的文化——但这也是许多创始人奋斗的目标,因为他们让自己被日常琐事绊住了脚，或者完全迷失在企业之中。更糟糕的是，他们开始认为只有自己才知道公司需要什么（通常是更多像他们这样的人）。然而，里德·哈斯廷斯与世界共享了一个培训工具，而且渴望整个季度都无须作出任何决定，但是仍然有太多的创始人想要重蹈多夫·查尼的覆辙：在仓库里建一个淋浴间，睡觉时把对讲机放在胸前——如果你真的有时间睡觉的话。可怕的是，一旦你全身心投入其中，成为多夫·查尼比成为里德·哈斯廷斯要容易得多。

2019年，我在华盛顿特区对特里斯坦·沃克的采访进行到尾声的时候，我问他，在他现在所了解的事情中，有哪一件事情是他希望自己能够早15年了解的。他的回答简单明了："了解你的价值观。"不仅需要了解，还需要把它们写下来。在筹集第一轮资金的三周前，他就这样做了。这笔资金将他为有色人种提供剃须解决方案的想法变成了一家价值数百万美元的企业，而他将自己的名字写进了沃克公司的名字之中。

他列出了六项价值观：勇气、灵感、尊重、判断、健康和忠诚。这张清单之所以引人注目，并不是因为他能够像细数自己孩子的名字一样将它们列出来，而是因为这些价值观念如此清晰地印在一个36岁的人的脑海中，而这个人一生中的大部分时间都将致富作为人生的唯一目标。特里斯坦在皇后区长大，随后获得美国最负盛名的寄宿学校之一霍奇斯学校的奖学金入校就读。他每天都能看到富与贵的区别。他目睹了真正的财富可以打开的大门，他想为自己和家人打开这扇门。走出高中校门的那一刻起，这个目标就驱使着

20
创建文化，而不是狂热的崇拜

他做的每一个决定：选择什么专业（经济学）、去哪里读研究生（斯坦福商学院）、去哪里实习（推特），以及毕业后进入什么公司工作（Foursquare 和安德森·霍洛维茨基金）。

要是不够小心，特里斯坦很容易就会走上多夫·查尼式自我陶醉的发展轨迹。然而，正如他所说的那样，他发现了一个需要为"像我这样的人"解决的问题。他开发了一套解决方案，只要培育这颗种子，精心照料，确保这个想法能够开花结果，就能将其发展成为一家拥有许多雇员的企业。特里斯坦的目标随即发生了变化。他的目标不再是单一的以自我为中心，而是多重的公共目标。他意识到，要想让企业屹立百年不倒（这是他的新目标之一），就不能只关注你自己，因为"这不会让你的规模扩大"。只有你的想法、你的故事，以及你的价值观才具备这种能力。你要了解它们并且与人分享。

"了解你的价值观能让你与员工达成共识，让你在这个嘈杂的世界里与你的消费者达成共识，但更重要的是，它们赋予了你目标。"特里斯坦说，"如果不知道自己的价值观，就无法作出一致的决定，只有保持一致，才能保持理智。"

我认为，你也需要通过一致性来激发你的员工。没有什么比一套写在纸上、能够让大家看到的清晰的价值观更一致的东西了。问问里德·哈斯廷斯就知道了，或者，最好问问他的 7 000 名员工。

21

以小博大

从华盛顿特区搬到旧金山湾区之后,我们做的第一件事情就是在奥克兰的杰克伦敦广场搭乘轮渡,前往对岸的旧金山,然后花了一天的时间四处走走逛逛。我的儿子们想去旧金山的热门景点——去渔人码头看海狮、在鲍威尔街坐缆车、参观恶魔岛——但是当我们在轮渡大厦这座标志性建筑下船,踏上内河码头,沿着市场街向市中心望去的时候,这座城市的景色瞬时吸引了我。以前我从机场或海湾大桥来旧金山的时候,从未见过这番美景。

一边是我们经常在电影中见到的旧金山:市场广场一号两幢一模一样的米色建筑,泛美金字塔,内河码头中心的四座塔楼——看起来就像是地球伸出双手,通过建筑而不是手指比出了"恶魔角"手势[①]。

另一边则是相互交错的建筑塔吊和玻璃塔楼,犹如一根根钟乳石和石笋,时而悬在空中,时而拔地而起。其中有不少建筑是住宅

[①] "恶魔角"手势也叫"金属礼"手势,是金属和摇滚乐队、乐迷在现场经常使用的一种手势。该手势需要把大拇指、中指和无名指贴紧,食指和小指伸出。——译者

21
以小博大

大楼,不过最引人注目的还是一幢高达 61 层的子弹形建筑。无论是建筑的外形,还是视觉上的效果,都让人想起伦敦的"小黄瓜"①。这幢建筑就是赛富时(Salesforce)大楼,以租用该大楼的大型云计算软件公司赛富时的名字命名。赛富时还租用了米慎街的其他建筑。

我看到一个不断变化的城市。它正在经历地震般的历史性变革,而可能引发地震的断层线正沿着米慎街与市场街向前延伸。南面聚集了许多科技公司的总部,这些公司在 21 世纪初的互联网淘金热中挖到了金矿,并成为其所在领域的主导力量:赛富时、推特、Instacart、爱彼迎、品趣志(Pinterest)、星佳、特鲁利亚(Trulia)、DocuSign、来福车(Lyft)、优步。北面则是真正缔造了这座城市的传统公司的地标建筑——吉尔德利巧克力(Ghirardelli Chocolate)、富国银行、李维斯(Levi Strauss & Co.)——这些公司在 19 世纪 40 年代末和 50 年代兴起的淘金热中起家。它们并没有直接参与黄金开采,而是在外围经营,为淘金者提供服务,从而赚到了第一桶金。

听说人们在萨特的磨坊(Sutter's Mill)②发现了金矿之后,多明戈·吉尔德利(Domingo Ghirardelli)于 1849 年从意大利移民到加州。和最初几年涌入加州的所有人一样,他尝试过采矿,但也像大多数人那样惨淡收场。由于具有一定的商业根基,他放弃了淘金的幻想,决定在斯托克顿开一家售卖采矿用品和糖果的商店。这个小镇位于旧金山通往最近的谢拉山麓矿区的道路的中间。由于生

---

① "小黄瓜"是伦敦地标,因其独特的圆锥形而得名。——译者
② 引起 1849 年淘金热的地方,位于美国加利福尼亚州。——译者

意兴旺，在接下来的几年里，他在旧金山开了第二家店，后来又开了一家酒店。1851 年，酒店被烧毁后，他又开了一家独立的糕点店，后来发展为吉尔德利巧克力公司。

1852 年，旧金山开始飞速发展，亨利·威尔斯（Henry Wells）和威廉·法戈（William Fargo）从纽约来到旧金山，创立了富国银行，以满足矿工和商人对银行服务的需求。不出几年的时间，他们就将分行开遍了整个淘金区。他们专注于将资金留在当地并为当地客户提供服务，而不是像银行业的惯常做法那样将客户的存款汇回纽约。这不仅为他们赢得了客户的忠诚度和可靠的美誉，也帮助他们度过了 1855 年的经济危机，他们所有的竞争对手几乎都没能撑过这场危机。由于将重心放在旧金山，放在正在建设旧金山的矿工和商人身上，富国银行一度成为人们的不二之选，从而巩固了其对当地银行业务的进一步控制，然后迅速向外扩张到其他地区。

李维·施特劳斯（Levi Strauss）借鉴了吉尔德利巧克力与富国银行的做法，于 1853 年从纽约搬到旧金山，开设了一家向探矿者和迅速增长的当地人口销售纺织品的商店。很快，他开始与该地区的其他商店做起了批发生意——批发纺织品、布料、采矿用品，最后在 19 世纪 70 年代初涉足我们现在所说的牛仔裤行业。当时，内华达州里诺市的一名裁缝买了一些牛仔布，想在口袋上装金属铆钉，制成更耐用的裤子，然后要求施特劳斯出钱为新设计申请专利。两人因此成为合作伙伴，并最终跻身百万富翁的行列。

在与创始人交谈时，我曾不止一次想到，与全力开采母矿比起来，在淘金热的浪潮中走李维斯的路线成本更低，风险更小，而且一样可以赚钱——用现代创业界的话来说,就是追逐独角兽。试想一下,在米慎街两旁以及市场广场南面的办公区内的少数科技公司创立之初需要数亿美元的风险投资。单就优步而言,它在成立后的十年间就筹集了 200 亿美元,然而每一辆优步车都需要面对来自 100 家竞争对手的竞争。在这种资本密集、赢家通吃的环境中取得成功的可能性始终比找到一个有可能繁荣发展的利基市场并在那取得成功的可能性要低得多。

这也是消费类电子产品制造商贝尔金国际(Belkin International)的创始人切特·皮普金(Chet Pipkin)在 20 世纪 80 年代初得出的结论。彼时,他还是加州大学洛杉矶分校的一名学生。正值第一波科技淘金热,即个人计算机革命开始之际,切特努力学习有关电脑的一切知识,希望能够找到一个好的商业想法。他曾想过要成为 PC 制造商,不过这个念头"很快就被否定了",他说,因为"需要的资金超出我的想象,而且似乎很多人都想进入这个领域"。

到 1982 年,已有六七家 PC 厂商推出了自己的产品,其中就包括 IBM 和康懋达(Commodore)。到 1984 年,又有四家公司的产品面世,其中就有苹果。对于一个与父母同住在南洛杉矶家中 22 岁的青年来说,市场竞争极其激烈。而 IBM 不只是一家电脑制造商,13 年前,IBM 还搭建了阿波罗登月任务背后的计算引擎并对其编程。康懋达 64 拥有当时最好的图形和声音处理器。我们也都知道苹果后来的发展。这不是一个可以轻易涉足的行业,一不小心就会输得倾家荡产。

不过，切特并不太在意这些，因为在努力了解这个新生的个人计算行业的过程中，他最早的认识之一是，市场上存在像他这样的人可以填补的空白。"这不可避免。"他认为，"总会有一些人们没有想到的事情。我不知道到底是什么，但我知道那是我要寻找的。"

他让自己沉浸其中，在当地的电脑商店闲逛，最终找到了自己的定位。"我只是在观察。"他回忆道，"几乎从第一天开始，我就注意到了一件事。人们会买一台 PC 和一台打印机，然后他们会问：'怎么用呢？'"

今天再讨论这个问题已经不合时宜。如果你有一台相当新的电脑和一台打印机，只需插上电源，打开开关，它们就会通过 Wi-Fi 找到对方并且自动连接。但是 1982 年的情况与现在完全不同。"市面上的计算机出自不同的制造商。"切特解释说，"电脑上有不同的连接器，打印机上也有不同的连接器。对于那些只想通过电脑打印的人来说，这绝对是一场噩梦。"

就像英国和美国早期的铁路那样，当时两国国内不同地区的铁轨宽度各不相同，轨道车的联动机制也因制造商和所有者而异。为使整个巨大的网络能够正常运转，发挥其巨大的经济潜力，所有这些系统都必须标准化或相互兼容，铁路公司最终也是这样做的。它们商定了一套标准的铁路轨距和宽度，然后根据 1873 年一位名叫伊莱·詹尼（Eli Janney）的美国发明家的设计，开始部署一套能够更容易地连接轨道车的耦合机制。

切特·皮普金在见到客户费力地连接电脑与打印机时所发现的机会，就是成为个人计算机领域的伊莱·詹尼。"不可否认，这方面的一大空白提供了一个精美的工具,让电脑与打印机协同工作。"他说。这是一个"看起来比制造硬件更具有吸引力也更令人兴奋"的机会。

这就是切特选定的道路。在兄弟和父亲(他的父亲是一个优秀的工具制造商)的帮助下,他在父母的车库里用一块 4×8 英尺的胶合板和一块层压板搭建了一个临时工作台,然后捣鼓着将一堆电线和预制连接器组装成可以将第一代 PC 与第一代打印机连接在一起的线缆。

切特自己也承认,这些线缆不怎么好看,但是它们能正常运作,而且很快有了销路,即使一开始他不得不四处寻找买家。最终,客户纷纷找上门来。《计算机经销商》(*Computer Dealer*)刊登了贝尔金国际的首条广告时,卡内基梅隆大学的学生商店向他订购了 100 根线缆,用以连接 IBM PC 的并行端口与爱普生打印机。

"这是我们有史以来最大的订单之一。"切特在谈到 1982 年公司的早期发展时说。在他看来,当时制约成功的唯一因素是无法快速生产线缆。切特雇用几十名员工解决了这个问题,这些员工帮助他在 1983 年底,也就是贝尔金国际公司开业一周年之际,将销售额提高到了 18 万美元。

在一个显示出巨大增长潜力的年轻行业中,一个在车库里工作的小团队所取得的这种成功是不容忽视的。这就引出了一个问题:为什么该领域的大公司不会(或者说没有)像切特那样发现这个机会,然后采取行动,以贝尔金国际在若干年内都无法实现的规模创造这些价值?切特认为,原因在于,在经济繁荣时期,寻找和拥有一个小利基市场是企业家的宝贵策略之一。

"仅生产 PC 以满足市场需求这一项就已经让 IBM 忙得不可开交。"切特解释说。"PC 一直供不应求，IBM 不知道某家小型企业或消费者会选择什么样的打印机，甚至不知道应该生产什么。"

切特的观点是，一方面，IBM 和其他类似的 PC 制造商在主营业务上有太多的工作要做，根本无暇顾及，甚至根本不了解它们觉得机会很小的事情。另一方面，对于贝尔金国际这样的公司来说，这个利基市场是"规模完美，工作量恰到好处"的。

当然，切特不会对 PC 制造商构成威胁，这一点也帮了大忙。他并没有试图从 PC 制造商手中夺取市场份额。如果说他们之间有什么联系的话，那就是随着时间的推移，随着产品愈加成熟，切特选择生产的产品会成为他真正想帮助的 PC 制造商的风向标。毕竟，他的业务目标是让更多的 PC 能与更多的外围设备一起工作，为更多的消费者服务。因此，如果贝尔金国际决定为你的机器生产的线缆比为你的竞争对手生产的要少，那就说明你应该好好审视一下自己的业务了。

切特正是凭借线缆和其他连接设备制造商的身份，找到了他的詹尼耦合器，他的蓝色牛仔裤、镐头和铲子，他的银行服务。在个人计算机革命的边缘为自己开辟了一个空间，并在其成为主流的过程中提供了一些燃料，他得以追随伊莱·詹尼、李维·施特劳斯、多明戈·吉尔德利，以及亨利·威尔斯和威廉·法戈等人的脚步。2018 年，切特以 8 亿美元的价格将贝尔金国际卖给了富士康（Foxconn）的子公司，算是挖到了属于他的母矿。

有趣的是，听切特讲述贝尔金国际从 1982 年位于父母车库中的

21
以小博大

简陋产品发展到如今摆上苹果商店货架这个不可思议的故事时,我的脑海里又浮现出我为"我的创业历程"所做的第一批采访中对赫布·凯莱赫的采访。具体来说,正是赫布一贯注重不尝试做太多的事情,以及他与西南航空成长为一家国际航空公司这个不太可能发生的故事之间的直接联系,使得切特的故事引起了我的强烈共鸣。

"我给员工们写了一封信,描述了我对西南航空未来十年的十大担忧。"赫布在谈到公司早期一个关键阶段时告诉我,"第一条就是忽视竞争,沾沾自喜。"

只不过,大多数人都没有领会他说这句话的意思。多年来,得州的大型支线航空公司一直试图将西南航空扼杀在摇篮中,试图在西南航空还没有腾飞之前将其告上法庭,从而将其逐出市场。躲过了这一劫并且帮助西南航空踏上发展之路后,他又在接下来的30年里,目睹一家又一家大型航空公司或是因为烧钱面临破产,或是因为管理不善被迫与其他公司合并。如环球航空(Trans World Airlines)、美国东方航空(Eastern Airlines)、瑞士航空(SwissAir)、阿罗哈航空(Aloha Airlines)、泛美航空(Pan American World Airways)、大陆航空(Continental Airlines)、西北航空(Northwest Airlines)、美国西部航空(America West Airlines)。

赫布绝对不希望西南航空遭遇同样的命运,"因此我说了这样一句话,'小处着眼,小处着手,我们就能做大。大处着眼,大处着手,我们就会变弱。'"他在提到那封信的时候说道。他告诫员工不要像大航空公司那样思考或行动;不要迷恋大航空公司所拥有的东西;不要按照大航空公司的条件与它们竞争。相反，他相信，只要西南航空坚持做自己最擅长的事情，只要量力而行，按照自己的原则经营，只要坚持走自己的道路，一切都会好起来，重大的机遇就会出现。简而言之，只要西南航空小处着眼，小处着手，就将前途无量。

这才是从在现代商业史上留下斑斑印记的科技和工业淘金热中能够找到的最宝贵的经验和最鼓舞人心的故事。不是科尼利厄斯·范德比尔特（Cornelius Vanderbilt）、杰伊·古尔德（Jay Gould）或19世纪末20世纪初的其他铁路大亨。不是IBM、苹果或是在20世纪80年代和90年代崛起的任何大型软件公司。也不是优步、赛富时、推特，或诞生于2000年初的互联网热潮的科技公司。这些科技公司总部位于旧金山米慎街，它们划定了我们要去的地方和我们已经去过的地方之间的边界。

如果你想找一个与蓬勃发展的行业联系密切且盈利的公司的企业家或创新者的例子，很难找到比李维·施特劳斯、伊莱·詹尼、切特·皮普金，甚至赫布·凯莱赫更好的例子。他们不仅证明了一个小利基市场的盈利能力，这些市场就像一条金矿脉，看似只有一英寸宽，却足有一英里深；他们还证明了这个利基市场有可能成为一个立足点，雄心勃勃的创始人可以从这个立足点出发，为下一轮淘金热抢占先机。

22

管理紧张的伙伴关系

公司如同家庭。表面看来，它们都很相似，有时还有点无聊，但就其内在而言，它们却都有着独特的复杂性。它们会以特殊的方式去做在其他人看来很奇特的事情。它们有对自身来说意义重大而且定义了自身运作方式的规则、传统和术语。它们也有内部竞争和争吵不休的小团体。它们有包袱，有秘密，有家丑。有了这些共同的历史，人们最终构建了一个共同的身份，有一面共同的旗帜，无论是为了团结起来完成一项任务，还是应对一项威胁，他们都可以借助这面旗帜在繁荣或困难的时期，把自己包裹起来。

指挥行动、为未来指明方向的举旗者就是领导者。家庭中的领导者是父母。初创企业的举旗者是创始人。就像任何一个复杂家庭中的父母一样，创始人之间的关系也可能变得十分复杂。他们之间的关系可能会变得紧张，甚至破裂。创始人可以彼此相爱，关心对方，只想让自己的企业获得成功，但他们还是会吵架。也许他们在经营之道上意见不一；也许他们的领导风格各不相同；也许他们的个人目标发生了变化；抑或他们只是因为年复一年地如同创业者那般辛苦地工作而疲惫不堪。

无论如何，作为一位创始人，你必须为合作蜜月期结束的那一天做好准备，褪去创业的浪漫感，用经营企业的平凡义务取而代之。与任何成为日常工作一部分的事情一样，这种日子既不那么新奇，也不那么令人兴奋，但你仍然必须做好自己的工作，以便能够发挥作用，同时也准备好在工作不饱和的情况下作出艰难的决定。这些决定可能是你一生中做过的最为艰难的决定，对于你辛苦建立的公司的长期生存而言，也是最为重要的。

卡特里娜·莱克不得不比大多数人更早作出决定。2012年夏，个人造型服务Stitch Fix成立不到18个月，她与联合创始人艾琳·弗林（Erin Flynn）便分道扬镳。弗林曾是J克鲁（J. Crew）的买手，也是卡特里娜大学同学的妻子。2011年2月，她们依靠这种联系以及对颠覆时尚行业的共同兴趣创立了Stitch Fix，但是她们很快就发现，在公司发展轨迹这一点上，她们并没有太多的共识。

"你在某个地方真正关心着某个人，但是同时，由于你们对事物的看法是如此不同，你甚至无法站在对方的角度看到这个地方。"卡特里娜说。

不幸的是，她们在愿景和意见上的分歧引发了艰难的诉讼，诉讼所花的时间比卡特里娜和艾琳正式成为联合创始人的时间还要长。没有哪位创始人在着手建立企业时会希望自己走到这一步，这也是每位创始人的故事各不相同的原因。当我在采访时触及两人反目这个话题时，卡特里娜十分谨慎，但是她用后来我们熟悉的语言描述了这段经历。

22
管理紧张的伙伴关系

"就像两个人在离婚时谈论不可调和的分歧一样。"她说,"感觉你已经和某人在一起了,但你们对于未来的看法始终无法保持一致。"

对于卡特里娜和艾琳所面临的情况,你还能做什么?即使你不在了,生意还在运转?你至少要考虑分手的可能性。因为如果不下定决心解决这个问题,这段关系可能会越来越糟糕。这就是为什么妥善处理与联合创始人之间的重大紧张关系如此重要。它可能会扼杀企业的发展势头,侵蚀企业文化的基础。如果积累到一定程度,它可能还会引发人们质疑他们正在努力的一切。为了确保这种情况不会发生,你要么抑制小规模的强权冲动,放弃自我,要么就接受合作关系已经达到了效用极限,然后想办法有意识地解除这种关系。

当然,在一个理想的世界里,创始人不应只有两个选择。为了维系企业的运营以及创始人之间的关系,他们往往能够找到第三条路来解决他们的问题。埃里克·瑞安和亚当·劳里在试图将美则扩张成环保时尚家居清洁产品的先驱时遇到了困难,当时,两人就是这样做的。最终,美则的销售额超过 8 000 万美元,后来被比利时消费品制造商 Ecover 收购。

这种紧张关系大约始于 2008 年,当时他们开发了名为 Bloq 的全新的个人护理产品系列,但是新产品惨遭滑铁卢。"就像是飞机失事。不是一个地方出了问题,而像是十个地方出了差错。我们当时的情况就是如此。"埃里克在提到那款受零售商欢迎,却没能打动消费者的新产品时说道,"它就像是被钉在了货架上,根本卖不动。"

美则因为此次失败受到了相当大的打击,而且不只是经济上的打击。"我们烧了小几百万美元。"亚当说,"不过,新产品失败带来的更大问题是声誉风险。客户——对于我们而言,就是零售商——不会对此感到高兴。你必须自己走出这个低谷。"

部队里有一句话:"适当的准备能够防止糟糕的表现。"(Proper preparation prevents poor performance.)这就是 5P 原则。在商界,你可能会说:"产品这架飞机坠毁会导致合作关系出现问题。"亚当和埃里克的情况就是如此。

Bloq 惨败之后,"曾有几年的时间,我们之间一度剑拔弩张。"亚当说道。

"就像是一场婚姻。"埃里克说。

这种描述真是挺准确。可以说,他们俩是知己,彼此非常了解,但是他们面临着此前从未面临的难题:他们为项目投入了很多,人们也都对他们寄予厚望。也许你会认为,凭借他们一同经历的过去与互补的技能(这也是他们能够成为如此伟大的联合创始人的原因),埃里克和亚当应该能够以最小的摩擦度过这个危机时刻。

但讽刺的是,促使他们结成完美合作关系并开发出美则这一品牌的所有因素,也使得解决企业运营中的问题和分歧变得异常复杂。

"我们知道如何成为朋友,"埃里克说,"但我们不知道如何成为同事与合作伙伴。"

这一方面是性格——亚当内敛,埃里克外向——使然,另一方面是由他们的性格所导致的不同职业风格造成的。

22
管理紧张的伙伴关系

"埃里克和我处理问题的角度非常不同,这既是一笔巨大的财富,也可能产生巨大的摩擦。"亚当说。

"当我们处于极度紧张的时刻时,"埃里克解释说,"我会本能地全力以赴,而亚当需要更多一点的空间来思考。"

这两位来自密歇根州格罗斯波因特市的二十多岁的年轻人在飞机上偶遇重燃了友谊,第二年就开始一起做生意。对于他们来说,这种解决问题的方式很难控制。要克服这一点——让他们在方法上的差异变成一种资产而不是负担——首先需要接受和理解,然后需要努力适应对方独特的工作风格。

"这需要非常开明的态度,需要很强的自我意识,需要大量的倾听。"亚当说,"只有这样才能说出:'我们必须在这方面下功夫,否则结果会很糟糕。'"

对于新闻聚合网站红迪网(Reddit)的创始人史蒂夫·霍夫曼(Steve Huffman)与亚历克西斯·奥哈尼安(Alexis Ohanian)来说,有可能带来糟糕结局的不是他们的商业合作关系,而是从2006年他们将公司卖给康泰纳仕(Condé Nast)后到2009年退出公司这几年间两人的友谊。那时候,史蒂夫和亚历克西斯已经在一起生活了八年。两人在弗吉尼亚大学上学时是室友,在那里构思了红迪网,康泰纳仕收购红迪网的时候,他们住在纽约。他们一起大学毕业,一起完成了保罗·格雷厄姆的 Y Combinator 的课程;一起完成了关于企业出售的谈判(距离企业创立不到 18 个月);第一次在企业霸主的桎梏下忍受了三年。可以说,亚历克西斯和史蒂夫一起步入成年,一起跻身百万富翁的行列。

"我们一起经历了很多,但从未真正讨论过这个问题。"史蒂夫说,"离开红迪网的时候,我们的关系不太好。"从某种层面上来说,史蒂夫指的是之前五年间公司内部发生的事情。"我们从未讨论过我们在红迪网中的角色和权限,从未讨论谁负责什么。我们并没有真正解决争端的方法。"但是听他和亚历克西斯讲述那些早期的日子,知道他们因为能够将公司卖给康泰纳仕而感到兴奋("对我来说,这16个月的工作比我父母一辈子赚的钱还要多。"亚历克西斯说),我可以清楚地看到,他们的职场问题其实是个人问题。

"我们从未接受过对于创始人而言实属必备,[但]对于最好的朋友而言却根本不需要的训练。"亚历克西斯解释说,"和最好的朋友一起创办公司的感觉很棒,但是作为联合创始人,你们必须开展的对话与朋友之间的谈话截然不同,我们之间很少进行这类艰难的对话。"

事实证明,这正是安迪·邓恩(Andy Dunn)与布莱恩·斯帕利(Brian Spaly)在网上男装企业博诺博斯(Bonobos)中遭遇的问题。几乎与此同时,亚历克西斯和史蒂夫默默地疏远了。"一旦与朋友建立了商业合作关系,友谊就会完全变为商业合作关系。"安迪说,"很多以前你们经常谈论的事情,都没有时间去做,因为你要为这家不断成长的小企业工作。"然后,当办公室里的事情变得难以处理时,既是创始人又是朋友的两个人却无法从对方那里获得他们所需的支持或耐心,因为友谊的肌肉已经萎缩了。

这是最糟糕的一种消极反馈循环。安迪和布莱恩的友谊让关于商业角色冲突和专业意见分歧的对话变得非常不舒服,于是问

22
管理紧张的伙伴关系

题恶化了。这些悬而未决的问题提高了每位创始人对企业的关注度——这些关注不可避免地从友谊中汲取能量，从而使他们的关系开始螺旋式下降。2008年布莱恩离开博诺博斯时，两人之间已经没有任何私交或是业务往来了。(后来，两位联合创始人和解了，如今他们又是亲密的朋友。) 2009年，亚历克西斯和史蒂夫离开红迪网之后，他们的职业关系也随之结束，只留下一段相当糟糕的友谊。

"合约到期时，我们只和对方说了一句，'嘿，你知道了吧，很好，再见'，然后就转身离开了。"史蒂夫说。

"没有敌意。"亚历克西斯澄清道。"只是漠视。"

漠视是伙伴关系或友谊中最糟糕的情况之一。它周围的一切往往会腐烂和死亡，包括创建伙伴和朋友关系所必需的基本事物。2015年红迪网遭受一系列危机的时候，就是这种情况。首席执行官因中年危机而退出。鲍康如（Ellen Pao）接任后，在忍受了数十名失控的有毒用户（巨魔）连珠炮般的辱骂后，辞职了。

幸运的是，就在网站陷入低谷的时候，史蒂夫和亚历克西斯开始修复他们的关系。"我不记得具体是怎么开始的，但我知道从我的角度来说，我只有一种想法：'我最好的朋友在哪里？'"史蒂夫说，"然后我们就开始谈论一些事情。"在红迪网成立的最初几年里，他们从未讨论过这些问题。史蒂夫和亚历克西斯甚至一起去见了史蒂夫的心理医生，试图解决五年的漠视和五年的距离对友谊造成的影响。这让他们越来越紧密地联系在一起，史蒂夫说，当他们一手创办的红迪网开始失控的时候，他们变得陌生起来。

这是一个完美的时机。修复友谊使他们的合作关系恢复了生机。他们意识到自己其实非常关心红迪网,修复友谊也帮助他们说服对方回到公司,全职将公司从巨魔手中拯救出来。2014年,在他们全职回归公司的前一年,史蒂夫被任命为首席执行官,红迪网的估值仅为5亿美元,还在不断下跌。2019年,在他们的领导下,红迪网以30亿美元的估值筹集了3亿美元。亚历克西斯和史蒂夫永远不会把功劳归到自己身上。但如果忽视了这样一个事实也是错误的,即通过最终管理他们在私人和职业关系中形成的紧张关系,他们开始拯救他们所建立的企业。

当亚当·劳里说,如果他和埃里克·瑞安不在他们的关系上下功夫——不在他们的工作"婚姻"上下功夫——结局就会十分糟糕的时候,我并不清楚他指的是合作关系还是企业本身。然而,我已经和足够多曾经历困难时期的联合创始人谈过,因此知道如果不下功夫,不作出艰难的决定,两者都有崩溃的风险,有时会相继崩溃。

这一点在同时结为夫妻的联合创始人身上表现得最为明显。他们要做的工作更困难、更紧迫,因为他们无法回避可能出现的任何问题。试想:亚当和埃里克结束了一天的工作之后可以回归各自的家庭。安迪·邓恩和布莱恩·斯帕利、卡特里娜·莱克和艾琳·弗林,以及亚历克西斯·奥哈尼安和史蒂夫·霍夫曼也是如此。但是已婚夫妇呢?他们会把工作上的问题带回家,把婚姻中的问题带到工作中。

这就是总部位于旧金山的个人护理公司EO Products的创始人苏珊·格里芬·布莱克(Susan Griffin Black)与布拉德·布

22
管理紧张的伙伴关系

莱克（Brad Black）如此特殊的原因。在事业获得成功的同时，他们的婚姻走到了终点。但他们找到了一种方法来克服传统的离婚陷阱——不仅是为了保护他们的生意，也是为了保护他们的伙伴关系和作为两人基础的人际关系。

现在，值得一提的是，在解除婚姻关系的过程中，苏珊和布拉德都不必忍受个人过失的创伤。比起不得不努力克服对深层信任的侵犯，这种情况下当然更容易找到前进的方向。背叛绝不是像静静等待你从办公室回家之类的事情。它如影随形，这就是为什么典型的联合创始人分道扬镳的故事——无论他们是朋友还是夫妻——都要比苏珊和布拉德的故事更混乱，通常结局也更悲惨，他们的私人关系只是随着时间的推移不复存在了而已。一起创业和经营企业的经济压力，再加上养育孩子和经营婚姻带来的需求，让他们付出了很多。"在整个过程中，我们在个人关系中迷失了方向。"苏珊说，"但我们真的很在乎对方。"

而这也是接下来所发生的事情的关键。与亚历克西斯·奥哈尼安和史蒂夫·霍夫曼一样，苏珊和布拉德对彼此的潜在尊重和同情让他们接受了治疗。咨询并不能拯救他们的婚姻，他们都知道这一点。但从长远来看，这对他们非常有帮助，因为咨询教会了他们如何解决分歧——如何让他们的业务和孩子养育走上正轨，作为联合创始人和父母，他们都需要这种技能。尽管苏珊和布拉德在艰难挣扎，但公司业务蓬勃发展，孩子养育也逐渐走上正轨。

"这很困难，也很痛苦。我们完全可以卖掉公司。我们可以买断对方的股份。我们有选择。"苏珊说。但是由于来自离婚家庭，她非常清楚，在事情不顺利时保护孩子不受父母行为的影响有多么重要，所以她和布拉德不打算搬到相隔千里之外的地方（圣诞节他们还是会像一家人一样一起旅行），如果这不是对大家最好的选择，他们也不会卖掉企业。"我们都有能力为孩子与员工选择最好的道路。"苏珊在谈到他们最终决定继续经营的时候说道，"我们要对所有的人负责，这是一个非常有意识的选择。"

当然，对任何人来说这都不是轻松的决定。"前两年很艰难，当然，前六个月是最艰难的。这绝对是我们的员工说的。然而，我始终觉得这样做是对的。"布拉德在谈到他们决定离婚但仍继续共同经营公司时说道。无论如何，离婚并没有给他们的员工带来太大的冲击。"我们先是和员工进行了私下交谈，然后就此召开了一次会议，但效果也不是十分明显。我们并没有向员工隐瞒。"

员工就像孩子一样，他们知道什么时候出了问题，即使周围其他一切都很顺利。他们可以暂时应付过去。但最终，未解决的问题、未管理的紧张关系和未言明的冲突开始以内部功能失调和业绩表现不理想的形式暴露出来。我想，如果你问史蒂夫·霍夫曼和亚历克西斯·奥哈尼安，2009年他们退出红迪网之前不断恶化的关系是否为2014年和2015年网站用户之间爆发的混乱埋下了隐患，他们会勉强同意两件事情之间存在关联。同样，你也可以在安迪·邓恩和布莱恩·斯帕利之间的性格冲突与博诺博斯内部围绕公司灵魂的争夺战之间划清界限。高压锅的锅盖盖不了多久，压力最终会找到释放口。如果不调小火力或按下排气阀，无异于给一个炸弹设置定时器。

22
管理紧张的伙伴关系

苏珊和布拉德的离婚决定释放了多年来积聚的压力,这实际上使得 EO Products 能够以更好、更快的方式成长和发展。这也给了他们所需的个人空间,让他们可以了解自己是谁,并以朋友、父母和商业伙伴的身份建立起更健康、更牢固的关系。

"结婚的时候我们已经尽了最大的努力。"布拉德说,"现在,我们的关系比结婚时更有意义。"

"这也让我们在工作中的责任变得非常明确。"苏珊补充道,"我们对彼此的关心和相似的价值观为此提供了支撑。"

"这并不意味着我们现在一直相处融洽,并不是说我们不吵架。"布拉德在谈到目前的合作关系时说道,"但我们确实能够很快摆脱争吵。"

要知道,在我从与联合创始人交谈中学到的所有经验中,几乎所有人都经历了长期的困难,他们中的许多人用婚姻和家庭来比喻他们如何度过这些时期,对我来说这是最有启发和最有力量的地方。这可能是因为我作为一个丈夫、父亲和企业家,认同两者之间的相似之处。

像父母与合伙人那样思考是每个有抱负的创始人都应培养的技能,以准备面对他们与潜在的联合创始人将遇到的挑战,因为他们总是会像组建家庭那样,将自己的心血、精力和金钱倾注在创业上。如果你愿意不惜一切代价保护家人,为什么不为企业做同样的事情呢?

23

了解自己

2012年，我离开《周末万事通》（Weekend All Things Considered），开始主持播客"TED广播时间"。当时，一些新闻界的朋友都觉得我疯了。《周末万事通》是一档广受欢迎的节目，每周在全国800家电台播出。我放弃这个节目去做什么？播客？谁会听播客？这就好像我已经决定抛下所有的世俗财产，独自一人走向荒野。

他们的疑虑完全合理。当时，吞噬了传统广播节目的播客热潮尚未掀起。播客的听众远没有如今这么多，当时没有主要的播客应用程序，没有网红播客。只有iTunes和Stamps.com的广告，仅此而已。

我的同事们不明白的是，虽然我换了工作，离开了新闻界，我所做的事情或者说我的身份并没有发生真正的改变。事实上，我正在做那些真正符合我的爱好的事情。我在新闻界工作了十多年，但我从未觉得自己是个新闻人。我是一个讲故事的人，而"TED广播时间"——当时的"我的创业历程"、"奇趣世界"（Wow in the

23
了解自己

World）以及我将与声田（Spotify）和发光体（Luminary）一起制作的其他节目——能够让我更充分地表达我身份的核心部分，而从本质上来说，新闻永远无法做到这一点。

播客让我成为最真实的个人与职业自我，结果出人意料地让我的事业因此而得到升华。发挥我在讲故事方面的特长也帮助我将制作公司推上了正轨。讲故事方面的特长引导我在成长的每一个阶段作出每一个决定——聘用谁，在节目中介绍谁，拒绝什么——也让公司不至于偏离正确的轨道。

当增长开始加速，了解自己作为创始人的身份和公司的身份就显得更为关键。当你有机会追求不同的东西时，这种理解能够为你指明正确的方向。它不断地提醒你，你从事的是什么行业，一旦业务开始扩张、发展和改变，这一点很容易被遗忘或忽视。相信我，我有过这种经历，我采访过的大多数创始人也是如此。

这就是安迪·邓恩在博诺博斯最初那五个动荡而又欣欣向荣的年头里所面临的问题。在那段时间里，他与自己在斯坦福商学院的室友布莱恩·斯帕利一起创办了这家公司并将整个业务转到纽约，以便能够更加接近面料供应商和时尚公关行业。他们的销售额从 2007 年 10 月也就是运营第一个月的 1 万美元，增长到 2009 年的 700 万美元。然而，在此期间，安迪与布莱恩分道扬镳（布莱恩后来创立了行李箱俱乐部（Trunk Club）），然后筹集了两轮天使资金，却因为过于激进的估值和他发给潜在投资人的那种"你要么懂，要么不懂"的居高临下的推销邮件，失去了第一位也是最信任的投资人。2010 年，安迪从他所谓的黑暗的一年中振作起来，完成了

1 800 万美元的 A 轮融资，在接下来的几年里，他用这笔钱扩大了产品和业务范围。

用安迪的话说，在这些莎士比亚式的创业大戏中，还发生了"一场围绕公司灵魂的战斗"。他们的企业究竟是科技公司，还是男装零售公司？答案当然是两者兼而有之。但安迪承认，对于他们来说，弄清楚这一点"是一项挑战"。

安迪自己也承认，博诺博斯未能在早期战胜这一挑战，未能将公司的这两方面融合成一个统一的品牌，是他作为公司首席执行官的过错。"如果我是一个更好的领导，也许我能想通。"他说。但严格来说，他的问题并不在于战略领导力，这一点安迪也承认，因为在努力认识和更好地了解自己的过程中，他个人身上的裂痕已经开始显现。

"我很困惑。"安迪在 2018 年秋告诉我，"我很沮丧，在工作中不得不假装自己做得很好。这段时间很难熬。"

他也在直接冲突和对抗中挣扎。"我重视和谐而非困难的对话，除非情况变得非常艰难，"他说，"然后我就会接受。"再加上经营一家成功的初创企业所带来的正常压力和不安全感——甚至一开始就不是他的主意[①]——这些个人问题开始引导安迪作出错误的决定，包括在团队面前与联合创始人争吵，从而加剧了公司的身份危机。

"我以为我和布莱恩私下里谈得很好，结成了统一战线。"安迪说。但后来他接到了一个投资者的电话，对方说他听说两人一直在

[①] 安迪最早的两个想法是带一瓶危地马拉产的朗姆酒和一种叫作"比尔通"的南非生牛肉干到美国，不过后者违反了一系列关于进口生肉的联邦法规。博诺博斯最初的概念，即提供更合身的男裤，是布莱恩·斯帕利提出来的。

23
了解自己

争吵。"我想,'啊,怎么会这样?我该怎么办?'"投资者告诉他,他和布莱恩必须从根本上解决两人之间的问题。他们必须解决任何导致他们产生分歧的问题,找到一种更有效的合作方法。就像不能在孩子面前吵架一样。

安迪看得更清楚一些。对他来说(借用第 22 章关于婚姻的比喻),他们已经过了夫妻治疗和试分居的阶段。"我们需要一个明确的首席执行官。"他说,"所以问题更像是,'我和布莱恩谁应该离开?'"

可以说,博诺博斯的灵魂之争其实源自安迪的内心,然后向外辐射到布莱恩——包括他的朋友、室友、同学和联合创始人——身上。最终,布莱恩离开了公司。"他对整件事的态度无比庄重。"安迪说。但是,这场斗争并未结束,因为安迪仍在不断犯错。

安迪参考前芝加哥小熊队球员莱恩·山伯格(Ryne Sandberg)与前芝加哥公牛队球员迈克尔·乔丹(Michael Jordan)在加入名人堂时的演讲,在全公司做了一场题为《23》的演讲,因为他们在球队中均身穿 23 号球衣,而安迪是在芝加哥长大的。山伯格谈的主要是尊重,而乔丹的演讲则是出了名的充满敌意和报复,全都是算账,"要比所有人都强,控制所有人"。安迪将这两篇演讲在主题上进行了比较和联系,试图激励员工朝着更统一的目标前进。一方面,"我们都需要尊重在座的各位,尊重他们所做的牺牲"。另一方面,与乔丹一样,人们需要做更多的事情来取得成就、获得成长和击败竞争对手。"这有点令人费解,"安迪承认,"而且完全行不通。"

员工们并没有觉得团队士气有任何提高,相反,他们的士气有些低落。"这与你想从领导者那里得到的东西正好相反。"他说,"你希望自己的努力能够得到认可,不会因为不够努力而遭到批评。"

不过,这次演讲之所以成为一个真正的燃点,不仅是博诺博斯内部的所有人都觉得自己正在竭尽全力为公司的成功而努力(在安迪看来,这是正确的);有些人还认为自己比别人更加努力。"负责客户与履约服务的员工正在夜以继日地工作。其次就是服装部。有人认为,工程团队拿的工资最高,干的活儿却不多。"安迪解释说。零售部的员工对此有过口头和非口头的抱怨,这是促使安迪做此番演讲的动因,也是产品部的人对演讲不满的原因。对他们来说,这就像是一记耳光,因为他们才是起早贪黑将真正具有创新性的男装推向市场的人,而工程师们不但姗姗来迟,早早离开,有时还能赚到他们三倍的工资。总之,表明士气不佳的抱怨不断。

安迪的重大失误被技术部与零售部之间的分歧所放大,但从根本上来说,这其实是身份问题。早先,安迪和布莱恩曾聘用了一位才华横溢的美捷步前工程师来领导公司的技术团队。演讲结束后,这个问题立即引起了他的关注。"他打电话给我说:'我希望你能看到谢家华(Tony Hsieh)在美捷步创造的快乐精神。我希望你能看到,积极向上的精神能够为创业公司营造更好的工作氛围。'"

这位工程师在不经意间发现,博诺博斯所从事的业务类型与安迪之前所在的企业类型之间存在脱节。上商学院之前的五年时间里,安迪曾在贝恩(Bain)咨询公司和芝加哥一家名为温德角(Wind Point)的私募股权投资公司工作。他负责的是纸板包装公司与一

23
了解自己

家南美航空公司的项目，也曾协助西尔斯（Sears）收购兰兹爱德（Lands' End）。众所周知，这些行业利润微薄，公司会聘请顾问或将其出售给私募股权公司，因为它们对效率的要求很高，对利润的关注度也很高。实际上，安迪来自与创业公司截然不同的企业，并不自觉地将这种情感带到了对博诺博斯的领导中。

这位工程师的话犹如敲响了一记警钟，安迪说，"这不是受恐惧驱动的咨询或私募股权行业。这是一家初创公司，人们的工作动机是快乐，是创造一些东西，而不是确保你足够努力，从而能够进入下一阶段。"

这一认识不只是一记警钟。首先，这位美捷步前工程师的观点不只是一个友好的建议，而是他的临别赠言。他辞职了，技术团队失去了领导，整个业务可能会面临动力不足的窘境。当时，网站是客户接触博诺博斯的唯一方式。如果这一环节出现问题，公司的损失将非常惨重。于是，安迪开始邀请与他水平相当的编程人才来纽约工作，或者应该说，他尝试这样做。那可是 2010 年，经济正在复苏，以移动设备和移动应用为主的新一轮技术创新即将到来并将颠覆整个行业。对于一个有经验的程序员或工程师来说，硅谷显然有着更好的机会。要想吸引一位同级别的工程师来到曼哈顿，加入一家在网上卖裤子的公司，需要付出很大的代价。最初几个月，无论安迪开出怎样的条件，都不足以吸引工程师。

有一段时间，企业只能依靠外部技术顾问维持运转，但最终，这种安排的弊端超过了益处。2011 年底，安迪决定前往人才聚集的地方，而不是试图吸引人才来 3 000 英里之外的地方工作。他聘请网飞工程总监迈克尔·哈特（Michael Hart）担任首席技术官，安排在博诺博斯于2012年初在帕洛阿尔托设立的全新的办公室中工作。

尽管这个决定的初衷是好的，"却是一个灾难性的错误"。它将双方业已存在的派系争斗制度化，不仅扩大了技术部和零售部之间的分歧，而且加深了双方认为自己是业务核心的意识。"纽约办公室认为这是一家男装零售企业。"安迪解释说，"帕洛阿尔托办公室则觉得这是一个多品牌技术平台的开端，而他们要用技术来推动平台建设。"双方都认为自己最有权力调动公司有限的资源，而由于维护和管理分处两地，运营成本增加，这些资源日渐变得更加有限。

自2012年起，由于公司在相隔甚远的两地设立了各司其职的办公室，两派人都有自己的利益要保护——就好像博诺博斯是霍格沃茨，而他们就是斯莱特林（Slytherin）和格兰芬多（Gryffindor）！——而且双方似乎并不怎么愿意合作。"他们意见不合。"安迪说，"没有足够的互动来解决他们在战略和公司目标上的分歧。"

这就引发了一个问题：博诺博斯到底是一家怎样的公司？因为一家知道自己是谁、在做什么的公司很少会出现安迪·邓恩及其团队所经历的这种事情。只有那些有点迷失方向，不知道自己到底做什么生意的公司才会出现这样的内斗。安迪只需要从他位于纽约的办公室望向20个街区之外的市郊，再往前看几年，想想2000年巨额并购之后诞生的美国在线时代华纳（AOL Time Warner），就会知道最糟糕的情况可能是怎样的。

23
了解自己

美国在线（AOL）和时代华纳（Time Warner）合并时，人们对这家新媒体企业的规模和市值大加赞赏。两个团队可以利用他们带来的资产创造的潜力难以想象，更不用说计算了。此次合并的估值为1 650亿美元，但这可能只是一个猜测。商业媒体绞尽脑汁想用一个足够宏大的形容词来描述。然而，在关于合并的狂热中，有些事情却被忽视，或者说至少被低估了：美国在线时代华纳正迎着非常强劲的逆风扬帆前进。网络泡沫即将破灭，广告销售将大幅下滑，这将不可避免地导致人们对互联网在未来的生存能力产生怀疑（此次的强强合并正式标志着互联网时代的到来）。最终将释放互联网真正潜力的一个元素——高速宽带上线，导致美国在线时代华纳应对不及，其领导地位被削弱。

用安迪·邓恩的话来说，如果企业知道自己的定位，完全可以克服这些障碍。在强大的文化与更大的使命下，同舟共济的人们甚至可以把眼前的障碍变成机会。只是美国在线时代华纳的内部并未拧成一股绳，因此不出十年，两家公司就会一拍两散，并购前85%的价值瞬间蒸发。时代华纳最终剥离了有线电视业务（时代华纳有线电视）、出版业务（时代公司）。当然还有美国在线，它将作为一个游离于合并前企业的躯壳，重新进入彻底转型的数字媒体领域。规模较小的时代华纳更名为华纳媒体（WarnerMedia），在2018年以约850亿美元的价格被美国电话电报公司（AT&T）收购。

合并解除之后（巧合的是，安迪和布莱恩大致也在同一时间解除了他们在博诺博斯的合作关系），分析师和参与者都指出，美国在线的员工位于弗吉尼亚州而时代华纳的员工在纽约办公，这种分裂是导致公司未能在网络经济衰退的激流中找到出路的主要原因之一。关于美国在线和时代华纳之间"建立协同效应"的说法虽然好听，但到头来只是一个虚幻的目标。

美国在线的董事长史蒂夫·凯斯（Steve Case）告诉我，"导致公司内斗的因素有很多，但归根结底是人和团队的问题。"

在两家公司宣布合并十周年之际，《纽约时报》刊登了一篇回顾性的口述史，题为《为何美国在线与时代华纳的合并会出错》，介绍了许多参与交易以及企业运营的高管的见解。最后，它以合并时担任时代华纳总裁的理查德·帕森斯（Richard Parsons）的观点结尾。

"商业模式在我们手中崩溃了，最后是文化问题。"帕森斯说，"……这当然超出了我的能力范围，我不知道如何融合新旧媒体文化。它们就像是两个物种，事实上，是两个窝里斗的物种。"

一旦美国在线时代华纳的巨轮开始下沉，就已无力回天，因为双方更热衷于指责对方的船只不适合航行，而不是一起修补船体上的漏洞，把水舀出来，也许这样还能让船继续航行下去。

2013年的博诺博斯离沉船还远得很，但是它的船体肯定已经发生了倾斜。它在努力弄清楚自己是谁，要做什么。安迪当时的设想是，利用公司开发的"数字化原生垂直品牌模式"，大力倚重个性化，打造博诺博斯之外的品牌组合，因为加入的品牌越多，数据集就越丰富，产品和服务就越好。"纽约办公室的任务是尽可能打造最好的男装品牌。"他说，"加州办公室的任务则是尽可能搭建最好的技术平台。"他希望这个平台能够首先为博诺博斯提供动力，随着时

23
了解自己

间的推移，还能成为所开发的其他品牌的支柱。

听起来令人赞叹吧？但是你可以想象，当安迪分别与帕洛阿尔托办公室与纽约办公室谈及此事时，得到的回应和反响有着很大的不同。西海岸的员工已经蓄势待发。他们强烈地认为，公司应该大力投资构建这种强大的个性化功能。不过，零售部持怀疑态度，认为这只能算是附加的功能。"纽约办公室的观点是，我能不能在产品页面中加入评论？"安迪说道。

安迪当时很清楚，这种混合模式已经行不通了，必须有所改变。"东西海岸之间的冲突正在破坏公司的组织和谐。"他说，"企业文化正在恶化，一天比一天艰难。"

我十分同情和钦佩安迪·邓恩。"我只是累积了所有的可怕的错误。"他在评价自己是一位怎样的领导者时这样说道。但他的非凡之处在于，他在情感上足够成熟，能够反思自己的内心挣扎。他甚至借助治疗的力量弄清楚自己是谁，真正想做什么。

2013年1月，他召集博诺博斯董事会，告诉他们自己决定关闭设立仅一年的帕洛阿尔托办公室。关闭办公室是解决安迪在试图将公司转变为多品牌技术平台的过程中所犯的"更广泛的错误"的第一步：摆脱过去的博诺博斯以及它曾经做的事情。他认为，围绕企业核心进行试验和涉足新的核心业务之间存在很大的区别。

公司于2012年创立的指导店（Guideshops）、与诺德斯特龙建立的零售合作关系，以及开发的礼服衬衫和西装等其他男装品类等全都是围绕博诺博斯这一品牌建立的，而且从一开始就表现亮眼。

高成本的帕洛阿尔托办公室里挤满了西海岸的技术人员，他们对于博诺博斯是什么这个问题有着不同的答案，他们推出的衍生品牌高尔夫服装迈德（Maide）和女装 AYR 都是"博诺博斯品牌范围之外"的试验。2017 年，迈德保留了博诺博斯高尔夫系列，但 AYR 与帕洛阿尔托办公室的技术职能一样，被成功剥离，成为一家个性化的软件即服务（SaaS）公司，由前首席技术官迈克尔·哈特担任首席执行官。

用安迪的话说，2014 年，博诺博斯已经"大规模地扭转了局面"。对公司来说，关键动因有两个：终于弄清楚了品牌是什么，然后通过与指导店和诺德斯特龙的合作，将其从电商渠道拓展到实体店。"那是一次非常有趣的董事会。"安迪说起另一场关于企业身份的辩论时说道。会议上的问题是"这究竟是一家电子商务公司，还是一家男装体验公司？"安迪认为他们根本就不是一家电商企业。就像你可能会说谷歌不是一家搜索公司，而是一家利用搜索引擎提供服务的广告销售公司一样，安迪表示博诺博斯是一家利用电商平台销售的零售客服企业。如果公司能"发明一种方法，提供与传统实体零售商同样的配合和服务"，就会更接近自己的企业灵魂。

在不放弃技术的前提下（这从来都不是他的本意），安迪依靠男装零售业务的根基，成功解决了自 2009 年第一次接管企业以来一直困扰他的问题。他终于使博诺博斯能够如同他与布莱恩·斯帕利最初向投资者推介时所描述的模样——就像拉夫·劳伦（Ralph Lauren）遇见了美捷步，让公司内外的所有人（不论是投资者、客户、分析师还是雇主）都知道他们是谁，他们在做什么。

23
了解自己

一旦大家意见一致，工作就开始有了回报。2017年初，博诺博斯引起了沃尔玛的注意，后者在那年夏天以超过3亿美元的价格收购了前者。沃尔玛的领导层明智地让博诺博斯继续它的业务，因为他们知道自己是谁，也知道沃尔玛是做什么生意的，他们也完全了解博诺博斯的情况。值得庆幸的是，安迪·邓恩也明白这一点，他终于能够体验到成为真实的自己的力量。

24

何时卖何时留？

2008年2月，哈佛商学院的人气教授诺姆·瓦瑟曼（Noam Wasserman）在《哈佛商业评论》（*The Harvard Business Review*）上发表了一篇文章。几年后，瓦瑟曼根据这篇文章撰写了同名畅销书《创始人的困境》（*The Founder's Dilemma*）。这篇文章以瓦瑟曼对数千名企业家进行的大量研究为基础，认为在公司成长的某个关键时刻，所有创始人都会发现自己要在两种相互竞争的利益之间作出选择（金钱和控制权），而且他们往往会作出糟糕的选择。他们的选择要么违背了自身利益，要么在某些情况下违背了公司的最佳利益，有时甚至两者兼而有之。

这一论点的背景是在企业需要融资的环境下，许多企业家在尚未做好准备的情况下，为换取发展所需的资金而做的管理上的权衡。具体来说，他们抵制投资者所要求的控制水平。"创始人不会轻易放手。"瓦瑟曼写道。事实上，在他所分析的创业者中，有80%在萌生退意之前就被迫离开了他们的初始领导岗位，而当这种情况发生时，"大多数人都感到震惊"。

24
何时卖何时留？

瓦瑟曼认为，这是企业家性格的产物。创业者往往一心扑在事业上。他们格外富有激情。有时，他们的自信超出了自己的能力，甚至天真到极点。这些都是伟大的初创企业创始人的特质，不过对于一个身负扩大企业规模重任的首席执行官来说，这些特质就显得不那么重要了。然而，面对专业投资人，甚至是自己董事会的这种分析时，"创始人通常都坚信，只有他们才能带领自己的初创企业走向成功"。瓦瑟曼写道："'既然我已经带领他们走到了产品准备就绪的阶段，那就应该告诉他们，我可以领导这家公司'是一种常见的说法。"

现在，如果不愿意，创业者就不必筹集专业资金。他们不必按照对方可能提供的金额或估值接受这笔资金。他们也不必像其他人可能希望的那样，迅速意识到自己想法中的惰性。他们可以慢慢来。他们可以延期补偿。他们可以等着赚大钱，让公司以更自然的速度成长。对于大多数创业者来说，这不一定是一个陌生的经营场所，因为创业者支付给自己的报酬通常与他们替人打工时的收入相差无几，但比公司聘用的首席执行官的平均报酬要低得多。从根本上说，这取决于创始人认为什么对公司最好，什么对自己最好。

"创业者在每一步都面临着赚钱和管理企业之间的选择。"瓦瑟曼写道，"这种根本性的紧张关系引发了'财富'与'权力'之间的取舍。'财富'可以提升企业的价值，但有可能通过打压首席执行官的地位及其对重大决策的控制权而排挤创始人。'权力'使创始人能够通过留下首席执行官和保持对董事会的控制，留住对决策的控制权，但往往只能建立价值较低的公司。"

从定义上看，没有哪一种选择优于另一种选择。如何取舍完全取决于创始人在创办公司时设定的目标，以及成功之后这些目标的发展方向。

我并不认为，当你在与一家不断成长的成功企业角力时，金钱和控制是你唯一的选择。我也不认为它们是激励企业家决策的唯一主要力量。我觉得还有第三种选择。这个因素在企业成长过程中的筹款阶段往往作用不大，可一旦企业的发展超出了创始人的想象，出售公司的机会出现，这个因素就会变得特别活跃。

我说的是幸福、满足、作出自己认为正确的决定。

2000年，加里·埃里克森和合伙人丽莎·托马斯（Lisa Thomas）不得不就是否将克里夫能量棒卖给一家大型食品公司这一问题作出决定。那年早些时候，雀巢以3.75亿美元的价格收购了PowerBar，卡夫（Kraft）以2.68亿美元的价格收购了营养棒（Balance Bar）。此后，不少人都在四处打听，试图打入能量棒市场。加里不一定想卖掉公司，但是两家最大的竞争对手在几个月内相继以超过2.5亿美元的价格被收购，这对丽莎产生了很大的影响。

"我还记得接到电话的那一刻，她说我想卖掉公司。"加里回忆道，"我说好吧，我想这就是你想做的事情。"

毋庸置疑，他们可以赚到一大笔钱。当时，克里夫能量棒已经成立八年；员工人数不断增长，年销售额达到4 000万美元。他们是市场上仅存的最大的私营能量棒公司，一家跨国集团准备以九位数的价格收购。所以他们聘请了一位投资银行家，由他负责处理相关事宜，然后他们就上路了。

24
何时卖何时留？

"我们走遍全美，拜访那些希望收购我们的大公司。"加里说，"其中一家开出了惊人的价格。"桂格燕麦公司（Quaker Oats Company）旗下已经有了格兰诺拉谷物棒，而且当时距离它自己被百事收购不过一年多的时间。桂格燕麦给加里和丽莎开出了 1.2 亿美元的价格。这意味着他们每人能够分到 6 000 万美元。他们完全可以一走了之，享受生活。

他们答应了。

签署合约的时间定在 2000 年 4 月 17 日，加里和丽莎通知了所有的员工。他们的投资银行家、桂格燕麦相关人员和律师都聚集在旧金山美国银行大楼的 30 层。丽莎正在和其中一些人通电话，敲定合同中的最后几个细节。"这笔交易已经算是板上钉钉了。"加里说。可是，就在距离原定从埃默里维尔总部出发，穿过海湾大桥，驶入市区签约的时间不到一小时的时候，加里突然决定在街区附近走走。

"一走到停车场，我就哭了。我把所有东西放进车里。这是我的生活，这些是我的员工，这是我的家。这是以我爸爸的名字命名的公司！"加里这样描述当时的情绪，"走到半路时，我决定不卖了。"

对丽莎来说，这简直可以算是一次大反转。在她看来，这笔交易已经完成了。但她不知道的是，在之前三个月的谈判过程中，加里一直生活在一片黑暗之中。"我睡不好，不想骑车，脾气可能也不太好。"他说。在那三个月里每一个清醒的时刻，他的内心都在为这笔交易激战。最重要的是，当他告诉员工打算出售公司的时候，加里觉得自己撒了谎。"我告诉他们，一切都不会改变。可事实并非如此。当然会有变化。可能会变得更好，也可能会变得更坏——但你不能说它不会变。"加里说。

这就是诺姆·瓦瑟曼所描述的创始人困境中的控制部分。为了得到出售公司的6 000万美元，加里·埃里克森必须付出的代价是无法向他视作家人的员工们保证一切都会一如往昔，一切都会好起来。这是他不愿付出的代价。不是因为他觉得，无论桂格燕麦派谁来经营都会表现得相当糟糕，而是因为这是他热爱并且希望能够继续下去的工作，即使这份工作会让他损失6 000万美元。

没错，他会损失一大笔钱，因为丽莎还是想退出。加里花了七个月的时间"四处借钱"，终于筹到6 000万美元买断了她手上的股份。这是她所期待的，也是她所失去的，这很公平。与此同时，加里又开始日复一日地经营公司，公司也在疯狂地发展壮大。"你肯定不希望自己在发展业务的时候来解决这类问题。"加里说。他还要履行自己在克里夫能量棒的管理职责。此外，他还有6 000万美元的债务要偿还，而且至少在一段时间内，员工都"确信这种日子不会长久，最终我还是会卖掉公司"。他接到了一些私募股权公司的电话，他们听说了之前发生的事情并试探着告诉加里，拒绝对桂格燕麦的收购行为十分疯狂，因为即使没有债务，克里夫能量棒也永远不会成功。

然而九年后，加里还清了全部债务。九年后，克里夫能量棒的销售额超过了60亿美元。如今，它是美国能量棒市场的领头羊。

对加里来说，这一切都与钱，甚至与控制权无关。"有一些更深层次的原因，那就是想要发展企业。用正确的方式发展企业比做两个有钱人更有意义。"加里说。这是一种源于自由和满足的力量。做你想做的任何事情的自由,你会因为做了自己认为正确的事情而感到满足。2000年4月,加里在绕着街区走到一半,决定不卖公司的时候,"觉得自己完全自由了"。他可以自由地留在公司,承担比以前更多的责任,并为员工做正确的事。这个决定最终会让他变得富有,而且会让他立刻感到快乐。

安吉与丹·巴斯蒂安也想为员工作出正确的选择。这也是他们选择出售爆米花公司"嘣滋咔滋"的很大一部分原因。他们先是在2014年将大部分股权卖给了私募股权公司德太投资(TPG Capital),然后在2017年将整家公司卖给了康尼格拉(Conagra)。加里·埃里克森在决定不卖公司之前经历了三个月的煎熬,安吉和丹放手却没有那么难。对他们而言,激起大型跨国公司收购意愿的道路反倒更加艰难。

安吉和丹从2003年就开始行动了。整整11年!最初,他们就像是一家户外活动公司,先是在车库里做爆米花,然后于明尼苏达天寒地冻的冬季,在超市、少年棒球联盟赛以及明尼苏达维京人队的赛场外销售。他们最终创建了一家以精美的品牌设计和包装为特征的爆米花公司。这些爆米花摆上了北美各地杂货店的货架。不论他们自己还是别人,都感到十分惊喜,因为一开始,这只是他们的副业。

安吉和丹分别是精神科护士和中学老师。他们想赚点外快,好为自己的孩子攒一些大学学费。当时,他们的孩子还只有3岁和5岁。

创业历程
HOW I BUILT THIS

"我们已经成功就业了,但我们没有任何积蓄,还没有开始存钱,而当时很多人都已经有了大学基金和养老金计划。"2019 年,安吉在明尼阿波利斯的现场采访谈起他们当时的财务状况时说道,"我们什么都没有。我们必须想办法在这里创造一些东西。"

事实上,他们之所以会选择爆米花纯属偶然——这是丹半夜上网大胆搜索的结果。"不知怎的,我偶然发现了一个网站,上面写着'每周末售卖爆米花可赚上千美元'。"丹说,"当时,我甚至不知道这玩意儿是什么。"

尽管他对这种甜咸口的食物一无所知,但这并不影响他对网站所列提议的兴趣。华盛顿州吉格港一对以此为副业的夫妇愿意以 1 万美元的超低价卖给他们一台爆米花机、一顶帐篷和一张桌子,不过不包括爆米花的配方。

"我清楚地记得那通电话。"安吉说,"当时我正在收治病人,我的丈夫打来电话,于是我跑回护士站。他在电话另一头说:'安吉,你觉得爆米花怎么样?'我回答说:'我喜欢爆米花。'"

于是他们买下了全套设备,通过电话敲定了交易,用信用卡付了钱。

在接下来的两年里,丹在工作日教授 13 岁的孩子西班牙语和社会科学,安吉在当地的诊所工作。[①] 他们会在晚上和周末启动爆米花炉,亲手将爆米花装进廉价的密封袋里,然后带着折叠桌和帐篷在明尼阿波利斯地区四处售卖 3 美元一袋的美味小吃。

非洲有句著名的谚语,说的是养育一个孩子需要全村的努力。

---

① 安吉在诊所工作了七年后,才离职专心经营生意。

24
何时卖何时留？

安吉与丹将在接下来的十年里证明，创建一家爆米花企业也需要全村的努力。2003 年，他们经朋友介绍认识了当地一家杂货连锁店店主。店主喜欢他们（和他们的爆米花），但也泼了他们一头冷水，给了他们将这份副业合法化的动力。"杂货店方面说：'大家一起行动，做好营养小组。做好包装，简简单单打个结是不可行的。'"丹说，"'做到这些再回来和我们谈。'"所以在接下来的六个月里，安吉和丹买了一些设备，租了一间小小的商用厨房——用安吉的话说，"把作坊搬到了室内"——然后再次找到这家杂货连锁店，正式推出了"安吉的爆米花"（Angie's Kettle Corn）。

他们拿到了执照，也有了固定的营业场所，可他们还是没有聘请专职员工。他们请一位名叫克里斯·希金博森（Chris Higginbotham）的当地女性设计了商标，她就住在北边的一个小镇上。"我们在她的地下室里设计了公司标识。"安吉在谈到他们非常正式的商业安排时说道。他们还找当地厂商印制了包装标签。丹主要负责制作爆米花，不过他和安吉以及他们的孩子"还有我们能够找到的其他人"每晚都会手工装袋、贴标签。丹每天清晨起床，把当天的产品装进从那家杂货店里淘来的旧盒子里。然后，每周四到周日，他和安吉都会在一对名叫唐（Don）和珍妮·博耶（Jeannie Boyer）的夫妇的帮助下，为第一批杂货店客户做产品演示。这对夫妇最终成了他们的员工，但当时他们只是想一起做些事情的退休教师。由于还雇不起正式员工，丹和安吉给博耶夫妇开出了每小时 8 美元的工资（这可是两个人的工资哦）。"他们说：我们不在乎你付了多少钱。'"安吉回忆道，"因为他们很善良，只想帮忙而已。"

不出几年，安吉和丹也开始需要财务和组织上的帮助。由于他们通过信用卡支付大部分的业务开支，到 2006 年时已经欠下了太多的信用卡债务。从技术上来说，他们的财务状况比创业时还要糟糕。这时，一位身为会计师的家族朋友向他们伸出了援助之手。"他看了我们的账目，说：'不如我借钱给你们，这样可以减轻你们的信用卡债务负担，然后你们还钱给我。'"安吉回忆道。一年后，丹的弟弟格雷格（Greg）加入公司，继续从事这位会计师朋友所做的工作，从财务角度帮助他们理顺了一切。格雷格后来成了"公司的中流砥柱"。

这些人的支持和指导来得正是时候，虽然安吉和丹还没有赚到钱，但在 2007 年格雷格加入公司时，他们显然已经有所收获。但是他们无法满足生产需求。丹没有时间做饭，也没有足够的时间去完成他每天要做的事情。作为权宜之计，他们聘请了明尼苏达州立大学的三位学生——其中两人是亲戚——并付给他们最低工资。他们在生产线末端放了一箱啤酒作为奖励。这是只有大学生才会喜欢的福利。很快，为了提高产量，他们不得不搬进一栋更大的建筑，北曼卡托港务局（The North Mankato Port Authority）同意帮助他们融资，前提是他们必须保证至少能创造八个新的就业岗位。

2008 年春，他们第一次尝到了杂货店大联盟的甜头。几个月来，丹一直通过打电话、送样品等方式联系乔氏超市（Trader Joe's）的老板。最终，乔氏超市的老板订购了 25 卡车的爆米花，准备通过全国各地的乔氏超市进行销售。这是一笔价值四五十万美元的订单。而丹和安吉既没有钱，也没有足够的人手来完成这笔订单。幸运的是,格雷格说服一家刚刚给丹提供了10万美元即时信用额度的信用卡公司直接将钱打入丹和安吉的商业账户。然后,他们的朋友科莱特(Colette)①,一家人力资源公司的老板,帮他们雇了一群人。有了资金和人手,他们终于能够满足乔氏超市第一笔订单的生产需求,并为第二笔订单做好准备,接着是第三笔和第四笔,签订合同所花的时间越来越短。

到了2009年,安吉的爆米花的收入已经达到300万~400万美元,其中绝大部分来自乔氏超市。自此公司逐渐发展起来。产品打入塔吉特,打入区域性杂货连锁店,然后进入了开市客。2011年,经过品牌重塑,安吉的爆米花改名为"嘣滋咔滋",重新专注于健康的爆米花零食,增长率极高。

2014年,嘣滋咔滋引起了德太投资的注意,这家大型私募股权公司以其在收购公司方面的明智决策而闻名。2010年,德太投资买断了丹和安吉手中的少数股权,自己则持有多数股权。这让丹和安吉第一次能够从账面上分到钱,并将部分财富分给员工。这些人帮助他们将不起眼的爆米花业务从当地杂货店里的简陋样品发展成摆在塔吉特货架醒目位置与乔氏超市端头货架上的整个产品线。这些人冒着风险帮助他们摆脱债务并教他们如何经营企业。这些人让他们有可能实现为孩子存下大学教育基金的目标,也在这一过程中实现了更多目标。

2014年完成与德太投资的交易时,"那些分到的股权成了员工的流动资金。"安吉说,"那是我职业生涯中最美好的三天。"他们可

---

① 科莱特最终以人力资源部副总裁的身份加入了这家公司。

以分给"所有为我们付出一切的人"几百万美元,丹在采访接近尾声时哽咽了,"这算是对所有人的感谢。"

2017 年,康尼格拉以 25 亿美元的价格买下整家公司时,他们再次采用了这种做法。

"真的很有趣。"安吉说,因为这让他们有机会奖励那些尚未获得股权的员工。"我们计算了一下,最终他们也得到了一张支票。"

我想,他们之所以能够如此顺利地退出,是因为他们能够随着时间的推移逐渐向前发展。从德太投资到康尼格拉,中间足足相隔了三年,这样丹和安吉就可以"最大限度地隐身幕后,让新的领导层逐渐接手"。丹说:"我们可以想参与多少就参与多少,只要员工需要我们,我们就参与管理,所以到了 2017 年,员工的情绪就不如 2014 年时那样激动了。"慢慢地退出并着眼于他人的方式,消除了典型的创始人困境带来的紧张感。丹和安吉不用在金钱和控制权、财富与权力之间做选择,他们只需要考虑快不快乐就可以了。

"最初,我们是为了给孩子存一笔大学学费。"丹说,"现在,我们是为了所有其他人。"那是更有意义的事。它提供了一种满足感和真正的幸福感,他们甚至能够与旧公司的新领导层分享这种幸福感。当丹和安吉根据康尼格拉的收购资金计算出将要分给非股权员工的分红后,他们把支票交给领导层传阅。"他们体验到了给予的感觉。"安吉说。

这种姿态会在你这位公司创始人、领导者离开后很长一段时间内,一直伴随着你的员工。

25

善待员工

创业不易，把企业做大更难。对许多创始人来说，要使企业长期维持在一开始为它设定的标准或是更高的标准之上，似乎最难。主要是因为这需要每天迈进公司大门上班的所有员工认同企业的使命、价值观、身份，以及不断变化的事物。

激励员工，使他们展现出团结一致的精神非常困难——不是因为他们缺乏兴趣，而是因为你缺乏时间和知识。作为创始人和首席执行官，你事务繁忙。你要发布产品、制定战略、召开会议、招聘员工、处理紧急事件、招揽和回应投资者。你会本能地把大部分时间花在你擅长的事情，即有关业务和产品的事情上。你会优先考虑有利于最终盈利的事情，很少考虑不利于最终盈利的事情。

这是你应该做的，这是你的工作，但不是你唯一的工作。

你也是创造使命、设定价值观和鼓舞士气的人。你有责任创造一个能够帮助员工茁壮成长、完成工作并满足客户需求的环境，每天下班的时候，你可以为公司取得的成就感到自豪。

市面上有许多关于管理和领导力的书籍，它们会建议你如何实现这些目标。它们提供了系统、多步骤的计划，还有案例研究和数据作为支撑。你从每本书中都能学到一些有价值的东西。但说实话，我认为没有必要搞得这么复杂。我认为你不需要针对整个团队做个性调查就能了解哪些因素能够激励人们，或者让他们认同你的企业。我认为可以通过非常简单的方式实现这一目的。

我之前并不相信这一点。开始制作播客之前，我一直在大型媒体机构中任职，艰难的工作环境决定了这些机构拥有强大的文化。无论是实际的工作场所，比如多年来我深入报道的战区，还是总体氛围，例如相互竞争、时间紧迫、预算紧张，唯一能让一群记者保持意见统一的事情就是，他们在任何事情上都无法达成一致。

随着采访的企业家越来越多，我对这个问题的看法发生了变化。他们中的许多人在企业早期的成长过程中都在为招聘而苦恼，但相对而言，一旦明确了企业的发展方向，就很少有人会因为留不住人才而烦恼。最初，我们很难确定这其中的原因。这些创始人来自各个领域，除了创业之外，他们几乎没有什么共同点。而且他们的行事方式各不相同——我很清楚这一点，只是尚未找到可以对其加以描述的创业语言。

最终，当我意识到根本不需要通过商业术语来理解他们时，我的思路便开始清晰起来，因为他们的不同之处根本与创业无关，而是典型的人性使然。

2019年夏，我应邀登上吉米·法伦主持的《吉米今夜秀》，这是我第一次有机会公开表达这个想法。访谈结束时，吉米问我能否

25
善待员工

给观众中那些有抱负的创业者提一条建议——我从采访过的那些了不起的企业家身上学到并且可以和他们分享的一件事。我告诉吉米、6B演播室以及全国各地的观众：做一个善良的人；善良的领导拥有善良的公司；善良是一种强大的工具；善良是免费的——不需要任何成本！善良的投资回报比企业家所能做的任何金融投资的回报都要大。

我越来越相信这条建议所蕴含的真理。这并不意味着每个人每时每刻都是善良的。相信我，我也有不善良的时刻。我在写这篇文章的时候，看到了我在易集（Etsy）上买的一面小三角旗，上面只写了几个简单的字"待人要和气"。我把它挂在工作室的墙上，提醒我将其作为一个愿望和日常目标。有时，我也做不到这一点，但我还是把它当作我的北极星，而且只要能确保自己始终朝着这个方向前进，每一天就都是好日子。

从根本上说，我不认为一家人心尽失的企业能够经得起时间的考验。我发现大多数企业家用以激励人们支持自己的一种最可靠的方法就是善待他人。我不知道还有什么其他词语可以描述这种做法。他们中的很多人都是善良的人！他们善待自己的员工。他们既能够成就大事，也不会忽略小事。他们会为自己的成功而努力。

除了极少数例外，他们也都遵循着很高的道德标准。他们的正直诚信似乎源自其深厚的道德观。例如，当我询问创始人是如何创建团队或度过困难时期的时候，他们的回答往往以"我相信"或"我们相信"开头。他们相信的东西并不总是一样的，但总能让人感觉到深刻的个性化。这不是无动于衷或是工于心计，而是富有同情心。他们的决策渗透着同理心，而这种同理心往往能够延伸到客户身上。

20世纪80年代末90年代初，玛西娅·基尔戈（Marcia Kilgore）在曼哈顿东村的一间小公寓里创建护肤和面部护理业务（也就是后来的必列斯（Bliss））时，她赢得的名声不仅仅是修复皮肤问题的专家，而且也是值得信赖的人，因为她会不惜一切代价让你再度容光焕发。

"面部护理通常需要一个小时，但如果有人真的需要，我可能会在那里陪他们做两个小时的护理。"玛西娅说，"我认为做好工作并且提供最好的服务非常重要。而且我认为，只要投入时间，就会有收获。"

对于玛西娅来说，这些收获就是她的预约一直排到了16个月之后，麦当娜（Madonna）、妮可·基德曼（Nicole Kidman）、乌玛·瑟曼（Uma Thurman）、黛米·摩尔（Demi Moore）、安妮·莱博维茨（Annie Leiboritz）等一众好莱坞明星以及曼哈顿的半数模特都成了她的客户。

在线眼镜零售商瓦尔比派克2010年推出网站以来，并没有因为长长的等待名单而兴奋不已，因为它根本没想到能收到如此多的订单，长长的等待名单主要归功于网站推出前，通过两本杂志《智族》和《时尚》所获得的关注。最终，公司不得不将20 000名潜在客户列入等待名单，随后花了整整九个月的时间赶制产品。对于这家年轻的公司来说，这原本可能会成为一场灾难。创业之路上没有太多的第二次机会，对于一家在线企业而言尤其如此。但联合创始人尼尔·布卢门撒尔（Neil Blumenthal）表示，他们更希望"创建一家对世界有积极影响的企业，而这其中的一部分就是公平对待客户"。因此，他们联系了等待名单上每一位感到失望或有着不愉快经历的人。"这些都是愿意试水的客户，他们兴奋地向我们订购产品，我们却没有任何东西可以卖给他们。"尼尔的合伙人戴夫·吉尔博解释道，"我们给他们打折，免费赠送眼镜，也学到了要与客户感同身受的重要经验。"

善待他人的创始人不仅让每一位客户都觉得自己获得了尊重，也会让每一位员工觉得自己得到了重视。他们努力让员工觉得自己是企业这个大家庭中的一员。他们会特意给予员工一些属于员工自己的东西，以此认可员工作为一家企业、一个集体的一员所共同经历的这段旅程。这可能意味着将公司股份分给员工一部分，提供机会帮助他们成长，或者只是通过一些简单的事情来承认他们最基本的尊严，如相信他们能够以他们认为合适的方式自由支配时间。

这些都不是我的想法，而是人们在描述他们为什么热爱工作时，我一次又一次从他们口中听到的。这些都是企业家作出的选择。毫不奇怪，他们的企业能够在成立几十年后依然蓬勃发展。时装品牌伊林费雪（Eileen Fisher）的创始人伊林·费雪（Eileen Fisher）以及新比利时酿酒公司（New Belgium Brewing Company）的创始人金·乔丹（Kim Jordan）等都在20世纪90年代企业取得早期成功的时候决定将公司股份分给员工。

对伊林来说，她的决定在很大程度上源自一种信念，即伊林费雪应该是一种共享的体验，此举也是对所有在伊林经历艰难的离婚时期帮助公司度过早期爆炸性增长的人们的感谢。

"工作与家庭之间的冲突让我感到很痛苦。"她说,"在家的时候想去上班或操心工作,工作的时候又在担心孩子。"这似乎是一场永恒的斗争,千千万万的职场父母对此再熟悉不过了。"我想到了所有试图在商界创业和工作的女性,以及照顾家庭的不易。"伊林说,"我尽力了。我不得不放下很多事情。我真的必须依靠员工和我们的团队,并尝试宽松的领导方式。"

对伊林来说,在员工管理方面采用宽松的领导方式并不会显得不自然。"我更多地把自己当成设计师和艺术家,而不是商人。"时至今日,她依然不喜欢首席执行官这个身份。"首席创意官"是她最接近行政领导的头衔。这种称呼很恰当,因为她从来"不喜欢告诉别人该怎么做。我喜欢别人扔给我一个问题,让我按照自己的方式去解决"。

20世纪90年代末,伊林·费雪和她的同名企业都从离婚以及混乱的生活中幸存下来,并取得了巨大的成功。伊林在麦迪逊大道开了一家门店。伊林的服装在布鲁明戴尔百货(Blooming dale's)、萨克斯第五大道精品百货(Saks Fifth Avenue)以及诺德斯特龙等知名百货公司都有售。公司的收入一度达到1亿美元。考虑到在过去几年中所承受的一切压力,伊林原本可以在此时轻轻松松卖掉公司,或者找一个战略合作伙伴,从中大赚一笔。我想,换成很多人都会这样做。更重要的是,在首席创意官(也就是伊林)看来,卖掉伊林费雪不够有创意,无法以一种能够反映公司历史与未来的方式将公司带入下一个十年。

25
善待员工

"这从来都不是钱的问题。"她在谈到企业发展的时候说道,"这是很个人的问题。我希望企业能够按照我期望的方式发展。"而对伊林来说,这意味着分享财富。"员工也是企业的一部分,我希望他们能够参与进来,觉得自己是企业的主人并真正成为企业的主人。"所以她把公司的部分股权卖给了员工。如今,伊林费雪在全球拥有大约 60 家门店,1 200 名直属员工(包括 30 多年后仍在公司工作的第一位员工),员工共持有 40% 的公司股份。

在新比利时酿酒公司,金·乔丹及其联合创始人,她当时的丈夫杰夫·莱贝斯克(Jeff Lebesch),在企业发展的更早阶段就致力于为员工提供股权。对金来说,这是承认将这家啤酒公司建设成他们心目中的样子需要付出大量努力的一种方式。

啤酒是现场制作的,金在家乡科罗拉多州丹佛市接受现场采访时向我解释道。"你不能把半数啤酒装进瓶子里,然后说'剩下的明天再装瓶'。你必须完成所有工作。"她说,"哪怕机器坏了 6 次或是 20 次,一旦开始生产,你就必须留下来,直到完成所有工作。"

与任何生意一样,他们也有过一段艰难的时期,那些每天工作 16 小时漫长而艰苦的日子。金认为,如果新比利时酿酒公司想要取得成功,他们就必须一起熬过这些日子。这就是对她来说,认识到所有员工的奉献和牺牲很重要的原因。他们需要修理机器,完成每个批次的产品,尽一切努力将产品装瓶,送出门外,摆上货架。

"我发自内心地承认,我们正在建立一个社区。"金说,"我想看看我们如何测试这种模式,让人们能够拥有一些东西,能够创造价值、股权,全都参与其中。"

金和杰夫首先打造了一个虚拟股票计划，每六个月按比例向员工分配股票。他们并不是敷衍了事般地在工资单后面贴一张代表股份的纸条。这是一场活动。他们让新员工站在同事（企业共同的主人）面前，谈一谈他们为什么想成为企业的所有者。"我们会问他们问题。"金说。不仅是她或杰夫，所有员工都会参与其中。"你要在这里待多久？你打算在接下来的六个月里在哪些技能上下功夫？"这些问题将检验即将加入创业大军的男男女女是否有长远的发展目标。

金和杰夫建立的制度非常有效。最终，在杰夫选择离开，而金完全掌控公司后，她将自己在公司的全部股份都卖给了员工。所有股份都直接进入了员工持股计划（employee stock ownership plan，ESOP）。与所有同事一样，金以 ESOP 账户持有人的身份持有部分股份，他们的股份都存在 ESOP 基金之中。

新比利时酿酒公司如今价值 2.5 亿美元，已经成为一家完全由员工控股的公司。除了股权（人们会认为是免费啤酒），员工在工作一年后还可以得到一辆免费的越野自行车，五年后还可以免费去比利时旅行，参观布鲁日的酒吧，创建新比利时酿酒公司的想法就是在那里诞生的。正如我之前所说的，正是那些大大小小的事情留住了员工。

从战略的角度来看，在善待员工、创造良好工作环境的过程中，最不为人重视的一点就是人们的关注度。显然，员工及其家人都能感受到这一点，这也让留住人才变得更加容易。那些正在寻找更好的工作机会或可以成就一番事业的人也能看到这一点，对于招聘来

25
善待员工

说，这是好事。而客户也会注意到，这对品牌忠诚度和口碑来说非常重要。"有成千上万的人对我说：'我曾去新比利时酿酒公司参观，看得出来，那里的员工很喜欢在公司里做事。'"金说。

他们喜欢在公司里做事。她的同事们喜欢共同打造一个啤酒品牌。他们喜欢来公司工作。"我很早就知道一件事，人们希望能够参与更大的事情。"金说，"我们花了很多时间在工作上，所以工作起来应该感觉还不错。"

时间是善良的公司认可的资源之一，其价值远超金钱。对于户外服装公司巴塔哥尼亚（Patagonia）的创始人伊冯·乔伊纳德（Yvon Chouinard）来说，时间是他最为看重的东西。他虔诚地保护着属于自己的时间。每年，他有五个月的时间都不在办公室，而是待在怀俄明州杰克逊·霍尔（Jackson Hole）的家中，用假蝇饵钓鱼，不接电话。"人们都知道，就算仓库着火，也不要给我打电话。"他说，"我能做什么？他们知道该怎么做。"

他们知道该做什么，因为他已经授权，他们能够以最适合的方式来完成工作。"只要能够完成任务，我不在乎你什么时候工作。"他解释说。剩下的时间做什么，由他们自己决定。除此以外，没有任何硬性规定。伊冯在2005年出版的畅销回忆录《让我的员工都去冲浪》（*Let My People Go Surfing*）中写道："海浪涌起时，你就应该放下工作去冲浪。"

我想说的是，这种慷慨的精神，这种对于员工能够管理时间的信任，是伊冯表达善意和尊重的主要方式，而正是这种善意和尊重打造了积极的工作环境和忠诚、高效的员工队伍。与金·乔丹一样，伊冯知道普通人一生中有 1/3 的时间都在工作中度过。金尊重这种承诺的方式是分享企业的所有权。而伊冯的做法则是尽可能将这些时间还给员工,让他们能够过上自己的生活,成为完整的自己,每天轻松地进入工作场所。

几乎从创业的第一天起,充分实现劳动力潜力的愿望就是一系列公司政策(主要是与家庭有关的政策)的驱动力。这使得巴塔哥尼亚公司自 1973 年在南加州成立以来,就一直是最优质的工作场所之一。从 20 世纪 70 年代开始,公司就设有灵活的工作时间以及大量的产假和陪产假。[①] 早期,伊冯会让产假结束的女员工带着婴儿一起工作。"我们想让孩子和我们一起上班。"伊冯说得很直白,"所以我们把孩子放在办公桌上的纸箱里,这项政策实行了一段时间。但是后来,出现了一些喜欢大喊大叫的孩子,所以我妻子就开办了一家儿童保育中心。"不是那种由不露面的第三方供应商提供的毫无个性的保姆服务,而是一家实实在在的托儿所。"我们认识到,两到五岁是一个人一生中最重要的学习时间。"伊冯说,"从我们公司出来的孩子,就是我们最好的产品。"有些孩子非常优秀,巴塔哥尼亚甚至还聘用了他们,公司儿童保育中心的悠久历史可见一斑。现在的部分员工就是在这里长大的!

虽然伊冯是一个狂热的户外运动者,也是一个真正的自由主义者,但他一直认为自己并不是心甘情愿从商的,这类决定也不是纯粹的慈善行为。为那些刚为人父母、不愿离开年幼孩子的员工聘请

[①] 今天,有许多《财富》500 强企业并没有像 40 多年前的巴塔哥尼亚公司那样给新生父母育儿时间。

25
善待员工

保姆的政策，既是对家庭的重视，也是对员工生产力的重视。这类政策有着深刻的商业逻辑，立足于伊冯建立一家持久公司的愿望。"员工中大概有70%是女性。高层管理人员中，女性的数量比男性多，我不想失去她们。"他说，"只要公司能够持续经营百年，这就是一笔划算的生意。"

这些政策之所以是一笔划算的生意，并不只是因为它们是人性化的善意姿态，尽管这两点都是事实，还因为它们消除了大多数双职工父母不得不在试图平衡工作和家庭的时候在时间和金钱之间作出的让步。一旦完全消除了这种让步，就减少了他们选择其中一种的冲动。你给了他们时间，提高了他们作为完整的自我出现在生活中各种场合的能力。

这也是伊林·费雪回忆起自己在离婚期间如何一边努力成为最好的妈妈，一边尽力经营公司时最大的遗憾。她坦言，如果知道自己现在所做的一切，她一定会选择另一种处理方式。"我会更加努力地成为我自己，做我当下正在做的事情，不再试图同时关心两件事，尽我所能。"她会更加努力地做一个完整的自己。相反，伊琳却觉得两种义务在不断拉扯，不论向哪一方让步，她都觉得自己辜负了另一方。无论走哪条路，她都会失去或忘记自己的一部分。而她还是老板！可以想象普通员工面临的情况一定更糟糕。

伊冯并不关心员工的这种拉扯感。巴塔哥尼亚首席人力资源官在2019年春季的一次管理会议上用最简单的方式阐述了公司40年来未曾改变过的政策，"我们希望他们能够成为他们自己"。这项政策下，公司不仅生产出了市场上质量最高的外套，而且创造了4%

的行业最低员工流失率和 100% 的新妈妈返岗率。如果你能像伊冯·乔伊纳德那样让你的员工留在公司，也许你就能实现他对于巴塔哥尼亚的愿望，建立一家百年不倒的企业。

有一点需要明确，善待员工的方式并非只有一种。星巴克为兼职员工提供福利和赚取大学学费的机会。伯顿滑雪板公司（Burton Snowboards）允许你带着心爱的狗狗来上班。（2017 年采访时，登记在册的狗狗达到 132 只。）如果佛蒙特州的降雪超过两英尺，所有员工都不用上班，可以集体去滑雪。加里·埃里克森和妻子以及联合首席执行官基特·克劳福德（Kit Crawford）在加州埃默里维尔的克里夫能量棒总部设立了托儿所、健身房、私人教练课程，而且园区内到处都是一箱箱的克里夫能量棒，只要想吃，员工就可以随意拿取。

作为创始人，无论你选择怎样善待员工，你的决定都应建立在一套健全的道德规范的基础之上。除此之外，要想建立一家善良、长久的公司，只有两件事是真正必要的：第一，你所做的事情能够推动你的使命向前发展并符合你的价值观；第二，从一开始就推行这些事情，因为使命、价值观和文化通常很难更改。这在很大程度上是美国在线时代华纳的败笔，也是多夫·查尼在失去董事会和员工的信任后，没能把 AA 美国服饰拉出困境的原因。

这也是多年来，无数首席执行官来找伊冯学习他管理巴塔哥尼亚的经验并在自己的公司复制这一模式之后，伊冯发现的事情。每一次，伊冯都会向这些首席执行官介绍巴塔哥尼亚的独特政策以及他的管理和服务理念。这些首席执行官欣赏这样或那样的想法，为

25
善待员工

能够在自己的团队之中加以应用而兴奋无比。但是伊冯会请他们忘记这些想法。"这些想法不会使你们成功。"他说,"因为你必须从一开始就这么做,从你聘用第一个人开始这么做。"

几年来,他一直试图帮助那些努力激励和重振员工士气的公司。在看到同样的桥段反复上演,每次都以糟糕的结局收场之后,他得出了这个结论。但是这种感觉还源自另一个原因,这个原因与别人的公司关系不大,反倒是与他自己的公司有着更深的渊源。"我曾请心理学家研究过我的员工。"伊冯告诉我,"他们说:'这些员工是我们见过的最独立的人。事实上,他们非常独立,因此无法在其他地方找到工作。'"

对这些信息的恶意解读就是,伊冯·乔伊纳德成功建立了一个由囚犯管理的精神病院。但我认为更准确的解释,也是他认为巴塔哥尼亚的原则无法为其他公司接受的原因(除非老板们重新创办一家公司)是,伊冯培养了一支无法复制的员工队伍。这最终证明了善意、慷慨、尊严和尊重在建立企业常青树中的力量。

26

巧用运气

2016年9月,"我的创业历程"第一期节目正式上线。我仍然记得当时为这期节目所做的采访。采访嘉宾是萨拉·布雷克里——斯潘克斯创始人,不屈不挠、特立独行的亿万富翁。能够请到这样一位重量级嘉宾是我们的幸运,而且她给予了我极大的信任。我相信这档节目的理念,也相信自己的采访和主持能力,但这毕竟是我初涉一档专门讨论创业的节目,而且节目本身仍在试水阶段。虽然萨拉大方地答应做这只小白鼠,我也不想搞砸了。

作为一名战地记者以及《周末万事通》和"TED广播时间"的主持人,此前我已采访过6 000多人,其中不乏诺贝尔奖获得者、世界某领域的领先者、流行歌手、奥运冠军、商界和工业界巨头、小说家等,但是在准备讨论有史以来最成功的女企业家之一的商业故事时,我依然十分紧张。比方说,我对CPG、P&L、LTV之类的缩写词以及主营业务成本的实际计算方法等依然有些模糊——不过,我逐渐在接下来的四年里掌握了这些概念。

除了尽力在采访过程中保持我的职业尊严外,我也十分关注节

26
巧用运气

目在推出几周后的状况。我真的没有把握人们是否会在乎我想要帮助企业家传递的故事。我知道听众能够从中受益，但前提是我们能把这件事做好，我能让嘉宾感到自在，因而愿意与我坦诚相见。我没有办法判断之前的常规采访方式能否实现这一目标。而且，自踏入职场以来，我一直是一名始终对商业抱有一丝怀疑的职业记者，因此我担心自己会向听众传递关于创业的错误信息。

将近四年之后再回首，我可以高兴地说，现在我不再担心这些事情了。事实证明，人们确实关心创业故事与英雄的核心旅程，而企业家也很高兴能有机会以坦率、易懂的方式讲述生活中塑造了他们的性格与企业的事件。

我们将这一切制作成一档成功的播客，这让我产生了许多不同的感受。我非常感激我的听众和粉丝。我有幸遇见并采访了那些勇敢、坚韧的企业家，甚至与其中一些人成为朋友，并且受到了他们的启发。我为我和我的团队在短短几年内为这个节目所做的一切感到无比自豪。但最重要的是，我觉得自己很幸运。

很多年前，我进入NPR实习。当时，很多实习生都比我更有成就，也更老练。第一年的每一天，我都坚信自己永远无法与这些才华横溢的人竞争，也许有一天，他们会成为NPR各档优秀节目的主播。然而，无论如何，我在广播界赢得了一席之地。在我意识到我虽然很努力，但也很幸运之后，我才开始理解这一系列情况。幸运的是，人们发现了我的节目。幸运的是，NPR给了我尝试新事物的机会。幸运的是，我有爱我的父母，也接受了良好的教育。

我很相信运气。回顾自己的人生轨迹，我觉得运气在我取得的大部分事业的成功中起到了举足轻重的作用。甚至连没有得到我梦寐以求的 NPR 的职位也是一种幸运——尽管当时这让我觉得痛苦和沮丧。因为如果得到了其他工作，今天我就不可能在这里制作这些节目。每次我都会在"我的创业历程"的采访接近尾声时询问嘉宾，与勤奋、技艺和智慧相比，他们觉得运气在多大程度上对他们的成功产生了影响。不是因为我认为这个问题有一个标准答案，或者说这个问题存在答案，而是因为在试图回答这个问题的时候，他们必须花点时间反思。在花了好几个小时向我展现他们创业历程中的每一处小细节之后——从听到创业构想的呼唤，到战胜满盘皆输的风险，一直到如今参与他们孜孜不倦地建立起来的公司的运营——这些创始人能够有机会再次思考我们之前所讨论的一切，他们在踏入工作室之前想到的一切，重新评估故事的所有片段是如何组合在一起的。这个问题几乎无一例外地成为采访中最有启示性的部分。

从某种程度上来说，这个问题就像是世界上大多数大型博物馆里那个巨大、空旷的中庭。那是你刚刚从历史中汲取的一切与你即将回归的现今生活中的一切之间的过渡空间。在这里，你可以暂时停下脚步，打起精神，将所有信息综合起来，以更好地了解你自己的世界。例如，我在康柏电脑（Compaq Computer）的创始人罗德·肯尼恩（Rod Canion）的身上就看到了这种情况。当我问他成功的本质是什么时，他思考了很久才回答。

"如果你在 20 世纪 80 年代末问我这个问题，我可能会说 90% 的智慧、洞察力和工作能力，再加上 10% 的运气。但是现在，我的答案正好相反。"罗德说,"这说明观点会随着时间的推移发生变化。"

我觉得,其间所发生的变化就是世界开始欣赏那些更聪明、更努力、更有钱或是更坚强的人,尽管他们在尽了最大的努力之后仍然不太成功。我遇到的每一位成功的创业者都有过连续几个月每天工作 18 个小时,或者靠拉面、麦片和白米饭度日的经历,然而,作为创始人,他们每天的辛苦程度未必赶得上洗碗工、园丁、建筑工人或是女招待。

我现在并不是想要淡化创业的困难程度。自打开始筹备"我的创业之路",与所有嘉宾的聊天让我意识到,仅仅坚持某个想法就是一项巨大的挑战,更不用说将其发展成一家无须创始人掌舵也能成功运转的公司。这是一项艰苦的工作。关键是,即便你没有犯任何错误,即便你用尽了各种方法,依然有可能尝到失败的苦果。确实如此。这其实是大多数人的写照。大多数企业撑不过两年。一般而言,所有怀揣创业梦想的人拿到的都是一手烂牌。然而,如果幸运女神能够眷顾你一次或是两次,你就能在转瞬之间一跃成为大赢家。

这就是运气。

看看已故的赫布·凯莱赫之类的企业家就知道了。赫布非常努力,但是,他也拥有一些完全不受他掌控的运气。在创立之后的七年时间里,西南航空一直只运营得州境内的航线,然而,政府在 1978 年放松了航空管制,这使得公司能够通过提供超级便宜的跨地区航班来打破大航空公司对国内航线的垄断。同时,西南航空诞生于文化转型期，越来越多的人开始对搭乘航班出行产生兴趣。此前，只有一小部分人能够享受这种出行方式。赫布就是现实世界中的唐·德雷珀斯（Don Drapers）[①]。通过压低价格与大型航空公司竞争，并提供大众负担得起的机票——这得益于政府放松了航空管制——赫布及其团队得以利用这种潜在的需求，并从几年前并不存在的客户群中获得了巨额利润。毫无疑问，这是赫布的高明之举，需要经过不懈的努力才能得以执行。但西南航空也在恰当的时间出现在了恰当的地点，公司很幸运，赫布很幸运。

独立站的创始人托比·卢克也是如此，尽管他的幸运隐藏在不幸的外表之下。托比的电商平台最初能够取得巨大成功，是因为2008年的金融危机导致数百万人一夜之间失去了工作，他们不得不转向在线业务来挣钱。当其他网站与媒体公司遭受损失时，独立站却出现了爆炸式增长。如果没有金融危机带来的大量客户，它还能获得成功吗？绝对可以。但是，能像如今这样成功吗？或者说，能如此迅速地取得成功吗？很难说。可以肯定的是，托比创业的时机很好。

金融危机也给我采访过的另一些创始人带来了好运。罗恩·沙伊克认为，这是向帕内拉（Panera）这个品牌投入更多资金并使其增速超过最初计划的机会，最终，帕内拉的股价翻了一番。龙佳丽和刘德维的爱结的用户数增长了5%，而其他媒体公司则减少了20%之多。他们很幸运，因为他们入对了行。"婚庆是真正的抗衰退行业。"刘德维说。肯德拉·斯科特（Kendra Scott）认为，经济

[①] 唐·德雷珀斯是美剧《广告狂人》中的角色。——译者

26
巧用运气

衰退是她的同名珠宝公司收到的最好的礼物,因为如果不是这场危机,她永远也不会从批发走向零售,最终在零售市场取得巨大的成功。"这些年来,我一直在担心买家的需求。我没有考虑那么多关于客户的事情。"肯德拉说,"然后,整个世界发生了变化,我意识到自己必须把所有的注意力重新集中在客户身上。"

这些故事都带着强烈的运气的成分。但是,我在这里探讨运气,并不是要告诫这些创始人不要为自己付出的辛勤劳动而骄傲。我之所以提到运气,是希望有抱负的创业者能够明白,这些创始人拥有的运气并不是某种无形的魔力。运气不是凭空出现的,不是无端落在他们身上的。归根结底,运气其实只是一个等待被人利用的机会,他们只不过是抓住了这些机会。赫布为西南航空制定的战略并不是毫无方向的。西南航空并不是偶然撞上了政府放松管制与人们改变旅行习惯的大运。赫布对展现在自己面前的好运持开放态度,他认识到这是一个机会并制定出一项策略将机会带来的影响最大化。罗恩·沙伊克、肯德拉·斯科特、托比·卢克以及爱结的创始人也都是如此。

照片墙的创始人之一凯文·斯特罗姆对于运气有一个简单的理论。在我对他及联合创始人迈克·克里格的采访接近尾声的时候,他用这个理论回答了我提出的最后一个问题。"世界的运转离不开运气。问题是,你用它来做什么。"

我觉得他说的很对。每个人在生命中的某些时刻都可以通过多种方式感受到幸运。运气来敲门的时候,你怎么用它,甚至试图怎样用它,决定了你最终能够成功还是失败。

也许你像健康科技公司派乐腾（Peloton）的联合创始人约翰·弗雷（John Foley）那样人脉很广。他在种子轮融资时，从八位"了解、信任并且爱我"的人——这是他的原话——那里筹到了40万美元，其中就包括他的姐夫——特玛捷票务（Ticketmaster）的首席执行官。

也许你和切特·皮普金一样，出生在一个稳定的家庭。他和父母一起生活在他自小长大的那栋房子里，而他在搬进车库前，在餐桌上创办了贝尔金国际。"切特，我非常非常爱你。"他的妈妈说，"但是你要把这些东西从桌子上拿走。"在切特家，这已经算是严厉的爱了！

也许你和我采访过的许多企业家一样，接受过良好的教育。詹·海曼拥有哈佛大学授予的两个学位，吉姆·科赫则手握哈佛大学授予的三个学位。罗恩·沙伊克、框架桥（Framebridge）的苏珊·泰南（Susan Tynan）、卡特里娜·莱克和理财平台LearnVest的亚历克莎·冯托贝尔（Alexa von Tobel）都上过哈佛商学院。安迪·邓恩和兰迪·赫特里克毕业于斯坦福大学商学院。瓦尔比派克的创始人就读于宾夕法尼亚大学。毫无疑问，如果你能够进入这些院校，就应该觉得自己很幸运了。这些企业当然都很幸运。

或者，你很幸运，天生就拥有可以让你适应力更强、更乐于接受拒绝、更愿意不惜一切代价的个性，而没有阻碍很多人在困难时期坚持下去的强烈的自负感。拥有像戴蒙德·约翰那样的性格，努力工作的动力，面对拒绝时依然勇往直前、直到赢得接受的韧性。

26
巧用运气

无论哪一种情况，作为一位有抱负的企业家，你需要思考的问题不是你能不能被幸运女神眷顾——一定会，也许她早已降临。你需要思考的是，如何充分利用你的运气。你懂得如何利用运气吗？你会付诸行动吗？你会迈步向前吗？你会给投资者写第 25 封邮件吗？第 26 封呢？你会付钱给所有认识的朋友，让他们购买你的产品，好让店家认为你的产品马上就会大卖吗？萨拉·布雷克里就是用这个办法帮助斯潘克斯进入前五家商店的。你是否也会像她那样，将摆放在这些商店里的产品挪到更理想的位置？当你意识到自己有多幸运，并发现这种运气带来的机会时，你就有了选择。

对我而言，最重要的机会就是 2000 年夏，我有幸在华盛顿特区一位朋友的烧烤聚会上认识了一位美丽且才华横溢的女性。她的名字叫汉娜。虽然那天我没有与她交谈，但我设法让这位朋友（也是汉娜的室友）带她参加了第二天我将应邀参加的另一场聚会。

这里就出现了第二件与运气相关的事情，你可千万不能忘记：要将运气握在手中。正如布莱恩·斯库达莫尔在谈到自己缠着爱达荷州交通局（Idaho Transportation Board）给他"1-800-GOT-JUNK"这个电话号码时对我说的那样，有时候"你需要自己创造运气"。对我而言，将我们共同的朋友拉入我的阵营就是这样的时刻。

第二天晚上，汉娜出现在了派对上，不过最初她的心里有着一些与我完全无关的顾虑，我也是事后才知道的。她本不想参加派对，然而，就在室友准备出发那一刻，汉娜改变了主意。她冲着前门喊道："等等，我也要去！"她赶上了派对，也让我爱上了她。两个月后，我前往柏林出任 NPR 分社长。两年间，我们身处大洋两岸，心却始终没有分开。

20年后，我们已经结婚多年，也有了两个孩子。她已经成为我生命中有着最重要的影响力的人。我做的很多事情、获得的许多机会都离不开她的支持、指导和智慧。遇到她，是我一生最幸运的事情。

你和我，我们都很幸运。我有机会写这本书；而你有钱买这本书（或者有耐心在图书馆等待别人归还这本书），同时愿意而且也有时间读这本书。我有幸见到并采访了一些世界上最成功的创新者、企业家和理想主义者，帮助他们讲述自己的故事；你恰好发现了这本书，因而可以从他们的故事中汲取经验。2015年，我萌生出制作一档播客的想法，NPR的几位关键人物以及我的人生伴侣汉娜都鼓励我放手去做；今天或者在不久的将来，我希望你能有幸找到自己的想法，而这本书可以帮助你实现这一想法。

如果那一天真的到来了，请一定告诉我，因为我真的很想听一听你构建想法的过程。

后记

有些事情你们可能并不知道:"我的创业历程"以及其他访谈节目的原始素材其实很长,你们最终在节目中所听到的是剪辑之后的版本。我往往会花两到三个小时,有时甚至是四个小时或者更长的时间,引导采访对象回顾他们人生旅程中的微小细节与重大时刻。不论对于我还是他们来说,这都是一段紧张的情感体验。

我的规则很简单:没有什么不能讨论的话题,所有的事情都能摊开来说。因为每个人都是复杂的个体。每个人也都有不愿与人分享的尴尬经历。然而,这些经历是人生旅程的一部分。如果将它们放进特定的背景之中,就能帮助我们更详细地了解这个人。

可以想象,如果在一段集中的时间内,另一个人的声音一直在你的脑海中浮现,请你谈一谈对你而言最具挑战性的时刻,谈一谈你的弱点、失败、错误以及判断失误的时刻(当然还有胜利和成功的时刻!),你一定能够感受到你们之间异常强烈与深厚的联系。

大多数时候,我都会在采访结束几天之后收到嘉宾的电子邮件,他们都觉得这次采访是一种治疗,一种宣泄与反思。我觉得很有道理，因为人类的本能是勇往直前，绝不回头。我们很少有机会去反思人生的旅程，而"我的创业历程"的嘉宾鲜少反思自己的创业旅程。

然而，这些反思的时刻至关重要。因为我从这些创业嘉宾的身上发现了一件重要的事情，这也是我根据自己的创业历程得出的经验，那就是，有些时刻你会真正感到孤独。

创业——或者说，开始任何富有创意的事情——都不是一件易事。这是一条充满挣扎、失败、自我怀疑，甚至是泪水的曲折道路，往往需要耗费数小时、数天、数周，甚至数月才能抵达终点。如果再加上孤独感，焦虑就会如影随形。

前段时间，在连续几周彻夜难眠之后，我也经历了这种体验。当时我们在准备巡回演讲，而我正在制作三档节目，还有两档等待制作，我开始担心一切：我的家庭、我的孩子、我的员工、节目、合作、截止日期以及我的健康。仿佛所有这些全都压在了我的肩上。

终于，一天晚上，我的妻子汉娜拿出一个笔记本，让我告诉她我在想什么。我把积郁的心事一吐为快，她记下了我所说的每一个字。写下心中的焦虑本身就是一种治疗行为，可以帮助我重新入睡，但是真正的救赎发生在三个月后，汉娜拿出笔记本，将我的忧虑念给我听的时候。

那份清单上列的所有项目都已不再重要！任何担忧都没有出现。随着时间的推移，大多数事情都已解决。但在汉娜记下我的每件心事的那晚，我只觉得周围的世界正在崩塌。我很想告诉你，这只是"我"遇到的问题，可事实上，这是人类境况的一部分。我们的大脑有一种天生的安全机制，可以帮助我们在面对压力和威胁时作出反

后记

应。在我们不得不躲避野生动物的史前时代,这种机制十分有用。然而,生活在现代世界的人类应该尽量找到合适的方式将这个空气开关拨到零线的位置,暂时放下生活的压力,用长远的眼光看待我们的旅程。

实际上,这就是每次我在采访"我的创业历程"的创业嘉宾时试图去做的事情。

也许你在阅读这本书的时候,已经听见了创业精神的召唤并对此作出了回应。也许你正在经受创业的严峻考验,试图弄清楚自己到底想建立什么样的公司,想成为什么样的创始人。无论你行至创业之旅的何处,你必定会面临我曾经历过的那段时刻。一段令人崩溃、充满焦虑和绝望的时期,没有人能够理解你正在面临什么,一切都取决于你所做的决定,一切都取决于你。

如果发生了这种情况,我希望你能够拿出一个笔记本,把这些担忧写下来。我希望你能够把它们留在纸上,这样就可以在第二天、下一周、下个月、下一年回头再看看,然后意识到,虽然在将想法付诸实践的过程中,你可能会觉得自己所面临的每一个挑战和危机都会导致一切前功尽弃,但事实并非如此。我向你保证。

为什么我这么有信心?毕竟,你还在坚持,不是吗?你不仅在坚持,还得到了每一位帮助你实现想法的人的支持。得到了每一位希望看到你成功的人的支持。得到了每一位先你一步的创业者的支持,现在你可以从他们犯过的错误中吸取教训,而不必亲历这些错误。而且,你还有这本书的支持,我希望它能带给你一点支持和信心,好让你知道,你的创业之路并不孤单。

致谢

本书主要根据四年来我为"我的创业历程"这档播客所做的采访创作而成。书中提到的大部分人都曾接受过我长达几个小时的采访。节目制作过程中最难的部分之一就是决定哪些素材应该保留,哪些又应该删掉。这本书也是如此。我手上还有上百个故事——希望能在下一本书里与你们分享!最后,我希望书中的故事能够在你的旅程中给你带来启发。

如果没有才华横溢的写作搭档尼尔斯·帕克(Nils Parker)的支持,这本书现在还是躺在我桌上的一堆笔记、一些毫无逻辑的段落、一些杂乱无章的想法和采访文稿。在这一年的时间里,他可能是除了我的妻子与孩子外,与我相处(或是通话或是面谈)时间最长的人。我会永远珍藏这些对话、知识交流与头脑风暴。这是我的书,也是尼尔斯的书。瑞恩·霍利迪(Ryan Holiday)的批评意见让我们受益匪浅。约瑟夫·卡恩斯(Joseph Karnes)和比利·奥本海默(Billy Oppenheimer)提供了出色的研究支持,泰莎·亚伯拉罕斯(Tessa Abrahams)仔细阅读了手稿,以求每个词每一句都能更

致谢

加出彩。芭芭拉·贾特科拉（Barbara Jatkola）仔细梳理了全稿，她的反馈非常有用。自相遇的那天起，我在 UTA 的代理奥伦·罗森鲍姆（Oren Rosenbaum）和伯德·莱维尔（Byrd Leavell）就一直是我工作上的忠实拥护者和支持者。哈考特出版社（Houghton Mifflin Harcourt）的编辑里克·沃尔夫（Rick Wolff）一开始就是热情的支持者，并在过去的两年中就整个写作过程提供了指导。

正如我在引言中所提到的那样，"我的创业历程"的想法始于 2008 年，当时我在做了近八年的驻外记者后，利用一年的休假时间，以尼曼研究员的身份在哈佛商学院上了一门课。在接下来的七年里，我先后主持了《周末万事通》与"TED 广播时间"。最后，我在 2015 年末向 NPR 的节目主管安雅·格伦德曼（Anya Grundmann）提出了"我的创业历程"的构想。安雅是播客界中真正具有远见卓识的人，也是 NPR 播客革命的设计师。晚上和周末的时候，我在一位名叫拉姆丁·阿拉布鲁伊（Ramtin Arablouei）的 DJ 制作人的帮助下制作这档节目。(拉姆丁现在与别人搭档主持 NPR 的另一档节目《直通》(Throughline))。编辑内瓦·格兰特（Neva Grant）帮助我们将原始采访素材制作成剧集。资深制作人杰夫·罗杰斯（Jeff Rogers），以及我的长期合作伙伴萨纳兹·梅什金普尔（Sanaz Meshkinpour）和制作人凯西·赫尔曼（Casey Herman）与伦德·阿卜杜勒法塔（Rund Abdelfatah)（《直通》节目的另一位主持人）给予了我们重要的反馈与支持。在这档节目能否成功以及是否有必要尝试等问题上，NPR 内部存在善意的（也是合理的）怀疑。在近一年的时间里，我们认真地将这一构想付诸实践，节目终于得以开播。自 2016 年首播以来，"我的创业历程"已组建起一支才华横溢的团队，吸引了数百万听众每周收听节目。虽然你听到的是我的声音和我的采访，但是这档播客及其现场活动都离不开（曾经与现在的）优秀的幕后团队：杰德·安德森（Jed Anderson）、塞阔亚·卡里略（Sequoia Carrillo）、伊莱恩·科茨（Elaine Coates）、詹姆斯·德拉胡萨耶（James Delahoussaye）、雷切尔·福克纳（Rachel Faulkner）、杰西卡·戈德斯坦（Jessica Goldstein）、霍华德（J. C. Howard）、约翰·伊莎贝拉（John Isabella）、坎迪斯·利姆（Candice Lim）、迪巴·莫赫塔什姆（Diba Mohtasham）、艾莉·普雷斯科特（Allie Prescott）、丹尼尔·舒欣（Daniel Shukhin）和吉奈·韦斯特（Jinae West）。

如果离开了许多人的帮助，这本书就不可能面世。我非常感谢我亲爱的朋友和导师萨拉·萨拉森（Sara Sarasohn）、其妻子埃伦·伊万杰利斯（Ellen Evangeliste）、他们的女儿露丝（Ruth）以及央坚卓玛（Yangchen Dolma）。在过去，他们在很多场合都为我们提供了支持。

我也要感谢我的父母。20 世纪 70 年代初，他们怀着营造更美好生活的梦想来到这个国家。他们养育了四个孩子，给了我们充分的自由与支持。最后，我要向我的妻子汉娜以及我的儿子亨利（Henry）和布拉姆（Bram）表示最诚挚的感谢，感谢他们在整个写作过程中表现出的爱与理解。正如我在本书中所写到的，我非常相信运气。而我一生中最幸运的就是遇见汉娜。

How I Built This: The Unexpected Paths to Success from the World's Most Inspiring Entrepreneurs by Guy Raz, with Nils Parker

Copyright © 2020 by Guy Raz.

Simplified Chinese translation copyright 2022 © CHINA RENMIN UNIVERSITY PRESS Co., Ltd.

Published by arrangement with United Talent Agency, LLC through The Grayhawk Agency Ltd.

All Rights Reserved.

图书在版编目（CIP）数据

创业历程：他们怎么犯错 又是如何成功 /（美）盖伊·拉斯，（美）尼尔斯·帕克著；诸葛雯译. -- 北京：中国人民大学出版社，2022.5
ISBN 978-7-300-30194-5

Ⅰ. ①创… Ⅱ. ①盖… ②尼… ③诸… Ⅲ. ①企业家－生平事迹－世界 Ⅳ. ① K815.38

中国版本图书馆 CIP 数据核字（2022）第 02881 号

创业历程
——他们怎么犯错 又是如何成功
[美] 盖伊·拉斯　著
　　 尼尔斯·帕克
诸葛雯　译
Chuangye Licheng

出版发行	中国人民大学出版社			
社　　址	北京中关村大街 31 号		邮政编码	100080
电　　话	010－62511242（总编室）		010－62511770（质管部）	
	010－82501766（邮购部）		010－62514148（门市部）	
	010－62515195（发行公司）		010－62515275（盗版举报）	
网　　址	http://www.crup.com.cn			
经　　销	新华书店			
印　　刷	北京联兴盛业印刷股份有限公司			
规　　格	148 mm×210 mm　32 开本		版　次	2022 年 5 月第 1 版
印　　张	10.375 插页 2		印　次	2022 年 5 月第 1 次印刷
字　　数	214 000		定　价	69.00 元

版权所有　　侵权必究　　印装差错　　负责调换